U0053956

秀華文創
卓越文庫 EB003

經營管理與商業競爭力

1786-1816年間英國東印度公司對華貿易

游博清 著

自序

本書是筆者在個人博士論文基礎上進一步修訂完成的全新作品。筆者在撰寫博士論文期間，以及博士畢業後至本書出版之前的幾年之間，需感謝許多老師、朋友、機構的鼓勵、肯定和贊助，才能有此拙作出版。

首先，博士論文口試委員中，特別要感謝業師黃一農老師以及蘇精老師的長期指導，受用無窮，此外，中央研究院的陳國棟老師、張彬村老師，以及廣州中山大學的范岱克老師、章文欽老師也提供寶貴的修改建議。博士畢業後，每當有疑問時，不時就教於上述幾位老師，他們學問的淵博，實是之後努力的目標，而范老師蒐羅檔案的廣度，亦令我大開眼界，又，其他學友們的砥礪亦十分重要。其次，感謝科技部、教育部、清華大學的經費支持，大幅減輕經濟壓力，得以數度前往英國倫敦蒐集所需檔案和史料。

博士畢業後，筆者有幸曾在國立清華大學歷史研究所、北京中國科學院自然科學史研究所、中央研究院近代史研究所等地擔任博士後研究員的工作，上述單位皆提供優越的研究環境，並使筆者有較多時間接觸不同的學術領域，向學界重要前輩學習請教，受益匪淺。

本書部份章節內容，筆者先前已發表於專門的歷史學學術期刊，其中，關於廣州商館職員的薪資與福利問題，以〈中國貿易與利潤分配：英國東印度公司廣州商館職員的薪資與福利（1786-1834）〉一文，發表於《中央研究院近代史研究所集刊》(第 92 期(2016)，頁 55-99)；接著，關於公司中國貿易的船運管理議題，則以〈安全與效率：1786-1816 年間英國東印度公司對華的船運管理〉一文，發表於《清華學報》(新 43 卷第 2 期(2013)，頁 255-282)；至於公司對華貿易檔案的內容簡介，則見於《漢學研究通訊》(32 卷第 2 期

(2013)，頁 26-33)。

在上述文章投稿過程中，筆者十分感謝匿名評審的認真審閱，提出具體意見和指正，同時也擴大研究的視野。在本書中，筆者針對上述投稿文章的部份，一方面重新修正文句，使其更為通順達意，註腳亦重複檢查確認。

最後，謝謝元華文創公司的出版支持，使本書得以刊行。本書是個人第一部學術性著作，也以此書獻給摯愛的家人，尚祈學界同好不吝批評指正。

游博清

圖表目次

圖次

表次

第一章　緒論

一、英國東印度公司對華貿易背景

英人在中國的活動或始於明萬曆四十八年 (1620)，該年英國東印度公司(The English East India Company, 1600-1874；下文亦稱東印度公司或公司)與荷蘭東印度公司(The Verenigde Oostindische Compagnie, 1602-1799)組成聯合武力艦隊，沿著中國海岸，巡弋巴達維亞到日本之間的海域，襲擊往來的葡萄牙與西班牙船隻，其中也擄獲幾艘中國帆船。[1] 接著，明崇禎十年(1637)，船長 John Weddel (1583-1642)率領四艘東印度公司商船到澳門、廣州貿易。此後，公司不定期派遣船隻來澳門一帶貿易。

然而，地理大發現後，早期在歐洲各國爭搶亞洲貿易市場的競賽中，英人相繼受制於葡萄牙人、荷蘭人，發展並不突出。英王透過授權東印度公司，發展王室在東方的影響力，公司藉由特許狀(Charter)，經營好望角(Cape of Good Hope)以東各地的商貿活動。1670-1676 年之間，東印度公司在臺灣、越南東京(Tonkin)、廈門陸續建立據點，公司船隻也不時至舟山或寧波貿易，這樣的情形持續到 1715 年。1716 年起，公司董事會(court of directors)決議放棄其他據點，集中於廣州進行貿易。但相較於十七世紀稱雄海上且主導中國貿

[1] P. A. Van Dyke, "The Anglo-Dutch Fleet of Defense (1620-1622): Prelude to the Dutch Occupation of Taiwan," In *Around and about Formosa*, ed. by Leonard Blussé (Taipei: Tsao Yung-ho Foundation for Culture and Education, 2003), pp. 61-81.

易的荷蘭，中英貿易規模仍有限。[2] 英國在東亞不僅無法同荷蘭競爭，其在東南亞的地位亦衰落。1682 年，英人被迫從萬丹(Bantam) 撤退後，其在東南亞的殖民據點僅存蘇門達臘島(Sumatra) 的明古連(Bencoolen)。[3]

但十八世紀起，英國在亞洲的發展，逐漸擺脫其他歐洲國家的競爭，脫穎而出。亞洲各地當中，它對印度的掌控尤其扮演一重要和關鍵性的角色，早先英人在此已陸續建立馬德拉斯(Madras, 1639)、孟買(Bombay, 1661)、加爾各答(Calcutta, 1690)三個貿易灘頭堡。[4] 十八世紀前期，英國在印度東部主要殖民對手為法國，1743 年，英、法在歐陸因奧地利王位繼承問題交戰，戰場並延伸至印度，七年戰爭(The Seven Years War, 1756-1763)初期，[5] 1757 年，英軍於普拉西戰役(The Battle of Plassey)大勝法軍，奠定英人殖民印度東部孟加拉(Bengal)地區的基礎。隨著公司勢力擴張，其享有的權限與行政組織也相應地膨脹，除擁有可觀的軍隊外，亦有法庭、咨議會等組織，儼然是英國政府在印度的代言人，[6] 英人於鞏固印度同時，亦伺機擴大東南亞的貿易經營。[7]

十八世紀中葉，在東南亞，荷蘭仍享有主導地位，但此情勢到了第四次英荷戰爭(The Fourth Anglo-Dutch War, 1780-1784)後發生根本的轉變。戰爭期

---

[2] 吳建雍，《十八世紀的中國與世界：對外關係卷》（瀋陽：遼海出版社，1999），頁 77-81；H. B. Morse, *The Chronicles of the East India Company Trading to China, 1635-1834* (Oxford: The Clarendon press, 1926-29), vol. 1, pp. 306-313. 下文簡稱此書為 *The Chronicles*。

[3] Anthony Farrington, *Trading Places: The East India Company and Asia 1600-1834* (London: The British Library, 2002), pp. 48-53.

[4] Holden Furber, *Rival Empires of Trade in the Orient, 1600-1800* (Minneapolis: University of Minnesota Press, 1976), pp. 39-44, 89-90.

[5] 七年戰爭期間，歐洲主要國家或地區均參戰。1762-1764 年間，東印度公司曾首次短暫地佔領菲律賓馬尼拉。參見 Shirley Fish, *When Britain Ruled the Philippines, 1762-1764* (Bloomington: 1stBooks Library, 2003).

[6] P. J. Marshall, *Problems of Empire: Britain and India, 1757-1813* (London: George Allen and Unwin, 1968), pp. 21, 34.

[7] Holden Furber, *Rival Empires of Trade in the Orient, 1600-1800*, pp. 146-168.

間，英國海軍有效封鎖歐洲海域，迫使荷蘭東印度公司亞洲貿易船隻無法回到本國，中荷貿易也因而被迫停擺，損失慘重；接著，戰後簽訂的巴黎條約(The Treaty of Paris)裡，荷蘭同意英國在東南亞的貿易利權，英人船隻自此得以自由通過麻六甲海峽(The Malacca Strait)，以往荷蘭東印度公司壟斷此區域貿易的現象不再，英人並於 1786 年據有檳榔嶼(Penang)。接著，1795 年，拿破崙(Napoleon Bonaparte, 1769-1821) 佔領荷蘭，流亡英國的荷王威廉五世(William V, 1748-1806)下令荷蘭東印度公司將資產暫時托給英人管轄，避免遭法人佔有，於是蘇門達臘和麻六甲等地的荷蘭貿易據點都落入英人手中。不久，1799 年，財務壓力沉重的荷蘭東印度公司宣告破產，英國在此區域的地位逐漸穩固。[8]

與此同時，約從 1780 年代開始，英國也快速躍升為中國對外貿易主要國家。幾個重要因素促成這樣的轉變，首先，上述英國殖民勢力在東南亞的擴張有利於貿易的連結和往來，接著，美洲獨立戰爭(1775-1783)的失利也使英國極需拓展東方的貿易市場。

另一個重要原因是英國國內茶葉稅政策的改變。1784 年，英國國會通過首相小匹特(William Pitt, 1759-1806)提議的〈折抵法案〉(The Commutation Act)，希望以降低茶葉關稅的策略，杜絕國內茶葉走私猖獗的現象。[9] 此措施的明顯結果是接下來幾年裡，中英茶葉貿易量大增，成為雙方貿易的主要項目，同時東印度公司也決定放棄在華購買瓷器。自 1780 年代起至 1834 年間，廣州商館(Canton factory；下文亦稱商館)貿易規模日漸龐大，1780 年，公司來華貿易船隻總噸位約 9 千餘噸，1833 年時則約 28,000 噸，增長近三倍，[10] 總

---

[8] 吳建雍，《十八世紀的中國與世界》，頁 100-101。

[9] 有關 1780-1800 年間中西貿易在商品種類、貿易對象的轉變，參見陳國棟，〈1780-1800：中西貿易的關鍵年代〉，收入《中國海洋發展史論文輯》第六輯（臺北：中央研究院人文社會科學研究所，1997），頁 249-280。

[10] Yang-chien Tsai, “Trading for Tea: A Study of the English East India Company’s Tea Trade with China and the Related Financial Issues, 1760-1833” (Ph. D. thesis, Leicester: University of Leicester, 2003), p. 74.

貿易量超出排名第二的美國許多。茶葉貿易利潤頗為可觀，據估計，1830 年代，英政府每年茶葉關稅約計 330 萬鎊，約佔國家總稅收的百分之十；而公司每年從茶葉貿易約可獲利 100-150 萬鎊(300-450 萬兩)。[11]

隨著中英貿易量大幅成長，每年來華船隻數量和貨監(supercargo)人數亦明顯增加，先前舊有議事制度是由來華貨監組成委員會，所有帳目和決議需要委員會全體成員簽署，但此時貨監人數的增加，並不利於議事和商務的進行。故董事會決定改變廣州商館的管理方式，1786 年起常設「特選委員會」(select committee)，委員會成員由資深貨監擔任，賦予管轄其他貨監以及公司來華船隻的權限，希冀強化訓令的執行與就近監督的目的。此後直至 1834 年廣州商館裁徹前，「特選委員會」一方面需負責和倫敦董事會、印度各大總督區(Presidency)、東南亞各商館據點之間，討論貨物買賣、金融匯兌、管理公司來華船隻、監督在華港腳商人(country merchant, 廣義而言亦屬私商)等工作，同時也需代表公司，和清廷、廣東官方、澳門葡人進行溝通、協調，扮演重要角色。[12]

每年廣州貿易季時，廣州商館除「特選委員會」之外，還有許多人員各司其職。基層書記(writer; 中國人稱為寫字)擔任各種見習和助手的工作；「特選委員會」底下貨監則個別負責會計、秘書、撰寫《會議紀錄簿》(consultation)、監督貨物裝卸等事務；茶師(tea inspector)專職檢驗、評估茶葉優劣；此外還有翻譯、醫生、牧師等職。商館職員除處理公司來華船隻相關事務外，也不

---

[11] Michael Greenberg, *British Trade and the Opening of China, 1800-42* (Cambridge: Cambridge University Press, 1951), pp. 3-4；本書關於當時英鎊、中國銀兩、西班牙銀元之間的換算，若處理時間為 1814 年前，將依 1 英鎊等於 3 銀兩、1 英鎊等於 4 西班牙銀元計算。1815 年後，將依 1 英鎊等於 3 銀兩、1 英鎊等於 4.16 西班牙銀元計算。此外，若未特別說明，文中所用的鎊、兩、元即分別代表英鎊、銀兩、西班牙銀元。

[12] 廣州商館約自 1770 年起，董事會在人員派遣方面開始實行重大改變，即部份公司職員開始常駐廣州，每年不再隨著船隻回英。另外，1780 年初也曾設立「特選委員會」，但隨即中斷。參見陳國棟，《東亞海域一千年》（臺北：遠流出版社，2005），頁 310； H. B. Morse, *The Chronicles*, vol. 2, pp. 2, 118; vol. 5, pp. 160, 176.

時需協助港腳船 (country ship)、[13] 英國海軍戰艦處理補給、維修等工作。[14] 商館許多職員在華居住長達十餘年，甚至客死中國。對這些人而言，中國甚可稱為他們的第二故鄉。

在東印度公司對華貿易架構中，倫敦董事會扮演著管理、監督的核心角色。每年他們下達廣州商館各種詳細指示與命令，如商品供應和需求情形、資金供給方式、船隻航行路線等，也要求商館盡可能地快速回報中國發生的各種訊息，經檢討後，再指示下年度商館工作要項和改進要求，以期建立一個 「下達訓令→反映問題→分析檢討→下達訓令」的有效循環機制。

對董事會而言，此時期中英貿易運作存在各種管理難題，如受限中英兩地遙遠的距離與當時航海技術，每當「特選委員會」反映的問題傳回倫敦，經過行政程序的討論，新的訓令再傳回廣州商館時，往往已是一年之後，有時無法趕上貿易季節，這種資訊上的「不即時」與「不透明」是管理效率的一大障礙。[15]

又，1793-1815 年間長期戰亂的紛擾，包括法國大革命戰爭(The French Revolutionary War, 1792-1802)、拿破崙戰爭(The Napoleonic War, 1803-1815)、[16] 1812 年戰爭(1812-1815)，以及嘉慶年間橫行廣東一帶的海盜，使公司需特別考量船運的安全問題。其他如供應茶葉貿易所需龐大資金、控制在華港腳商人勢力發展等，都是公司對華貿易經營時需審慎處理的議題。

此外，這段時期，中英貿易還有幾項重大改變與趨勢。首先，1813 年東印度公司喪失英印貿易壟斷權，但仍保有對華貿易部份，這使公司更加重視

---

[13] 自十八世紀下半葉起，東印度公司為因應中印間私商貿易的增加，開始允許私商向東印度公司申請執照，經營中印間的貿易，這些船隻稱為港腳船，此種貿易型態稱為港腳貿易。

[14] 商館職員除商業工作外，也在十九世紀初英人的中國研究、自然史、中西醫學交流等方面有著先驅的地位。

[15] 不僅是中國，訊息傳遞的時間差，一直是倫敦董事會管理亞洲貿易時無法避免的問題。參見 H. V. Bowen, *The Business of Empire: The East India Company and Imperial Britain, 1756-1833* (Cambridge: Cambridge University Press, 2006), p. 151.

[16] 1793-1815 年間，英法僅於 1802-1803 年簽訂亞眠條約期間有過短暫的和平。

中國市場的營運，遂整合會計辦公室和秘書辦公室相關職務，特別成立中國部門(China department)，負責與廣州商館的通信聯繫。[17] 再者，十九世紀初，勢力日益壯大的印度港腳商人，他們從印度輸入中國貨物的貿易總量，已不可小覷，往後並逐漸超過公司。港腳商人經營的業務也從早期單純幫人代購、代銷貨物，逐漸擴大到貸款、匯兌、保險、航運等類似銀行功能的項目，成為廣州貿易一股不可忽視的力量。[18] 其次，在商品方面，除了茶葉貿易以外，鴉片貿易的興盛與走私，對中英貿易的資金流動、港腳商人勢力的茁壯、粵海關管理效率下降等有著重大的影響。最後，此時大部份廣州行商都陷於經營危機，雖然行商可透過茶葉、棉花的買賣，獲取不錯的利潤，也有行用（或行用，consoo fund）等措施減少損失，但官員的剝削、長年的捐輸、借貸的高利率、市場的不確定性等，仍使他們入不敷出，最後大都以破產結束其商業生涯。[19]

本書研究動機起於筆者先前對英人小斯當東(G. T. Staunton, 1781-1859)的研究，[20] 小斯當東是鴉片戰爭前中英關係裡十分知名的人物，他曾於1800-1816 年間任職廣州商館，由最基層的書記陸續升遷到商館的大班。[21] 因研究此人物，筆者接觸到有關東印度公司行政組織運作、貿易管理等議題，也瞭解部份公司檔案的內容與性質，進而對廣州商館此課題產生興趣。接著，

---

[17] 中國部門是由董事會下的秘密商業委員會 (secret commercial committee) 和通信委員會 (correspondence committee) 聯合管理，前者處理東印度公司與廣州商館間的機密通信，後者則是一般信件，中國部門於 1832 年裁撤。參見 Martin Moir, *A General Guide to the India Office Records* (London: British Library, 1988), pp. 28, 31.

[18] Michael Greenberg, British Trade and the Opening of China, 1800-42, pp. 144-174.

[19] 關於此時行商經營問題，參見陳國棟，〈論清代中葉廣東行商經營不善的原因〉，《新史學》，第 1 卷第 4 期 (1990)，頁 1-40。

[20] 游博清，〈小斯當東 (George Thomas Staunton, 1781-1859)—19 世紀的英國茶商、使者與中國通〉（新竹：清華大學碩士論文，2004）。小斯當東在其幼年日記《小書論路從英吉利國到中國：第二部》(*Journal of a Voyage to China, 2nd Part*) 上曾自稱多瑪斯當東。為有所區隔，下文將稱呼其父 G. L. Staunton 為老斯當東，G. T. Staunton 為小斯當東。

[21] 清代文獻中，有時大班亦可指廣州商館的貨監，本書大班專指商館「特選委員會」主席。

在閱讀相關著作過程中，對廣州商館人事與組織運作的內容、董事會如何遠距離監督管理中英貿易、印度方面如何就近支援廣州商館、公司和其他在華商人團體間的競爭等問題持續地感到好奇。

自 1780 年代後期到 1833 年間，中英貿易一直是東印度公司日益重視的市場，董事會面對廣州貿易環境的諸多不確定性與投資的風險，他們如何努力地克服時間與空間的差距，達成監督、管理與獲利的目標；而遠在中國的商館職員，其遵守和執行董事會訓令的成效如何，當執行上有疑難時，如何做出處置。此外，關於廣州商館的人事與組織，包含職員的家世背景、職務的分工、升遷狀況、薪資福利等，亦是擬研究的議題。

筆者認為在這約半世紀期間，公司對華貿易約可以 1816 年做為分界，主要是因整個時代背景於此時前後有諸多不同，也轉變董事會經營中英貿易的考量。故選擇 1786-1816 年間作為本書主要研究時段，探討廣州商館各項運作與管理機制，以及公司面對的問題與挑戰。

先是，1793 年起英法長期交戰，約到 1815 年維也納會議(The Vienna Congress)時告終，在此之前，戰爭使東印度公司需更費心思處理資金調度、航運費用、規劃船隻航線等問題，如當購買中國貨物所需大量資金無法得到英國國內穩定供應時，即需依賴其他管道；戰時也使貨物運費和保險費較平時為高，增加經營成本；為避免法國或西班牙海軍的劫掠，也需特別規劃船隻航行路線。此外，嘉慶年間中國東南沿海的海盜、1812 年戰爭等，也是公司需考量的問題，這些擾亂貿易的各項因素大致於此時均告一段落。

又，1815 年後，東印度公司在華貿易經營並非就此一帆風順，而是面臨新的商貿環境帶來的挑戰，主要是公司和港腳商人、美國商人之間的競爭，以及鴉片貿易等問題。1813 年英印貿易的開放，促使更多英人來到印度做生意，大量資金湧入東方，加上中國鴉片需求持續增加，均間接使中印貿易規模日益擴張，這些在華港腳商人經營的代理行(house of agency 或 house of trade)，和印度代理行、英國非公司商人、美國商人之間的合作網絡，日益複雜與密切，成為董事會經營對華貿易時無法忽視的一股勢力，公司和港腳商人雖亦保持合作關係，但新的商業需求與貿易環境的改變，使雙方之間的緊張與衝突日益昇高。

另一方面，經歷近三十年的組織運作，1816 年時，廣州商館內部體制已有其傳統，如職員的職務分工、權利義務、升遷、休假、薪資福利等，都已建立諸多規範或慣例。但公司針對職員休假、代理貿易等問題，仍持續進行一些檢討和調整，以期更加的完善，如董事會決定 1816 年起，恢復中斷十餘年的商館代理行業務，並嚴禁商館職員往後從事代理貿易，這些慣例和規範發展的脈絡與演變過程，對廣州商館造成那些影響，亦值得探究。[22]

本書試圖透過研究 1786-1816 約三十年間廣州商館處理的各項事務，一方面具體而微地顯現商館常年貿易運作各個環節與相關機制；並評估董事會和商館面對一些重要的經營管理議題時，如人事管理、船運管理、資金供應、匯兌融資等，其採取措施的優劣與影響。另一方面，則討論公司中國貿易競爭力的問題，論述 1810 年代開始，廣州的商貿環境如何受到英國、美國、印度各地政策和貿易的影響，例如，非公司的各國商人團體，為了爭奪中國市場利益，如何展開各種形式的合作與結盟，逐漸侵蝕公司原先享有的貿易特權和優勢，降低公司的影響力。

二、文獻探討與史料運用

廣州商館作為東印度公司在龐大中國市場的唯一據點，其商貿運作涉及的層面頗多。一方面與商館本身的人事組織、商館和東印度公司內部各部門間的聯繫往來有關，同時也涉及粵海關、十三行行商、買辦、通事、在華外商團體等主題，以往學界也累積許多成果，以下分別就這些主題做一回顧。

首先，東印度公司對華貿易史或中英貿易史的研究方面，二十世紀前葉，

---

[22] H. B. Morse, *The Chronicles*, vol. 3, p. 231.

馬士(H. B. Morse, 1855-1934)先生是開創此領域的大家，他於 1874 年起任職於中國海關，工作之餘，也研究近代中外經濟。1910-1918 年間，他編纂著名的《中國帝國對外關係史》(*The International Relations of the Chinese Empire*)，該書部份章節已提及廣州商館。[23] 之後，其《英國東印度公司對華貿易編年史》(*The Chronicles of the East India Company Trading to China, 1635-1834*)更為經典之作。該書優點是將每年廣州貿易季度獨立成章，開頭是來華貿易船隻總數、貨物的販售、訂定茶葉契約等情形，結尾多為船隻離華、商館職員返回澳門等，使讀者易於明瞭東印度公司每年對華貿易大致流程。編排方式上，該書也有某種程度的一致性，以 1786-1834 年間的內容為例，書裡於每年的開頭，即描述該年份廣州商館基本資訊，如進出口貨物種類與數量、船隻總噸位、「特選委員會」成員等，使讀者較易掌握商館的概況，其編輯的主題亦不僅限於貿易，關於華夷衝突、中西文化交流等，亦多有收錄。

然而，《英國東印度公司對華貿易編年史》不足之處或在於較缺乏分析性的論述，如其引用大量的統計數據，但少見分析數字背後的原因或代表的意義，這種情形下，讀者僅能得到中英貿易的表面印象。其次，因原始檔案的龐雜，不易「串聯」，該書描述某些事件，往往「無疾而終」，讀者無法瞭解來龍去脈，該書或象徵此學術領域草創初期的現象。又，筆者分析認為馬士參考的大英圖書館印度事務部檔案（India Office Records，簡稱 IOR），應該僅限於 IOR/G/12 系列檔案，並未引用 1786-1833 年間，董事會寫給商館「特選委員會」的訓令（IOR/R/10 系列），此是探討公司倫敦總部與商館內部聯繫的重要檔案，亦使該段時期公司對華貿易有許多值得補充、延伸之處。[24]

---

[23] H. B. Morse, *The International Relations of the Chinese Empire* (Shanghai: Kelly and Walsh, 1910-1918).

[24] 馬士在《英國東印度公司對華貿易編年史》裡，曾稱「董事會的信件簿，僅保留至 1753 年為止，此後我們便不知道付給每位貨監（佣金）的比例」，但實際上在 IOR/R/10 系列裡， 1786-1833 年間，每年皆記載董事會支付給商館貨監佣金的分配比例，故筆者認為或受限於時代環境，馬士寫作時無法利用該系列檔案。參見 H. B. Morse, *The Chronicles*, vol. 4, p. 345.

與馬士同時期的 J. B. Eames 先生於 1909 年出版《英國人在中國》(*The English in China*)，部份內容涉及 1834 年前的中英關係，主要仍以編年的方式提及中英貿易重大事件，或是行用、英人學習中文等主題，可補充馬士之不足。[25]

接著，1936 年，E. H. Pritchard 先生的《早期中英關係的關鍵年代，1750-1800》(*The Crucial Years of Early Anglo-Chinese Relations, 1750-1800*)，是對十八世紀下半葉中英貿易、外交關係的專題性研究，該書除討論廣州商館、港腳貿易(country trade)外，也涉及 Charles Cathcart (1759-1788)、馬戛爾尼(George Macartney, 1737-1806)兩個使華團。1964 年，Louis Dermigny 先生的博士論文《西方的中國》(*La Chine et L'occident*)蒐羅英、法等地大量檔案文獻，用豐富的統計數據，研究廣州貿易的運作與商品流通。[26]

以後，中英貿易研究或逐漸有專題化趨勢。首先，茶葉貿易的議題上，1984 年梅氏夫婦(Hoh-cheung Mui 與 L. H. Mui)出版《管理壟斷權》(*The Management of Monopoly*) 一書，開創性地處理 1784-1833 年間，東印度公司如何控管中國茶葉貿易相關議題，提及廣州商館的人事運作；以實際數據分析茶葉貿易的各項花費如購茶成本、運費、管理費等，認為公司的成本控制得宜，並無鋪張浪費；以及茶葉的供給需求和銷售等，茶葉在倫敦市場拍賣時，公司也無刻意調高「底價」(upset price) 的情形，若和之後自由貿易時代相比，公司實際上較能有效率地掌握和管理茶葉市場，提供穩定充足的茶葉數量，保障茶葉品質。[27] 惟該書在部份議題上，尚未能進行更詳細的論述，僅粗略提及廣州商館的人事管理、職務分配、薪酬分配等，另一方面，公司

---

[25] J. B. Eames, *The English in China* (1909; rpt. London: Curzon Press, 1974).

[26] J. K. Fairbank, "Reviewed work (s): La Chine et l'Occident: Le commerce a Canton au XVIIIe Siecle, 1719-1833 by Louis Dermigny," *Harvard Journal of Asiatic Studies*, vol. 27 (1967), pp. 286-290.

[27] Hoh-cheung Mui and L. H. Mui, *The Management of Monopoly: A Study of the English East India Company's Conduct of Its Tea Trade, 1784-1833* (Vancouver: University of British Columbia Press, 1984).

在華經營管理還涉及其他重要議題如船運、訊息聯繫等方面，亦值得討論。

接著，1994 年，Robert Gardella 先生討論國際貿易對福建茶葉產區造成的影響，亦值得參考。[28] 之後，2003 年，蔡仰虔先生接續前人研究，進一步延伸討論 1760-1833 年間，中英茶葉貿易相關議題，如廣州商館購買茶葉與控管品質的方法，董事會供應茶葉貿易所需資金的各種措施等。[29]

其他專門性研究涉及不同主題，包括商館職員學習中文、參與中英關係、商館醫生的活動等。[30] 例如，英人學習中文方面，1938 年，S. R. Stifler 先生專論廣州商館人員學習中文的活動，從洪任輝(James Flint, ?-?)開始直至 1834 年，包括馬禮遜(Robert Morrison, 1782-1834)、小斯當東及商館部份職員。[31] 之後，對此問題的探討似乎呈現空白的情況，至 2005 年時，蘇精先生研究擔任廣州商館中文教師馬禮遜的中文教學活動，該文善用倫敦傳教會(The London Missionary Society)、東印度公司等原始檔案，觸及前人未討論過的面向，包括商館中文學生的學習成效、可能使用的教材、中文班規模等。[32] 對商館醫生的研究亦不少，多集中於皮爾遜(Alexander Pearson, 1780-1836)、李文斯頓

---

[28] Robert Gardella, Harvesting Mountains: *Fujian and the China Tea Trade, 1757-1937* (Berkeley: University of California Press, 1994).

[29] Yang-chien Tsai, “Trading for Tea.” 近年來，中國大陸學者張燕清、蘭日旭等亦發表數篇與茶葉貿易有關論文，惟所使用的材料多徵引馬士書中的材料，在未使用一手文獻情形下，不易有較深入的成果。如蘭日旭，〈英國東印度公司取得華茶出口貿易壟斷權的因素分析〉，《農業考古》，1998 年第 4 期，頁 211-214；蘭日旭，〈英國東印度公司從事華茶出口貿易發展的階段與特點〉，《農業考古》，2006 年第 2 期，頁 223-228；張燕清，〈英國東印度公司對華茶葉貿易方式探析〉，《中國社會經濟史研究》，2006 年第 3 期，頁 54-60；張燕清，〈壟斷政策下的東印度公司對華茶葉貿易〉，《浙江學刊》，2006 年第 6 期，頁 73-76。

[30] 蘇精，《馬禮遜與中文印刷出版》（臺北：學生書局，2000）；蘇精，《中國，開門！——馬禮遜及相關人物研究》（香港：基督教中國宗教文化研究社，2005）；L. L. Spivey, “Sir George Thomas Staunton: Agent for The British East India Company in China, 1798-1817” (M. A. thesis, Durham: Duke University, 1968)；游博清、黃一農，〈天朝與遠人——小斯當東與中英關係 (1793-1840)〉，《中央研究院近代史研究所集刊》，第 69 期(2010)，頁 1-40。

[31] S. R. Stifler, “The Language Students of the East India Company’s Canton Factory,” *Journal of the North China Branch of the Royal Asiatic Society*, vol. 69 (1938), pp. 46-82.

[32] 蘇精，《中國，開門！》，頁 43-64。

(John Livingstone, c.1770-1829)、郭雷樞(T. R. Colledge, 1796-1879)等人在傳入牛痘、籌設眼科醫院等。[33] 2010 年，蘇精先生亦從原始檔案出發，討論廣州商館歷任醫生、助理醫生，包括他們的薪資、和公司的關係、在華從事的主要醫療活動等。[34]

在港腳商人研究中，除馬士之外，1951 年，格林堡(Michael Greenberg)先生的《英國貿易與中國的開放，1800-1842》(*British Trade and the Opening of China, 1800-42*)是一經典之作。格林堡以劍橋大學館藏的怡和洋行(Jardine Matheson & Co.)檔案為基礎，討論鴉片戰爭前，港腳商人參與中印港腳貿易的程度，詳細闡述各港腳商人先後的合夥關係及組織演進，買賣貨物的前後差異、代理行功能的拓展等，但對於早期港腳商人和英國非東印度商人、美國商人間，如何建立商業網絡，其程度、範圍如何，仍未完盡，值得進一步補充分析。[35] 其次，施其樂(C. T. Smith, 1918-2008)先生、范岱克(P. A. Van Dyke)先生則研究以往一些較受忽略的港腳商人團體，如巴斯人(Parsee)、亞美尼亞人(Armenian) 和穆斯林(Muslim)等，認為他們在中印貿易上扮演著供應資金或勞力等重要角色。[36] 近年來，大陸學者對此主題的研究亦陸續出

[33] 彭澤益，〈廣州洋貨十三行行商倡導對外洋牛痘法及荷蘭豆的引進與傳播〉，《九州學刊》，1991 年第 4 期，頁 73-84；劉澤生，〈英國東印度公司在澳穗醫生與近代醫學交流〉，《廣東史志》，1999 年第 3 期，頁 35-37；張嘉鳳，〈十九世紀牛痘的在地化——以《𠯈英咭唎國新出種痘奇書》、《西洋種痘論》與《引痘略》為討論中心〉，《中央研究院歷史語言研究所集刊》，第 78 本第 4 分 (2007)，頁 755-812。

[34] 蘇精，〈英國東印度公司與西醫來華〉，收入珠海市委宣傳部、澳門基金會、中山大學近代中國研究中心主編，《珠海、澳門與近代中西文化交流——「首屆珠澳文化論壇」論文集》（北京：社會科學文獻出版社，2010)，頁 44-76。

[35] Michael Greenberg, *British Trade and the Opening of China, 1800-42*; Earl H. Pritchard, *The Crucial Years of Early Anglo-Chinese Relations, 1750-1800* (New York: Octagon Books, 1936). 對於中印區間貿易的新近研究，可參見 Mok Kin-wai, "The British intra-Asian trade with China, 1800-1842" (Ph. D. thesis, Hong Kong: Hong Kong University, 2005).

[36] 參見 C. T. Smith and P. A. Van Dyke, "Muslims in the Pearl River Delta, 1700 to 1930," *Review of Culture* (International Edition), no. 10 (2004), pp. 6-15; C. T. Smith and P. A. Van Dyke, "Four Armenian Families," *Review of Culture* (International Edition), no. 8 (2003), pp. 40-50; C. T. Smith and

現，2005 年郭德焱先生的《清代廣州的巴斯商人》，著重討論孟買波斯籍港腳商人在廣州貿易的作用。[37] 吳義雄先生亦討論鴉片貿易交易模式、背後涉及的利益團體、鴉片輸入數量、各種統計資料可信度等問題。[38]

另一方面，因為廣州商館是東印度公司亞洲貿易的重要據點之一，故它與董事會、印度各總督區間，在資金供應、貨物供需、相互支援等方面皆有密切往來，故研究廣州商館的同時，也需理解注意公司在倫敦、印度、東南亞等地的發展情形。這方面專著眾多，B. B. Misra 先生集中研究公司印度各總督區的權力運作、文官體系、稅收、司法等層面；[39] 菲力普斯(C. H. Philips, 1912-2005)先生考究 1784-1834 年間，英政府負責監督公司的印度管理委員會(India Board 或 Board of Control)與公司董事會間的關係，雙方在制定印度各項政策、挑選總督人選上，各自的考量重點，以及如何協調達成共識，亦論及董事會內各派別勢力爭取主導權的過程；[40] K. N. Chaudhuri 先生以研究十七、十八世紀公司亞洲貿易體系著稱，深入探討公司管理制度、船運網絡、

P. A. Van Dyke, "Armenian Footprints in Macau," *Review of Culture* (International Edition), no. 8 (2003), pp. 20-39.

[37] 郭德焱，《清代廣州的巴斯商人》（北京：中華書局，2005），頁 36-125；李寬柏，〈鴉片戰爭前中英貿易中的英國散商研究〉（南昌：南昌大學碩士論文，2006）。其他相關文章參見張增瑞，〈試論清嘉道年間鴉片走私中的港腳商人〉，《河南大學學報（社會科學版）》，1995 年第 1 期，頁 39-41；林準祥，〈廣東銀行研究〉，《中國經濟史研究》，2002 年第 3 期，頁 43-55；龔高健，〈港腳貿易與英國東印度公司對華茶葉貿易〉，《福建師範大學學報 (哲學社會科學版)》，2005 年第 4 期，頁 37-40。

[38] 吳義雄，《條約口岸體制的醞釀：19 世紀 30 年代中英關係研究》（北京：中華書局，2009），頁 336-361、373-387。

[39] B. B. Misra, *The Central Administration of the East India Company* (Manchester: Manchester University Press, 1959). 關於東印度公司專門訓練文職人員的 Haileybury 學院，參見 R. L. McCartor, "The John Company's College: Haileybury and the British Government's Attempt to Control the Indian Civil Service" (Ph. D. thesis, Lubbock: University of Texas Techology, 1981).

[40] C. H. Philips, *The East India Company 1784-1834* (Manchester: Manchester University Press, 1940). 印度管理委員會的全名是 Board of Commissioners for the Affairs of India，但常稱其為 India Board 或 Board of Control。

各項主要貿易商品；[41] J. M. Bourne 先生剖析 1784-1858 年間，公司文職與軍職人員任命權(patronage)的演變；[42] H. V. Bowen 先生早期研究公司財稅改革，近年來重心則擴及董事會決策管理優劣、職員工作表現、公司股東年齡與背景分析等面向。[43] 上述著作提及的許多現象與議題，皆值得做為研究廣州商館時的參考。

接著，研究東印度公司對華貿易史，除了英方的材料與研究之外，中文方面亦不能偏廢。其中，鴉片戰爭前廣東貿易重點方向之一是粵海關的研究。1980 年代，陳國棟先生在此方面開展先創性的研究，相繼探析粵海關的行政體系、稅務與利益的分配、粵海關監督的派遣等面向。行政體系上，他全面性的調查粵海關監督的設置、派遣，以及基層胥吏的職務；稅務制度方面，仔細釐清粵海關年度奏銷過程，如主要海關稅冊的性質、作用，及各種繁雜的稅則，十分有助於學界瞭解粵海關的財政運作；在利益分配上，他主張歷任粵海關監督幾乎均為內務府包衣，與皇帝關係深厚，海關稅收可說是皇帝個人御用的財庫。[44] 接著，大陸學者張曉寧先生、李金明先生等人，亦陸續

[41] K. N. Chaudhuri, "The East India Company and the Export of Treasure in the Early Seventeenth Century," *The Economic History Review*, New Series, vol. 16, no. 1 (1963), pp. 23-38; K. N. Chaudhuri, "Treasure and Trade Balances: The East India Company's Export Trade, 1660-1720," *The Economic History Review*, New Series, vol. 21, no. 3 (1968), pp. 480-502; K. N. Chaudhuri, *The Trading World of Asia and the English East India Company, 1660-1760* (New York: Cambridge University Press, 1978).

[42] J. M. Bourne, "The Civil and Military Patronage of the East India Company, 1784-1858" (Ph. D. thesis, Edinburgh: University of Edinburgh, 1977).

[43] H. V. Bowen, The Business of Empire; H. V. Bowen, *Revenue and Reform: The Indian Problem in British Politics, 1757-1773* (Cambridge: Cambridge University Press, 1991).

[44] 陳國棟，〈清代前期粵海關的稅務行政〉，《食貨月刊》，第 11 卷第 10 期 (1982)，頁 1-23；陳國棟，〈清代前期粵海關的利益分配 (1684-1842)：粵海關監督的角色與功能〉，《食貨月刊》，第 12 卷第 1 期 (1982)，頁 19-33；陳國棟，〈粵海關 (1684-1842) 的行政體系〉，《食貨月刊》，第 11 卷第 4 期 (1981)，頁 35-52；陳國棟，〈清代前期粵海關監督的派遣〉，《史原》，第 10 期 (1980)，頁 139-168。

發表相關專書與期刊論文，[45] 吳義雄先生則深入探討粵海關稅費問題、英商在華治外法權等。[46]

其次，關於廣東十三行商的研究眾多，1930 年代，梁嘉彬(1910-1995)先生的名著《廣東十三行考》，討論十三行行商的起源與興衰，行商組織在不同時期的發展，是此領域研究的先鋒。[47] 接著，1990 年代，陳國棟先生於博士論文分析廣東行商的商欠、破產等問題，從行商經營各種貨物獲利的程度、行商的主要支出、廣東官方和東印度公司所扮演的角色等面向切入，提出創新解釋，認為行商破產主因之一是資金規模不足，該文附錄並考證各行商的生平。[48] 1997 年，張榮洋先生的《廣州的行商》(*The Hong Merchants of Canton*)，分析首商的作用、行商負債、官方與行商的互動等問題，該書以 1740 年為分界，討論前後期行商的差異。[49] 近年來，除主要行商外，關於其他行商的事蹟，亦陸續有新成果出現。[50] 其中，范岱克先生的《廣東和澳門商人》(*Merchants of Canton and Macao*)頗為重要，范氏本身通曉多種歐洲語言，且熟悉荷蘭東印度公司、丹麥亞洲公司(Danish Asiatic Company, 1732-1833)、[51]

---

[45] 李金明，〈清代粵海關的設置與關稅征收〉，《中國社會經濟史研究》，1995 年第 4 期，頁 28-36；張曉寧，《天子南庫——清前期廣州制度下的中西貿易》（南昌：江西高校出版社，1999）。

[46] 吳義雄，《條約口岸體制的醞釀》，頁 62-98、143-201。

[47] 梁嘉彬，《廣東十三行考》（臺中：東海大學出版社(再版)，1960）。

[48] Kuo-tung Chen, "The Insolvency of the Chinese Hong Merchants, 1760-1843" (Ph. D. thesis, New Haven: Yale University, 1990)。之後，他並陸續發表數篇與行商有關的論文，如陳國棟，〈論清代中葉廣東行商經營不善的原因〉，頁 1-40； 陳國棟，Uncertainty of the Old China Trade: A Case Study of Manhop's Failure，收入郝延平、魏秀梅主編，《近世中國之傳統與蛻變：劉廣京院士七十五歲祝壽論文集》（臺北：中央研究院近代史研究所，1998），頁 889-906。

[49] W. E. Cheong, *The Hong Merchants of Canton* (Richmond: Curzon Press, 1997).

[50] 如黃啟臣，《梁經國天寶行史跡》（廣州：廣東高等教育出版社，2003）；周湘，〈清代廣州行商倪秉發事跡〉，《中山大學學報》，2001 年第 5 期，頁 100-105；吳義雄，〈興泰行商欠案與鴉片戰爭前夕的行商體制〉，《近代史研究》，2007 年第 1 期，頁 56-75。

[51] 丹麥亞洲公司成立於 1732 年，此後該公司於丹麥與中國貿易裡佔有獨大地位。參見 K. E. Brødsgaard and Mads Kirkebæk ed., *China and Denmark: Relations since 1674* (Copenhagen : Nordic Institute of Asian Studies, 2001), p. 16.

瑞典東印度公司(Swedish East India Company, 1731-1813)等各類檔案，該書引用的文獻多樣，旁徵博引，有效提升對各別行商生平的認知，以及時代的瞭解。[52]

另一種行商研究取向是從家族史、社會文化史的角度出發，如《廣州十三行之一：潘同文（孚）行》一書，不倚限於貿易方面，較具綜合性的理解潘啟家族。[53] 章文欽先生的《廣東十三行和早期中西關係》，從珍稀的詩詞、遺稿等史料入手，進一步剖析伍怡和家族的宗族和商業網絡，該書亦運用馬克思商業資本的理論，解釋行商商欠問題。[54]

又次，有關通事、買辦、引水人等廣州貿易基層人物的研究，以往已有零星成果。[55] 近年來，學者陸續發表涉及通事的相關研究，[56] 或討論個別重要通事的事蹟，[57] 或探討通事使用的洋涇濱英語(pidgin English)。[58]

尤其值得一提的是，范岱克先生的《廣東貿易》(*The Canton Trade: Life and Enterprise on the China Coast, 1700-1845*)亦頗有新義。該書是范氏稍早的著作，嘗試解答廣州對外貿易為何興盛與衰落此一大問題，他強調從管理的角

---

[52] P. A. Van Dyke, *Merchants of Canton and Macao: Politics and Strategies in Eighteenth-Century Chinese Trade* (Hong Kong: Hong Kong University Press, 2011);P. A. Van Dyke, *Merchants of Canton and Macao: Success and Failure in Eighteenth-Century Chinese Trade* (Hong Kong: Hong Kong University Press, 2016).

[53] 潘剛兒、黃啟臣、陳國棟著，《廣州十三行之一：潘同文（孚）行》（廣州：華南理工大學出版社，2006）。

[54] 章文欽，《廣東十三行與早期中西關係》（廣州：廣東經濟出版社，2009），頁 39-95、231-290。

[55] 如王爾敏，〈圖畫史頁所見之廣州口岸與洋行、夷商、買辦〉，《近代中國》，143 期(2001)，頁 34-46。

[56] 如季壓西、陳偉民，《中國近代通事》（北京：學苑出版社，2007）；吳義雄，〈「廣州英語」與 19 世紀中葉以前的中西交往〉，《近代史研究》，2001 年第 3 期，頁 172-202。

[57] 如王宏志，〈1814 年「阿耀事件」：近代中英交往中的通事〉，《中國文化研究所學報》，59 期(2014)，頁 203-231。

[58] Kingsley Bolton, *Chinese Englishes: A Sociolinguistic History* (New York: Cambridge University Press, 2003); 周振鶴，〈中國洋涇濱英語最早的語詞集〉，《廣東社會科學》，2003 年第 1 期，頁 77-84。其中，Kingsley Bolton 有開創性貢獻。

度來檢視整個廣東貿易的結構與問題。書中他以引水人、買辦及通事等小人物為例，說明他們在整個貿易體系所扮演的角色。這些基層職業皆是每年貿易季得以順利運作的各個環節，范氏藉由檢視這些小人物的日常工作內容，進一步瞭解此時中外貿易是如何運作的？也透過他們檢驗粵海關的行政管理制度健全與否？故在書中，范氏除介紹這些職業的工作內容外，也時常思考它們與整個粵海關管理的利害關係，如非法買辦的出現將使粵海關行政管理效率低落。[59] 范氏善用各國檔案文獻，嘗試從較全面的角度檢視廣東貿易，跳脫以往英國東印度公司為中心的解釋模式。

此外，相關工具書亦提供許多有效的資訊。大英圖書館持續出版介紹東印度公司檔案或文獻整理的專書，1988 年，Martin Moir 先生的《印度事務部檔案概覽》(*A General Guide to the India Office Records*)按印度事務部檔案編號順序，較完整地描述各類檔案涵蓋時間與主要內容，也提及董事會下屬各個組織與一般決策的流程，相當值得參照，頗受學界好評，惟中國部份仍有不足。[60] 1999 年，Anthony Farrington 先生整理出版 1600-1834 年間，公司絕大部份船隻的目錄，以船隻名稱排序，簡介每艘船的構造組成、船主姓名、航行途中的停靠點，並列出船隻日誌(journal)、帳冊(ledger)在印度事務部檔案的編號（如 L/MAR/B/98H）。同年，他亦出版 1600-1834 年間，服務於公司的船員與船醫的傳記索引，以姓氏排序，包含人員升遷時間、過程，如其中即有不少廣州商館醫生先前擔任公司船醫的記錄，這些工具書讓研究者快速地找到所需的船隻或人名，節省許多時間。[61] 另外，May Ride 和 Lindsay Ride 兩人整理澳門基督教墳場約 189 個墓碑的碑刻生平資料，其中包括許多

---

[59] P. A. Van Dyke, *The Canton Trade: Life and Enterprise on the China Coast, 1700-1845* (Hong Kong: Hong Kong University Press, 2005), pp. 64-71.

[60] Martin Moir, *A General Guide to the India Office Records*.

[61] Anthony Farrington, *A Biographical Index of East India Company Maritime Service Officers: 1600-1834* (London: British Library, 1999); Anthony Farrington, *Catalogue of East India Company Ships' Journals and Logs, 1600-1834* (London: British Library, 1999).

廣州商館的職員或在華港腳商人，有助於生平事蹟方面的考察。[62]

另一方面，珍貴史料的發現與有效運用，往往有助研究的突破，故本書亦重視一手檔案的整理與挖掘。以下概述筆者運用的主要材料及其助益，目前研究東印度公司相關原始檔案，主要存於倫敦大英圖書館與英國國家檔案館(National Archives)。其中，大英圖書館印度事務部檔案裡的 B、R/10、G/12、J、L/AG、H 等系列，均有涉及廣州商館的史料。

首先，B 系列是董事會每年的會議議事記錄，卷帙浩繁，當中包含董事們對廣州商館人事任命與升遷、休假規範、薪資福利、獎懲等議題，反映董事會管理中英貿易關注的重點，可瞭解相關政策、規定制定討論過程和演變。[63]

其次，R/10 系列收錄 1623-1833 年間董事會與廣州商館往來的各式信函文件，共計七十四卷，分為四部份，各部份皆有與本書處理年限相關的重要史料。第一部份是早期信函，名稱為 Early Records, Diaries and Consultations, 1623-1803（編號 IOR/R/10/1-21）；第二部份則為 Secret Consultations, Letters and Transactions of Select Committee of Supercargoes, 1796-1834（編號 IOR/R/10/22-32），係廣州商館「特選委員會」秘密協商(secret consultations)、秘密信件的複本，提到商館各種商業機密事項；第三部份為 Letters (Dispatches) Received From East India Company Court of Directors, or Its Secret Committee（編號 IOR/R/10/33-66），係董事會每年寫給廣州商館的各種訓令與指示，與公司在華營運管理極為相關；第四部份則是雜件(Miscellaneous Papers，編號 IOR/R/10/67-74)，蒐羅各時期零散的信函。[64]

接著，G/12 系列計有二百九十一卷，內容主要是廣州商館每年例行撰寫

---

[62] Lindsay Ride and May Ride, *An East India Company Cemetery* (Hong Kong: Hong Kong University Press, 1995).

[63] Martin Moir, *A General Guide to the India Office Records,* pp. 271-275. B 系列有關董事會討論廣州商館的條目，均可於印度事務部 Z 系列索引中查找。

[64] http://www.nationalarchives.gov.uk/a2a/records.aspx?cat=059-r10&cid=1#1.

的《會議紀錄簿》與《日誌》(diary)。此外亦包含十七、十八世紀商館貨監的日誌、馬戛爾尼與阿美士德(W. P. Amherst, 1773-1857)兩使節團的書信、1823-1832 年間「特選委員會」寄給董事會的各式信件、1793-1833 年間「特選委員會」秘密協商的紀錄等。[65] R/10 和 G/12 兩系列皆缺少部份年代的紀錄，可補充彼此的不足。[66] 此兩大套檔案大幅補充馬士相關著作未盡之處，如就 1786-1833 年間，商館每年職務分工的情形而言，《英國東印度公司對華貿易編年史》僅記載少數幾年份的資料，但 G/12 系列錄存超過半數以上的年份，從中可看出職務分工的概況。

再次，J 系列存有進入東印度公司服務書記的「書記申請書」(writer's petition)，最早回溯至 1749 年，也包含 1806 年後東印度學院(East India college)的相關記錄。[67] 「書記申請書」記載申請人的年紀與出生地、推薦人的姓名、彼此關係等基本資料，有助瞭解人員家世背景。據筆者統計，J 系列仍存有二十餘位廣州商館書記當初的「書記申請書」，頗有助於瞭解商館職員與董事會的關係、人脈網絡等。

接著，L/AG 系列是東印度公司的財政和會計記錄，其中亦收錄廣州商館部份。如 L/AG/1/1 含有 1785-1813 年間廣州商館簽發匯票的結算紀錄，也逐年記載商館職員佣金或薪資的細節，亦有 1814-1833 年間的部份紀錄；L/AG/10/2/5 則有 1793-1810 年間商館每年各項開銷的統計。

又次，H 系列蒐集東印度公司其他系列未能涵蓋的零散資料，其中編號 H/398 的檔案係 1815-1833 年間公司派往廣州商館書記的任命書，計有十三位

---

[65] http://www.nationalarchives.gov.uk/a2a/records.aspx?cat=059-iorg_3a&cid=1-3#1-3.

[66] 如 G/12 系列在 1705-1711、1753-1775 等時期的紀錄不全，R/10 系列則保存這些年份的部份記錄（編號 IOR/R/10/3-7）；又 R/10 系列嚴重缺乏十七世紀的早期記錄。此外，美國康乃爾大學亦收藏有一批東印度公司的特殊檔案，是供馬戛爾尼出使中國時參考之用，參見陳國棟，《東亞海域一千年》，頁 368。

[67] Martin Moir, *A General Guide to the India Office Records*, p. 151. 東印度學院是對即將進入公司服務文員的職前教育機構。

（其中三位與 J 系列重複）。[68] H/449 系列則是公司部份年份茶葉貿易成本和獲利分析的統計表。印度事務部其他涉及廣州商館之檔案，亦存於 E/3-4、L/P&S、N/9、P 等系列，因較為零散，在此不一一列舉。[69]

除大英圖書館外，英國國家檔案館亦有廣州商館的特色館藏，其中值得注意的是編號 FO/1048 的檔案，[70] 總數達一千餘件，起迄時間為 1793-1834 年，包含廣州商館與廣東當局往來的各式文書，或是清廷的奏摺、諭帖等，也有商館與行商、通事、買辦往來信件。這批檔案涉及中英貿易內容頗多，如貨物買賣價格或流程、行商與「特選委員會」的金錢借貸、商館對來華水手的管理等。以往學界對廣州商館中文檔案的認知，多以許地山《達衷集》為主，但該書限於乾隆、嘉慶兩朝的資料，FO/1048 檔案涵蓋的範圍及題材，顯然更為廣泛。

英國國家檔案館另一重要收藏是《東印度職員錄》(*East India Register and Directory*)。東印度公司約自 1768 年起，每年幾乎均會將亞洲各地的人事資料彙整成冊，此提供研究廣州商館人事運作的重要線索，例如以往對任職廣州商館醫生的認知，多以《英國東印度公司對華貿易編年史》為主，因此遺漏部份商館醫生的資料，但從《東印度職員錄》可查得完整的紀載。[71] 此外，香港政府檔案處建置施其樂牧師藏品集線上目錄，係施氏閱覽英國國家檔案館相關文獻二十餘年的成果，內亦有許多商館職員資料可資參考。[72]

---

[68] http://www.nationalarchives.gov.uk/a2a/records.aspx?cat=059-iorh_2&cid=1-74#1-74.

[69] Martin Moir, *A General Guide to the India Office Records,* p. 283.

[70] FO 是英國外交部 Foreign Office 簡稱。

[71] 《東印度職員錄》在不同時代略有更動，1786-1799 年間的題名是 *The East India Kalendar, or, Asiatic Register*；1800-1802 年是 *A New Oriental Register and East-India Directory*；1803-1833 年則是 *East India Register and Directory*。參考自 Michael McEvoy, "East India Register and Directories," *The Genealogists Magazine*, vol. 27, no. 12 (2003), pp. 536-539。又，大英圖書館亦有收藏《東印度職員錄》，關於商館職員來華或離華年代的紀錄，《東印度職員錄》記載似有不少錯誤，或因是訊息接收的落差所致。

[72] http://www.grs.gov.hk/PRO/srch/english/sys_carlsmith.jsp?language=chinese.

英國國會議會記錄也是本書倚重文獻之一，因東印度公司壟斷貿易相關條文內容均由國會審核制訂，公司也須提交貨物成本、運費、售價等財務資料給國會，故英國上下議院議會記錄中，存有公司各項調查報告與統計資料，包含商館進出口統計、商館職員和港腳商人出席國會的聽證報告、職員佣金紀錄等，均是相當直接有價值的史料。

例如，1813 年的前幾年，國會陸續討論東印度公司特許狀，接著在 1820、1830、1831 年間，又舉行多場聽證會，討論應如何調整東印度公司未來在亞洲的政治和貿易架構，其中，公司中國貿易特權成為主要討論焦點之一，許多有關的人物如廣州商館職員、公司船隻船長、港腳商人、英政府管理東方貿易的官員等，均出席聽證會，回顧先前中英貿易各種問題或現象，並有貨物、資金、商館開銷等統計數據，這些報告內容厚達幾千頁，提問問題至少達數千題，提供其他書籍未見的材料。[73]

除公司本身檔案記錄外，廣州商館職員的私人通信和著作也提供從不同角度瞭解商館各種狀況。如現存小斯當東任職商館期間撰寫的大量家書，留下關於商館各職缺的工作職責、人際網絡、薪資待遇等資訊，而他回英後所寫的自傳和文集，也透露對職位升遷、商館內部文化的感受。[74]

此時來華的各國商人或旅人過客，也在私人日誌或出版物透露所見所聞，如美商地爾登(B. P. Tilden, 1781-1851)於 1815-1819 年間多次來華，其日誌顯露此時鴉片貿易的情形，亦從第三者觀點，觀察廣州商館的生活、工作等細節。[75] 又如瑞典商人龍思泰(Anders Ljungstedt, 1759-1835)、美商亨特(W.

---

[73] 目前英國國會議會記錄已製成電子資料庫 House of Commons Parliamentary Papers (簡稱 HCPP)，並可全文檢索，頗為便利。

[74] G. T. Staunton, *Memoirs of the Chief Incidents of the Public Life of Sir George Thomas Staunton, Bart* (London: L. Booth, 1856)，下文簡稱此書為 *Memoirs*；又，小斯當東的書信原稿現藏於美國 Duke 大學，並已由 Adam Matthew 公司製成微捲。

[75] B. P. Tilden, *Ship Canton First Journal of China, 1815-1816*; James Wathen, *Journal of a Voyage in 1811 and 1812, to Madras and China* (London: J. Nichols, Son, and Bentley, 1814). 地爾登日誌原稿現藏於美國麻州波士頓的 Peabody Essex Museum。

C. Hunter, 1812-1891)的著作皆頗值得參考，這些材料從其他面向闡述東印度公司檔案未曾記載，或不願提供的訊息。

此外，十九世紀初曾任職孟加拉總督區「船務總管」(Master-Attendant)部門的英人費普斯(John Phipps, ?-?)，他或藉職務之便，蒐集統計 1834 年前中英貿易或中印貿易的許多數據，學界較為熟知的是其《論中國和東方貿易》(*A Practical Treatise on China and Eastern Trade*) 一書。筆者發現他另一本出版於 1823 年的著作《孟加拉商業指南》(*A Guide to the Commerce of Bengal*)，該書亦錄存 1810 年代鴉片在華貿易、港腳商人貿易相關重要數據。[76]

身處網路時代，電子資源已是文史工作者不可忽略的工具之一。2007 年，當時國科會人文處花費鉅資購置五種外文全文資料庫，分別為十八世紀英語文獻線上全文資料庫(The Eighteenth Century Collections Online，簡稱 ECCO)、十五至十七世紀英語珍本文獻線上全文資料庫(Early English Books Online，簡稱 EBBO)、近代世界的形成線上全文資料庫(The Making of the Modern World，簡稱 MOMW)、十九至二十世紀典藏學術期刊線上全文資料庫(Periodicals Archive Online，簡稱 PAO)以及十七至十九世紀初期美國文獻線上全文資料庫(Early American Imprints，簡稱 EAI)。當中，除 EEBO 外，其餘資料庫均含有本文處理時段所需的中英貿易文獻，包含各種古書、期刊等，以往這些材料僅見於歐美各大圖書館。以 MOMW 為例，該資料庫所藏書名含有 East India Company 者，多達 473 種，包含東印度公司年度報告、公司歷次特許狀內容、組織運作情形、茶葉貿易、殖民統治各方面，相當廣泛。若以相同條件檢索 ECCO，十八世紀有關公司的古書達 283 種之多。至於 PAO 的收藏，以十九世紀以來的學術期刊文章為主，若以東印度公司為檢索詞，檢索文章名稱欄目，相關專文亦有五十餘篇，可補充 JSTOR 等資料庫的不足。

---

[76] John Phipps, *A Guide to the Commerce of Bengal* (Calcutta: s. n., 1823);「船務總管」部門負責管理船隻進出港的相關業務，參見 William Milburn, *Oriental Commerce* (London: Black Parry & Co., 1813), vol. 2, pp. 229-231, 352-353, 539.

近年來，中文文獻亦大量數位化，「清代宮中檔奏摺及軍機處檔摺件」線上資料庫收錄臺北故宮博物院所藏宮中檔奏摺十五萬餘件，軍機處檔摺件十九萬餘件，包含乾隆、嘉慶、道光三朝廣東貿易相關檔案，可作中英史料相互考證之用。

有關中文出版史料，學界早期成果以《達衷集》、《清代外交史料（嘉慶朝）》、《清代外交史料（道光朝）》、《文獻叢編》、《史料旬刊》等為主。近年來，中國大陸亦陸續整理此時期中外貿易的檔案，如《鴉片戰爭檔案史料》、《明清時期澳門問題檔案文獻匯編》、《廣東澳門檔案史料選編》、《明清澳門問題皇宮珍檔》、《清宮粵港澳商貿檔案全集》等，均收輯一些新材料。其中，《葡萄牙東波塔檔案館藏清代澳門中文檔案彙編》尤為珍貴，[77] 該書蒐錄葡萄牙東波塔檔案館館藏的中文文獻，包含清代英人在澳門活動的情形，有許多他書未見的材料。

上述浩瀚龐雜的數位化檔案和蓬勃的出版事業，猶如一道道通往歐、美、中國各大圖書館的「任意門」，讓學者有機會短時間內寓目各種罕見的原始檔案或手稿，但這並非意謂如此一來，研究便可順利進展，研究的深化和突破，仍需要「清晰的問題意識、靈活的搜尋技巧、細緻的邏輯推理」等功夫。[78]

三、章節略述

由先前文獻回顧可知，以往學界研究廣州商館時，較關注茶葉貿易、資

---

[77] 劉芳編輯、章文欽校，《葡萄牙東波塔檔案館藏清代澳門中文檔案彙編》（澳門：澳門基金會，1999）；廣東省檔案館編，《廣東澳門檔案史料選編》（北京：中國檔案出版社，1999）；許地山編，《達衷集》（臺北：文海出版社，1974）；故宮博物院輯，《清代外交史料（道光朝）》（臺北：成文出版社，1968）；中國第一歷史檔案館、澳門基金會、暨南大學古籍研究所合編，《明清時期澳門問題檔案文獻匯編》（北京：人民出版社，1999）。

[78] 黃一農，〈明末至澳門募葡兵的姜雲龍小考：兼答熊熊先生對「e-考據」的批評〉，《中央研究院近代史研究所集刊》，第 62 期 (2008)，頁 142、155-157。

金供應、個別商館職員在華活動等面向，較缺乏完整地討論商館常年運作其他重要機制，包含商館的組織分工與管理、人員的薪酬制度、商館和公司其他機構的垂直或橫向聯繫、訊息傳遞、船運安排等，實際上這些皆是探討此一時期東印度公司對華貿易運作時，十分重要而不能忽略的議題。又，關於公司對中國官方的態度與要求、商館和在華各國商人間的合作與競爭等層面，亦值得補充。因此，本書在前人研究基石上，利用相關檔案文獻，一方面試圖增進學界對 1786-1816 年約三十年之間廣州商館組織運作和管理的瞭解，另一方面，也試著評估公司面對中國市場其他商人團體的競爭時，其優勢和劣勢，與所面臨的各種威脅。

筆者先探討廣州商館人事行政組織的運作與制度，將商館職員分為「書記一貨監」體系和「技術性雇員」兩大類，討論職員們的出身背景、職務分工、管理權限與義務、升遷速度、薪資與福利等議題，討論相關規範或制度的先後演變，董事會設計相關措施的用意，和其造成的效果與影響。

其次則論述商館和公司內部各機構、組織的關係，包括董事會、印度各總督區、其他商館等，探討他們彼此間的訊息聯繫、權限職責、貨物供給、資金匯兌、相互支援等問題。透過研究廣州商館組織本身，以及它和公司內部各種關連，嘗試較全面地認識商館常年商貿運作和管理方式。

最後論及商館的「對外關係」，係指和東印度公司在華貿易有密切關連的其他群體，包含中國官方、十三行行商、港腳商人、美國商人、澳門葡人等。主要分為兩部份：一是探討商館與中國官方的政商關係；其次則研究面對廣州當地不同商業團體的競爭時（尤其是港腳商人），公司採取何種因應措施，其影響與效果為何？透過這方面的研究與比較，或可更清楚地瞭解此時商館在中國貿易具有的優勢與劣勢，進一步評估公司的商業競爭力。

筆者也強調從跨洲、跨區域的視野，探討廣州商館各項運作機制。因為，十九世紀初，東印度公司已是一個橫跨歐、亞、非三洲的國際性大公司，文武雇員多達數十萬人，每年對華出口貨物的供給可能來自英國、歐陸、印度、東南亞各地，各地市場皆有連動性，當某地貨物製造成本上漲時，即影響其在中國市場的售價，如 1792 年，由於英國和西班牙等地各類羊毛售價上漲 24-50 %，連帶使毛料(wollens)成本上升，促使董事會決定減少下季供應中國市場的數量。[79] 其他如金銀、匯兌、船運安排方面，董事會都需衡量船隻往返所需時間、各地財務狀況等條件，作出綜合性的評估和決策。

因此，筆者主要從組織管理、跨國經營、商業競爭力等角度，評析 1786-1816 年間廣州商館各項運作，其他如華夷衝突、治外法權等議題，除非其影響到商館貿易進行和獲利，否則並不多加討論。

本書分為六章。第一章是緒論，簡介十七世紀以來中英貿易的概況，回顧學界以往的研究成果，書中利用的檔案文獻，說明主要研究議題的意義，及研究取徑。

接著，為求讀者概括掌握東印度公司亞洲貿易的商貿網絡和時事背景，第二章簡述 1786-1816 年間公司在英國和海外的發展。首先提及英政府為監督公司而設立的印度管理委員會；其次則是公司管理核心的董事會，包含董事組成方式、董事會下屬委員會的組織、公司內部勢力派別等；接著，針對公司在亞洲各地設立的總督區、商館或代理人等，簡述其歷史沿革、地理分佈、功能區別等，如印度總督區與其他地區商館的不同。討論此一時期公司在東方的發展時，也需提及戰爭期間，英、法、荷等國在歐陸及海外勢力的消長。

第三至五章為公司在華商貿經營和管理的各個層面，由於目前學界對此仍缺乏較仔細的梳理，且其是公司在華經商的基礎，故試圖較完整地討論之。首先的主題是廣州商館的人事與組織，先論及書記和貨監等商館主要職員，討論他們的家世背景、職務工作內容、升遷速度等。其次，著重於商館的「技

[79] IOR/R/10/35, 1792/10/20, par. 1-2. 每當東印度公司會議紀錄或信件篇幅很長時，皆以段落作區隔，前加以阿拉伯數字，以便記載、查閱。此後，除引用現行印度事務部檔案編號之外，亦加註引用的段落，如 IOR/R/10/46, 1815/3/23, par. 2 是指 1815 年 3 月 23 日第 2 段的記載。又，考量中文讀者閱讀習慣，以「年/月/日」順序，標示西元日期，如 1802/5/5 表示 1802 年 5 月 5 日。又，如引用 IOR 同一卷記載時，將省略編號，僅列出日期、頁數、段落等資訊。

術性雇員」，討論茶師、中文翻譯員(Chinese interpreter)、「中文教師」、醫生等職缺在維持商館相關運作發揮的作用，藉由分析商館各類職員工作內容，將可增進商館常年貿易過程的瞭解。接著，討論和商館職員切身相關的重要問題，如休假、薪資、福利等議題，探討董事會的立場與政策，相關措施設計的用意，並分析商館職員的薪資和福利，長期呈現何種變化趨勢，當中反映那些現象，討論其代表的意義和影響。

其次則討論廣州商館與公司內部組織間的關係。先是董事會在遙遠的中英之間，如何達成遠距離的監督與管理，採取的各項措施。接著，論及廣州商館對每年公司來華貿易船隻的控管，探討「特選委員會」的職責與管理權限，如何維持船隊在華紀律與貿易的有序進行。最後則是商館與印度各總督區之間的橫向溝通與協調，包含貨物處理、資金供應、軍事援助、簽發匯票等。

第六章談論廣州商館與廣州當地非公司組織團體之間的互動，分為官方與商業團體兩部份。因其牽涉層面較廣且複雜，僅就較重要者進行討論，先是商館與廣州官府間的政商關係，包含「特選委員會」訴求的重點，交涉的方式等。接著是商館與各國商人團體間的競爭與合作關係，先分析商館與廣州行商交易時所採取的原則和策略，評估其成效。其次論及十九世紀以來，中國和英美各地商貿環境的改變與趨勢，及對東印度公司對華貿易帶來的嚴重衝擊，1813 年英國實施印度貿易自由化後，英人投資印度的資金，許多間接進入中國市場，使港腳商人的規模勢力日盛，又中國鴉片需求的持續增長，以及官方嚴禁的立場，使公司無法直接在華經營鴉片貿易，港腳商人受鴉片暴利所誘，與美商、葡萄牙商人之間有許多合作的機會和共同的利益所在，成為公司管理港腳貿易的隱憂。又，此時美國對華貿易策略亦有所轉變，美商藉由和英國非公司商人在貨運、金融上的合作，侵蝕公司原先享有的貿易優勢，公司面臨日趨激烈的競爭環境，獲利空間大幅縮減。至於商館和和西班牙、法國、荷蘭、丹麥等國間的貿易競合，因規模較小、關係較淺，書中視需要帶入討論，不專門提及。

結論總結 1786-1816 年間，當東印度公司在華貿易面對內外各種問題時，處理措施的優劣，以及組織運作的成效，進一步指出此一時段在廣州商館發展過程中具有的意義。

本書希能增進學界對東印度公司對華貿易與廣州商館一般性與特殊性的瞭解。一般性係指是涉及商館常年貿易運作的各種機制，如人事管理與組織的分工、商館與東印度公司內部的溝通聯繫等；後者則是試圖解釋在部份特定時段如 1815 年前後，當公司面臨中英貿易各種問題時如何應對，評估其成效和後續影響如何。本書希冀提供研究公司組織管理、貿易經營、近代資本主義運作、跨國商業合作與競爭等領域更多的參照。

第二章　東印度公司的發展(1786-1816)

本書討論時期裡，因東印度公司商貿據點和網絡遍及歐、亞、非各地，且廣州商館各項運作實際上與公司許多組織部門皆有關聯，是故，如欲認知商館各項經營管理機制，實有必要先簡介此時段公司在英國本土及海外各地的發展情形。所以，本章目的希望讀者對此有一梗概式理解。首先，1786 年起，英政府為監督公司在印度的事務，特別設立印度管理委員會，將介紹它的管理職權及與董事會的互動；其次，討論董事會組織分工和內部幾大勢力派別，也提及公司在英國國會影響力的變化；接著，則是此時公司在東方各地勢力發展；最後則提及 1793-1815 年英國對外長期戰爭期間，英、法、荷等國在印度洋周圍和東南亞等地海外殖民勢力的消長。

一、印度管理委員會

十八世紀下半葉，英政府鑑於東印度公司勢力日益強大，陸續思考如何加強監督、節制公司在印度享有的權力，1773 年，國會通過〈規範法案〉(The Regulation Act)，1784 年，又通過〈印度法案〉(The India Act)，皆可視為這種思維的表現。其中，〈印度法案〉尤為重要，該法案規定英政府設立印度管理委員會，藉此監督公司軍事、外交重要決策，該委員會的成員六名，全來自英王樞密院 (The Privy Council)，國務大臣 (The Secretary of State) 和財政大臣(The Chancellor of the Exchequer)是當然委員。[1]〈印度法案〉規範董事會治理印度的限度，最重要條款之一是董事會雖仍擁有印度各總督和總司令(commander-in-chief)的任命與免職權，但是相關人事案亦需獲得英王的同意。[2]

此外，〈印度法案〉規定印度管理委員會需於兩週內回覆董事會來函，十八世紀末，隨著公司印度殖民勢力的擴張，需處理的事務也日益龐雜，以致信件往返耗時，於是有一套「事前溝通」(previous communication)的機制，董事會就討論的議案先預擬草稿給印度管理委員會相關部門，經過文字潤飾後，再呈給印度管理委員會主席加註意見。藉由這種方式，一方面節省不必要的文書往返，同時亦有助雙方事先交換整合意見，避免嚴重摩擦。[3]

印度管理委員會成立後至 1816 年間，它在監督東印度公司各項繁雜大小事務裡，最重要者或是 1793 年和 1813 年時，國會關於公司特許狀延長的議案，當中規範公司亞洲貿易的權限、組織架構、內容、義務等事項，攸關公司的商貿權益。

1793 年，公司特許狀制定時，印度管理委員會主席為登打士(Henry Dundas, 1742-1811)，雖然面對英國其他地區商人的抗議，他最後仍促使國會通過延長公司亞洲貿易壟斷權二十年，並同意英國製造商在公司船上，享有總額 3,000 噸的貨物存放空間，登打士的決策招致許多批評，但衡量英國處於戰爭狀態，公司長期經營東方貿易的各種豐富經驗，實際上有利於英國船隊的航行安全和貿易進行。[4]

至於 1813 年特許狀部份，1812 年 3 月，原任印度管理委員會主席的

---

[1] C. H. Philips, *The East India Company 1784-1834*, pp. 23, 33-34. 按照規定，國務大臣主持印度管理委員會定期會議，缺席時，財政大臣代理之，但實際上印度管理委員會資深成員亦可擔任會議主席，主席在投票正反票數相同時，具有否決或贊成議案的特別權利。

[2] C. H. Philips, *The East India Company 1784-1834*, p. 33.

[3] C. H. Philips, *The East India Company 1784-1834*, pp. 21-22.

[4] C. H. Philips, *The East India Company 1784-1834*, pp. 78-79.

Robert Dundas (1771-1851)接掌海軍部，由洪巴特(Robert Hobart,1760-1816，其尊稱為 Lord Buckinghamshire) 接任主席直到 1816 年 2 月。洪巴特早期曾任印度馬德拉斯總督區總督（1794-1798 年），當時董事會並不滿意其治理政策，雙方意見時有衝突。或因此，洪巴特在印度管理委員會主席任內，和董事會關係也頗為緊張，常反對公司政策與需求意見，時有激烈爭執，如在馬德拉斯總督任命案、公司駐印軍隊縮編等問題。[5]

對董事會來說，洪巴特上任時機並不利於公司，因隔年即是國會重新審核公司特許狀條款之際，洪巴特的一些主張，包括開放倫敦以外港口參與英印貿易，甚至一度主張開放中英貿易，明顯不利公司亞洲貿易的經營。又，董事會在國內其他工商團體要求參與印度貿易、公司於國會的議員勢力衰減、內閣亦支持開放英印貿易等不利情勢下，只好與洪巴特達成妥協。1813 年通過的新特許狀，進一步限縮公司印度的權益，印度貿易首度全面性向所有英人開放，英王在印度統治權更為穩固，公司雖仍享有印度的治理權、人事任命權、鴉片與鹽等重要貨物的專賣權、中英貿易壟斷權等，但相較於之前，更多事務都需經過印度管理委員會的監督和同意。[6]

二、倫敦董事會相關部門與主要派別

位於倫敦 Leadenhall 街附近的東印度大廈(East India house)是東印度公司董事會辦公室所在地，也是公司管理整個東方貿易主要核心。[7] 董事會自 1709 年來即固定由二十四名董事組成，每年新董事選舉例行於 4 月舉行。新董事

---

[5] C. H. Philips, *The East India Company 1784-1834*, pp. 183, 195-198; Anthony Webster, T*he Twilight of the East India Company: The Evolution of Anglo-Asian Commerce and Politics, 1790-1860* (New York: Boydell Press, 2009), pp. 56-57.

[6] C. H. Philips, *The East India Company 1784-1834*, pp. 183, 185-187, 191-193.

[7] William Foster, *East India House: Its History and Associations* (London: Bodley Head, 1924), p. 1.

選舉出後，全體董事即固定每週聚會一次，討論或表決下屬委員會提出各項議案。自 1773 年開始，規定每年至少選舉六名新董事，每人任期最長四年，任滿後，中間至少需隔一年，才能重新獲得提名為董事。據統計，1784-1834 的五十年間，在預計的 1,200 名董事職缺裡，僅由 110 名不同人選擔任，流動比率不到百分之十，顯示許多董事均一而再的當選，人事變動程度不大。[8]

為分工處理個別專門業務，董事會二十四名董事間，通常分成數個委員會。1785 年，公司在印度的勢力日益擴張，董事會需處理業務更為龐雜，為適應新情勢，董事會的委員會組織也調整成三大類。第一類委員會包含通信委員會(committee of correspondence)、訴訟委員會(committee of law suits)、軍事資金委員會(committee of military fund)、財庫委員會(committee of treasure)等，由最資深的九名董事擔任，負責處理公司人事、財務等最重要的業務。

第二類委員會負責採買、儲備貨物等事項，也管理東印度大廈有關事務，包含倉儲委員會(committee of warehouses)、會計委員會(committee of accounting)、採購委員會(committee of buying)、東印度大廈委員會 (committee of house) 四個委員會，成員有六名董事。

第三類委員會負責運輸和「個人貿易」(private trade)相關業務，包含運輸委員會(committee of shipping)、政府軍隊與物資委員會(committee of government troops and stores)、「個人貿易」委員會(committee of private trade)、防止「個人貿易」發展委員會(committee for preventing the growth of private trade)等，成員有七名董事。[9] 上述三類委員會合計二十二名董事，其餘兩名則是董事會正、副主席，兩人可參與所有委員會的議事。

此外，較為特別的是，〈印度法案〉還規定董事會需成立三人的秘密委員會(secret committee)，負責和政府的印度管理委員會，就印度戰爭、外交等事務交換意見，成員多為董事會正、副主席和一名資深董事。又，〈印度法案〉

---

[8] C. H. Philips, *The East India Company 1784-1834*, pp. 4-5, 8.

[9] William Milburn, *Oriental Commerce (1813)*, vol. 1, p. cii.

的秘密委員會，和以往公司的機密委員會(committee of secrecy)，性質並不同，後者主要負責規劃船隻航線。[10] 1834 年之前，上述委員會大多持續保持運作，只有 1813 年時，因為英印貿易開放，裁撤防止「個人貿易」發展委員會，以及 1815 年時，將倉儲委員會和採購委員會合併為採購與倉儲委員會(committee of buying and warehouses)。[11]

除了上述常設委員會外，董事會亦視情況加設其它委員會，如 1803-1812 年間，受對法戰事影響，曾設有財庫秘密委員會(secret committee of treasury)，負責購買金銀等業務；1815-1833 年間的秘密商業委員會(secret commercial committee)，負責商業機密事務，但這兩個委員會的設立，並不影響其他常設委員會的運作。[12]

董事會對廣州商館的管理，即分別由上述一個或多個委員會負責初步的提議，從董事會會議記錄裡，可看出各委員會管理中國貿易運作的分工，如會計委員會處理商館職員的佣金或薪資問題；運輸委員會管理在華船長和水手的秩序；通信委員會審核商館人事任命和提名；秘密委員會下達機密訓令給商館「特選委員會」；機密委員會負責規劃船隻往返路線等。這些委員會裡，如有涉及中英貿易相關議案，均可於每週一次的董事全體聚會中提出，或宣讀確認、或投票表決。

接著，董事會各委員會底下最重要的職位應是秘書長和「印度信件審查員」(Examiner of Indian Correspondence)。秘書長和其助理負責經理董事會日

---

[10] Martin Moir, *A General Guide to the India Office Records*, p. 27.

[11] H. V. Bowen, *The Business of Empire*, pp. 185-187; C. H. Philips, *The East India Company 1784-1834*, pp. 12-13. 長期以來，東印度公司對其自建或租賃的船隻給予特別優待，船長和船上工作人員均享有若干優待噸位，供其私人買賣，稱為「個人貿易」(private trade) 或「特許貿易」(privileged trade)，董事會「個人貿易」委員會和防止「個人貿易」發展委員會的業務主要即是檢驗、稽核這些人員的貿易帳冊是否屬實，有無違反公司進出口規定和走私情形。參見 E. H. Pritchard, "Private Trade Between England and China in the Eighteenth Century (1680-1833)," *Journal of the Economic and Social History of the Orient*, vol. 1, no. 1 (1957), pp. 122-126.

[12] H. V. Bowen, *The Business of Empire*, pp. 186-187.

常事務，以及東印度公司與英政府的往來信件。「印度信件審查員」一職設於1784 年，其設有多名助理，負責撰寫董事會和印度各總督區間往來信件的草稿，隨後再交付董事會審查。隨著公司在印度的擴張，「印度信件審查員」處理的信函數量暴增，如 1804 年後，公司進一步將函件分成幾大類，分別交由資深助理負責，審查員本身僅負責政治類信件。[13]

據菲力普斯先生分析統計，1784-1834 年間，東印度公司的董事組成，主要分為兩大勢力派別，從中可知各董事的社經背景。首先是「城市與船運派」(city and shipping interest)，該派較為強勢而有組織，「城市」勢力指的是倫敦城裡投資公司生意的大商人和銀行家，如霸菱兄弟銀行(Baring Brothers & Co., 後改名為霸菱銀行(Barings Bank), 1762-1995)；船運勢力指的是提供船隻給公司貿易的船東，以及船舶管理人(ship's husbands)。[14] 不過，1780 年代末，隨著中英貿易迅速增長，一股新船運勢力(new shipping interest)出現，要求改革由少數勢力壟斷公司船運事務的現象，接下來數年中，陸續有所改革，如禁止販賣船隻的指揮權、公司同意一些較小型船隻參與亞洲貿易等。[15]

接著，另一派董事是人數較多，但較鬆散的「印度勢力派」(Indian interest)，指的是曾在印度經商或任職印度各總督區經驗者，他們和當地貿易

---

[13] C. H. Philips, *The East India Company 1784-1834*, pp. 16-17.

[14] C. H. Philips, *The East India Company 1784-1834*, pp. 25, 335-337. 十七世紀早期，公司曾自行建造用於亞洲貿易的船隻，但因不符成本，1650 年代以後，公司轉向倫敦各大船商租用船隻，雙方在租船契約 (charter party) 規定彼此權利義務，如運費、租借期限等條款。參見 Jean Sutton, *Lords of the East: The East India Company and its Ships* (London: Conway Maritime Press, 1981), pp. 7, 16-17; J. R. Gibson, *Otter Skins, Boston Ships and China Goods* (Seattle: University of Washington Press, 1999), p. 108. 又，John Baring 和 Francis Baring 兄弟於 1763 年集資創立 John and Francis Baring Co.，1803 年改名為霸菱兄弟銀行，十九世紀初，該銀行是倫敦最具商譽的銀行之一，1995 年，該銀行新加坡分行交易員 Nick Leeson 因操作不當，銀行損失慘重，不久宣告破產倒閉。參見 P. E. Austin, *Baring Brothers and the Birth of Modern Finance* (London: Pickering & Chatto, 2007), pp. 2, 193-199

[15] Anthony Webster, *The Twilight of the East India Company*, pp. 40-41; Hoh-cheung Mui and L. H. Mui, *The Management of Monopoly*, p. 62.

代理行關係密切。又，1813 年起，因印度貿易自由化，英人投入大量資金於印度，公司內部也出現一股新興的「個人貿易派」(private trade interest)，影響力可謂與日俱增，這些董事的身份頗為矛盾，他們一方面持有公司大量股份，但另一方面，他們在倫敦也參與「東印度代理行」(East India agency house)的經營，這些行號在印度、廣州等地，或有分支機構，或和當地港腳商人代理行緊密合作，經營公司無法參與的貿易如鴉片在華生意，此舉無非是希望兼顧雙邊的利益。[16]

又，東印度公司許多董事或大股東同時也擔任下議院議員，以維護公司在國會相關利益。據分析，1813 年公司新特許狀制訂前夕，下議院代表公司利益的議員佔有八十六席，但其中不少議員都是透過購買「衰廢市鎮」(rotten boroughs) 席次方式進入國會，1830 年代初，受〈改革法案〉(Reform Bill) 影響，一般成年男子和新興工商市鎮參與政治的能力大增，這些改變，或使象徵少數人利益的公司勢力在接下來國會選舉裡失利，影響力大不如前，1830 年，下議院與公司利益有關議員仍保有六十五席，1832 年，國會改選後，僅剩四十五席。[17]

三、東印度公司海外各據點

(一) 印度的擴展

十七世紀初東印度公司剛成立時，其在亞洲的發展非常有限，多以建立點狀的貿易站為主，未取得領土或治理權，這些在各地為公司貿易的人員稱為館員(factor)，館員居住地方泛稱為商館，如孟買附近的蘇拉特(Surat)即有

---

[16] C. H. Philips, *The East India Company 1784-1834*, pp. 5, 8, 193; S. B. Singh, *European Agency Houses in Bengal, 1783–1833* (Calcutta: Firma K. L. Mukhopadhyay, 1966), p. 12. 公司董事身兼「東印度代理行」負責人的明顯例子是 1790 年代的 David Scott，關於他如何權衡公司與個人在亞洲貿易的利益，參見 Anthony Webster, *The Twilight of the East India Company*, pp. 31-33.

[17] C. H. Philips, *The East India Company 1784-1834*, pp. 193, 285-286.

公司早期在印度西岸建立的主要商館。後來，公司勢力逐漸由點狀向帶狀發展，某一區域幾座鄰近商館組成所謂的殖民區(settlement)，長官稱為「代表」(agent) 或「主席」(president)。1661 年特許狀裡，隨著公司的發展，英王授權公司得於馬德拉斯、孟買、孟加拉等地設立總督，行使更大權力如司法權等。

約 1674 年，董事會建立公司內部職員較明確的升遷途徑，隨著年資深淺，職員由基層到高階大致分為學徒(apprentice)、書記、館員、初階商人(junior merchant)、資深商人(senior merchant)等差別。往後發展中，學徒此職稱逐漸消失，書記成為公司最基層的文職人員。[18]

十七世紀下半葉起，公司建立比殖民區更高層的總督區，主要有孟加拉、孟買和馬德拉斯三大總督區，陸續設有文職的總督和武職的總司令，[19] 分別負責民政與軍事事務，底下還設有專門處理相關事務的貿易部(Board of Trade)、賦稅部(Board of Revenue)等組織，此外，在蘇門達臘明古連亦曾一度設立總督區(1760-1785 年之間)，惟建置較小。1773 年，〈規範法案〉提高孟加拉總督區的地位，孟加拉總督成為印度大總督(Governor-general in India)，駐地在加爾各答，賦予管轄印度其他兩大總督區的權力。他與孟加拉最高議會(Supreme Council) 共同議事，擁有對外宣戰、締和和簽訂條約等權力。此外，孟加拉總司令也晉升為印度總司令(Commander-in-chief in India)，得號令公司在印度的陸、海武裝力量。[20]

稍後發展中，印度大總督的權力不斷擴大。1786 年，國會同意印度各總督區的總督與總司令得為同一人，故印度大總督亦得兼任印度總司令，也將

---

[18] B. B. Misra, *The Central Administration of the East India Company*, pp. 379-380.

[19] B. B. Misra, *The Central Administration of the East India Company*, p. 379.

[20] 有關 1773-1786 年間，印度三大總督與議會，以及總司令的法案規定，參見 Peter Auber, *An Analysis of the Constitution of the East India Company* (London: Printed for Kingsbury, Parbury and Allen, J. M. Richardson and Harding and Co., 1826), pp. xxvi-xxvii, 18, 62, 100, 174, 232, 373, 380; B. B. Misra, *The Central Administration of the East India Company*, pp. 18-36.〈規範法案〉也規定孟加拉最高議會設有四名議員，與印度大總督共同議事，採多數決，以節制印度大總督的權力。此外，也在加爾各答設置最高法庭(Supreme Court)。

孟加拉最高議會的委員人數，由四人減為三人，並賦予緊急情況下印度大總督不經最高議會同意的緊急處分權。1793 年，國會同意印度大總督自行指派最高議會一員，作為其缺席時的代理人。[21]

1786-1812 年間，東印度公司在歷任印度大總督康華立(Charles Cornwallis, 1738-1805)、衛斯理(R. C. Wellesley, 1760-1842)等人整軍經武下，除在印度東部穩定發展外，也伺機擴張印度南部和西部的勢力，過程中，又以南印度的拓展較為順利。十八世紀末，印度東南部的土邦聯盟由邊索沃(Mysore)領導，和公司尚能分庭抗禮，但 1799 年，第四次邊索沃戰爭(The Fourth Anglo-Mysore War, 1788-1789)中，土邦領袖 Tippoo 蘇丹戰死，聯盟四分五裂，公司取得 Tanjore 地區，其他土邦領袖大多協議臣服於公司，在「同盟補助金」(Subsidiary Alliance System)框架下，每年公司派軍隊戍守各土邦，但由土邦支出相關花費。接著，1801 年，馬德拉斯北方 Carnatic 地區土邦亦同意臣服於公司的治理，這些均使馬德拉斯總督區的領地和稅收增加，大幅提高公司在南印的勢力和威信。[22]

鄰近馬德拉斯的錫蘭(Ceylon)是印度東岸的大島，該島沿海地區原為荷蘭東印度公司的殖民勢力，內陸山區則由 Kandy 王國統治。1795 年，拿破崙強佔荷蘭，流亡英國的荷王威廉五世下令荷屬海外殖民地暫時交由英人管理，但荷蘭東印度公司錫蘭總督 J. G. Van Angelbeek (?-?)並未遵命。該年 7 月，英軍在 James Stuart(1741-1815)率領下進攻錫蘭東岸大城 Trincomalee，隔年 2 月，荷人投降，東印度公司勢力正式進入錫蘭。原先英政府打算不久後，歸還此島給荷蘭，故僅設一錫蘭總司令，不另設總督與議會，並交由馬德拉斯總督區直接管轄。但 1798 年起，錫蘭轉由公司和英政府聯合治理，英王得任命錫蘭總督，但該總督需聽命於公司董事會或印度大總督，這種「雙重治理」方式僅維持短短幾年，1801 年底，時任印度管理委員會主席的登打士，考量

---

[21] B. B. Misra, *The Central Administration of the East India Company*, pp. 33, 40.

[22] Anonymous, *Sketch of the History, Government, and Resourses, of British India* (London: J. M. Richardson, 1830), pp. 17-22.

公司馬德拉斯總督區人員無心力托管錫蘭，以及錫蘭語言、風俗與馬德拉斯的迥異，決定轉型錫蘭為「王室殖民地」(Crown Colony)，由英政府直接管轄。1802 年起，英王在該地設立總督與六人的諮議會(Advisory Council)。1815 年，英王進一步征服併吞內陸的 Kandy 王國，將全島納入帝國版圖之中。[23]

相較於公司在印度東部和南部的順利擴張，十八世紀末，公司在印度西部遭遇不少困難與問題。當時公司勢力侷限於孟買、蘇拉特、Salsette 島等地，其中，孟買因具備良好港灣地形及船塢設備，是公司及英國海軍建造、修補船艦主要基地，也是印度西北地區進口棉花到中國主要集散地。但孟買一方面受制於東邊馬拉薩(Maratha)和南邊邊索沃兩大土邦聯盟，加上葡萄牙人據有果阿(Goa)、達曼(Daman)、迪烏(Diu)等地，公司在西印度的影響力實際上並不高，而且，孟買本身財政問題嚴重，這些因素使印度大總督康華立甚至一度去函印度管理委員會主席登打士，請求考慮調降孟買總督區為一般商館，以節省開銷。[24]

直到 Jonathan Duncan (1756-1811)擔任孟買總督後，情況才逐漸改善，他在任內（1796-1811 年）漸次取得孟買北方一些領土，從增加的稅收中改善孟買的財政，也促進商業發展。第二次馬拉薩戰役(The Second Anglo-Maratha War, 1803-1805)後，Baji Rao 二世(1775-1851)與公司簽訂條約，印度大總督衛斯理同樣提出「同盟補助金」措施，公司軍隊以防衛外國勢力名義，進駐馬拉薩部份土邦，增加公司實質影響力，惟願意配合土邦數目仍有限。[25]

此後，等到哈斯丁(F. R. Hastings, 1754-1826, 常尊稱其 The Earl of Moira)就任印度大總督時，公司才又拓展印度西岸勢力。哈斯丁早年曾參與

---

[23] L. A. Mills, *Ceylon under British Rule, 1795-1932: with an Account of the East India Company's Embassies to Kandy 1762-1795* (London: Routledge, 2012), pp. 9-16, 27, 41, 99.

[24] Pamela Nightingale, *Trade and Empire in Western India, 1784-1806* (Cambridge: The Cambridge Press, 1970), pp. 12-13, 46-51, 71-72; Anonymous, *Sketch of the History, Government, and Resourses, of British India*, p. 23.

[25] Pamela Nightingale, *Trade and Empire in Western India, 1784-1806,* pp. 240-244; Anonymous, *Sketch of the History, Government, and Resourses, of British India*, pp. 14-16.

過美洲獨立戰爭、法國大革命戰爭等戰役，1812 年被任命為印度大總督，1813 年到任，直到 1823 年。他在約十年的任內，大拓疆土，曾與孟加拉北方土邦交戰，勝利後使公司掌控尼泊爾(Nepal)地區。[26] 他也推展公司在印度西部的勢力，第三次馬拉薩戰役(The Third Anglo-Maratha War, 1817-1818)，英軍大敗馬拉薩聯盟的聯合部隊，孟買總督區進而取得更多領土。至此，公司威勢已達印度大部份地區。

公司除直接治理的區域外，在部份勢力不及的印度土邦，如 Delhi、Hyderabad、Poona 等地，均派遣「駐紮官」(resident)作為公司代表，部份「駐紮官」權力頗大，甚至可監督、管理土邦內部事務，某種程度上，公司實施間接統治。[27]

另一方面，十八世紀末以來，公司在印度的開疆拓土雖然取得極大的成果，但戰爭花費支出頗巨，公司雖可徵收土地稅、鹽稅、鴉片稅等賦稅，以及貨物營收等收入，但實際上仍需不斷地舉債以度過財務危機。1793 年特許狀制訂時，公司負債約為 900 萬鎊，1802 年，成為 1800 萬鎊，1808 年，更已高達 3200 萬鎊，此一債務十分龐大，已約等同當時英政府一年國家總稅收。這種情形下，1810-1812 年間，董事會又陸續向英政府商借 400 萬鎊的大額貸款，和 1793 年相比，公司負債增加三倍之多。公司沈重的財務狀況，使英政府不少官員認為有必要進行大幅度改革，對 1813 年公司特許狀重新制訂極為不利，或是促使國會決定開放英印貿易的重要考量之一。[28]

(二) 東南亞

十七世紀以來，歐洲各國海外競爭中，東南亞原是荷人勢力範圍。十八

---

[26] C. H. Philips, *The East India Company 1784-1834*, pp. 177-178, 200, 217.

[27] Anthony Webster, *The Richest East India Merchant: The Life and Business of John Palmer of Calcutta, 1767-1836* (Woodbridge: Boydell Press, 2007), pp. 55, 61, 77, 104-107; IOR/G/12/186, 1813/11/4, p. 139.

[28] Anthony Webster, *The Twilight of the East India Company*, pp. 41-43.

世紀末，公司在東南亞的發展，除了以往長期的據點明古連和新建的檳榔嶼外，也趁此荷蘭政治局勢不穩之際，佔據或接受荷人在此區域許多重要據點。

其中，明古連位於蘇門達臘島東南，離歐亞重要交通航道巽他海峽(The Sunda Strait)不遠，該地盛產胡椒，1682 年，英人自萬丹撤退後，明古連成為公司東南亞貿易主要據點，1714 年建有 Marlborough 城，但其地理位置並不佳，此時仍隸屬馬德拉斯管轄（有關東印度公司印度以外屬地的行政沿革，參見附錄二）。1760-1785 年間，明古連一度成為總督區，但 1786-1824 年間，因重要性不如檳榔嶼又遭降格，且改由孟加拉總督區直接管轄。1824 年，英荷簽訂倫敦條約(The Treaty of London)，英政府為在馬來半島成立「海峽殖民地」(The Straits Settlements)，將明古連割讓給荷蘭，換取麻六甲的控制權。[29]

接著，檳榔嶼 1786 年建城後，它原隸屬於孟加拉總督區。但董事會日益重視它在東南亞的貿易和戰略價值，1805 年，決議讓它單獨成立總督區，比照相關建置，設有總督、議會和法庭。[30] 檳榔嶼因是新建據點，需要大量勞工從事各項建設，十八世紀末起，廣州商館不定時負責輸送大量華人農民和工匠到該地屯墾。[31]

其次，麻六甲是往來中國和印度的咽喉，原先由荷蘭東印度公司控制，1795 年，荷王威廉五世托英政府接管，印度大總督派任麻六甲「駐紮官」治理，期間雖擬歸還荷蘭，但因戰略考量，直至 1818 年才移交。[32]

---

[29] Holden Furber, *Rival Empires of Trade in the Orient, 1600-1800*, pp. 87, 142, 237-238; J. Kathirithamby-Wells, *The British West Sumatran Presidency 1760-1785: Problems of Early Colonial Enterprise* (Kuala Lumpur: University of Malaya, 1977), pp. 1-15. 此外，邦加島原屬東南亞當地蘇丹，1812 年起，東印度公司取得管轄權，1816 年，公司將此島移轉給荷蘭，以交換印度西岸的柯欽 (Cochin)。參見 Society for the Diffusion of Useful Knowledge ed., *Penny Cyclopaedia of the Society for the Diffusion of Useful Knowledge* (London: Charles Knight, 1835), vol. 3, p. 361.

[30] Peter Auber, *An Analysis of the Constitution of the East India Company*, p. 381.

[31] H. B. Morse, *The Chronicles*, vol. 2, pp. 427-428; vol. 3, pp. 17-18.

[32] 「海峽殖民地」包括檳榔嶼、麻六甲、新加坡三地。參見 Peter Auber, *An Analysis of the Constitution of the East India Company*, pp. 381-382.

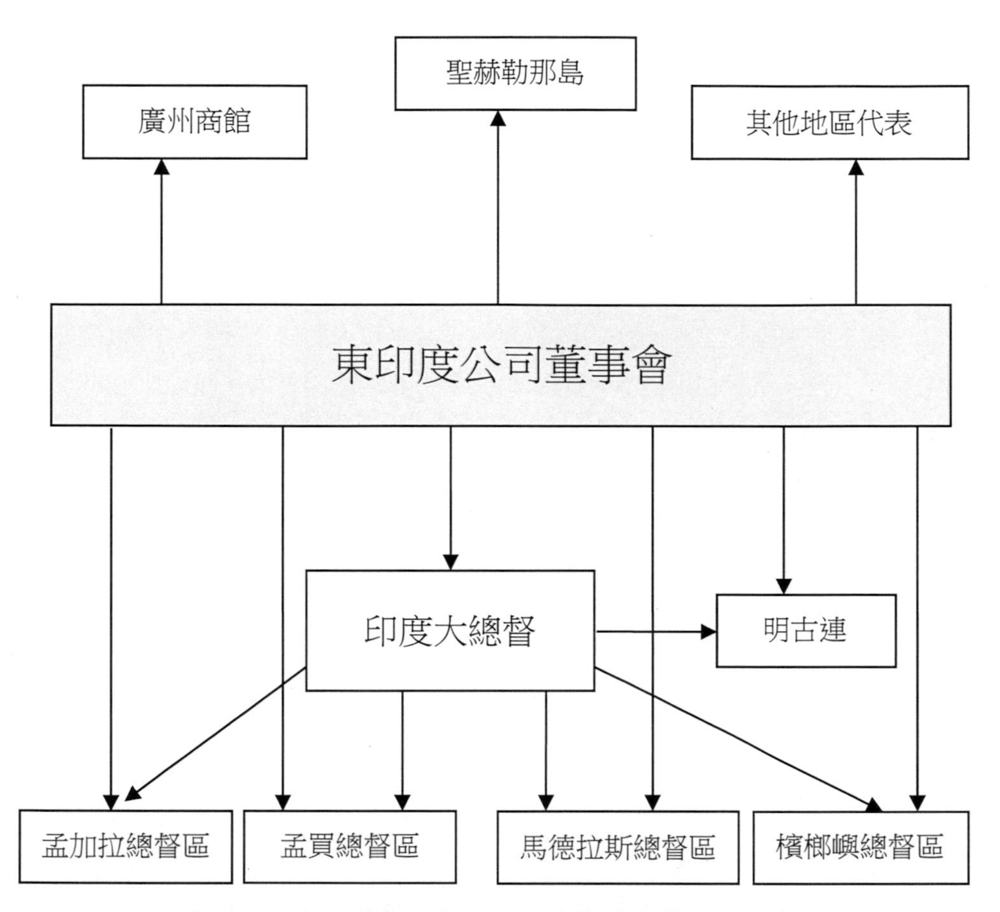

圖 2-1　十九世紀初東印度公司組織簡圖(1805-1826)

又次，巴達維亞(Batavia)原是荷蘭東印度公司統治東南亞首要之地，1811 年，東印度公司軍隊在印度大總督 Gilbert Elliot(1751-1814, 常尊稱為 Lord Minto)率領下佔領該城，延伸公司勢力至爪哇島，接著，任命熟悉東南亞情勢的萊佛士(T. S. Raffles, 1781-1826) 為副督(Lieutenant-Governor)，直到 1816 年才移歸給荷蘭。[33]

[33] Sophia Raffles, *Memoir of the Life and Public Services of Sir Thomas Stamford Raffles* (London: James Duncan, 1835), vol. 1, pp. 110-154.

除了麻六甲和巴達維亞，拿破崙戰爭期間，英人也陸續佔據荷人在婆羅洲(Borneo)的馬辰(Bandjar Masin, 1812-1814)、Celebes 島的望加錫 (Macassar, 1811-1816)、摩鹿加群島(Molucca) 的安汶島(Amboyna, 1796-1803 及 1809-1817)等多處據點。[34]

(三) 其他重要據點

印度和東南亞之外，公司在廣大的印度洋和大西洋上，亦佔據數個重要地點。首先，聖赫勒那島(St. Helena)孤懸於非洲西南外海，是歐洲和非洲南端之間重要航運據點之一。約 1674 年，東印度公司獲英政府特許佔有此地，作為公司船隻或皇家海軍(Royal Navy)戰艦往返歐亞途中補給、休整主要港口之一。十九世紀初，該島設有總督與議會，亦有基本文職人員和海、陸軍駐紮，拿破崙被俘後即在此地度過餘生，1833 年，公司特許狀規定，往後該島治理權改歸英政府管理。[35]

其次，好望角位於非洲極南端，1869 年蘇伊世(Suez)運河開通前，幾乎是船隻往來歐、亞必經要道。原先由荷人建立「角省」(Cape Colony)治理，1795 年，荷王威廉五世托英政府代管，英國出使清廷第一位大使馬戛爾尼即曾任此地總督，1802 年亞眠條約(The Treaty of Amiens)後，1803-1806 年間一度歸還給荷蘭。但不久，英法戰事再起，英人為搶佔先機，1806-1814 年間再度佔領之。1814 年英荷簽訂條約，荷蘭同意割讓好望角予英國。[36]

接著，位於非洲東南外海的茅利修斯(Mauritius)和波旁(Bourbon)兩島，原是法國在印度洋西側重要據點，十八世紀末到十九世紀初，許多法國私掠船(privateer)皆以此為基地，襲擊、掠奪往來歐亞船隻。據統計，1805 年，法人在此搶奪總價約 110 萬盧比的財物，1807-1808 年間特別活躍，共劫掠包含

---

[34] Anthony Webster, *The Richest East India Merchant*, p. xiii.

[35] William Milburn, *Oriental Commerce* (1813), vol. 1, p. xxxiii.

[36] William Milburn, *Oriental Commerce* (1813), vol. 1, p. 34; John Stewart, *African States and Rulers* (Jefferson: McFarland & Co., 2006), pp. 49-50.

東印度公司船隻在內大小船隻五十一艘，或因損失慘重，1810 年，公司和英國海軍聯合派軍攻佔兩島，確保公司船隻航行印度洋西側的安全。[37]

上述據點裡，廣州商館與聖赫勒那島和好望角兩地往來較為頻繁，每年商館貿易季結束後，均藉由返航船隻，運補茶、絲、瓷器等物產，並傳遞相關信件，也不時招募華工移民到當地開墾。[38]

又，十八世紀以來，公司在英國沿海城鎮和海外各地陸續設有專職代理人，以便就近處理或推展與公司相關業務。如 1815 年，公司在英國國內的代理人分佈於布理斯托(Bristol)、樸資茅斯(Portsmouth)、普力茅斯(Plymouth) 等主要港口；海外代理人則遍佈於開羅(Cairo)、康士坦丁堡(Constantinople)、馬爾他 (Malta)、里約熱內盧(Rio de Janiero)、維也納(Vienna)等地。[39]

綜上可知，1793 年起，在歐洲各國長期戰爭影響下，間接牽動英、荷、法、葡、西等國海外佈局。英政府主要戰略考量之一是防堵法國勢力在東方的進一步發展，故趁法國強佔荷蘭之際，陸續接收或佔領荷人海外重要戰略和航運據點，如好望角、麻六甲、巴達維亞等地；基於同樣考量，1805-1810 年間，英人也曾派軍戍守印度西部果阿、達曼、迪烏等原本葡萄牙人的屬地。

從十八世紀末至 1816 年左右，東印度公司藉由自身武力和英國海軍之助，其在東方勢力範圍可謂更加地擴大，在印度和東南亞等區域，取得其他歐洲國家所無的優勢地位。首先公司在印度統治更為鞏固，獲得印度東部和南部更多領土，錫蘭也成為英人殖民地。其次，公司在東南亞除檳榔嶼和明古連之外，更佔有巴達維亞、麻六甲、望加錫、安汶等貿易據點。接著，非洲方面，除既有聖赫勒那島之外，更佔領原屬法國的茅利修斯和波旁兩島，

---

37 S. B. Singh, *European Agency Houses in Bengal, 1783–1833*, pp. 198-208.

38 如參見相關檔案 IOR/G/12/170, 1810/2/15, p. 42.

39 J. H. Thomas, “East India Agency Work in the British Isles, 1700-1800,” in H. V. Bowen etc. ed., *The Worlds of the East India Company*. (New York: Boydell Press, 2003), pp. 33-47 ; A. W. Mason, J. S. Kingston and Geo. Owen ed., *The East India Register and Directory, for 1816* (London: Cox and Baylis, 1816), p. lii. Bristol 是位於英格蘭西南部濱海的港口。

此時英政府在好望角也建立殖民地。

要之，1793-1815 年間，在英政府和東印度公司合作努力下，英人陸續取得亞洲和歐洲重要航運據點，保障公司船隻往來歐洲、印度和中國航路的安全。而東南亞一些貿易集散地或貨物產地的取得，使公司更思利用當地錫、檳榔、燕窩等物產，建立新的貿易產銷網絡。[40]

然而，另一方面，東印度公司也面臨來自其他方面的新挑戰，1813 年，英印貿易的開放，董事會預期商業競爭將加劇，勢必影響公司在印度貿易的獲利，接下來數年間，亦調整經營策略，逐漸減少公司英國和印度之間船隊的規模，1809 年，英印船隊總噸位達 21,484 噸，1818 年時，僅剩 10,581 噸，竟減少達 50 %。[41] 這種情形下，公司更重視經營仍享有壟斷權的中英貿易。

---

[40] 如 IOR/G/12/185, 1813/8/23, pp. 137-143.

[41] The House of Commons ed., *Second and Third Reports from the Select Committee Appointed to Consider of the Means of Improving and Maintaining the Foreign Trade of the Country, East Indies and China* (London: House of Commons, 1821), pp. 340-341.

第三章　廣州商館人事與組織

關於廣州商館的人事與組織等機制，本章試圖以 1815 年前後為例，探討商館內部管理和貿易運作相關問題。之所以選擇此時，因為公司實施中國職員常年駐華措施已約四十年，商館在內部組織管理、職務分工、薪資給付等方面，已有許多「傳統」或慣例，或是經歷多次調整，從中可探求公司管理的思惟及政策演變趨勢。

筆者首先以 1815 年度商館各項職缺為軸，說明各職位在貿易運作扮演的角色，公司設立這些職務的目的和成效。其次，工作之外，與廣州商館職員切身相關的升遷、薪資、休假、福利等議題，也是研究商館內部管理的重要課題，當董事會規劃措施符合商館職員權益需求時，將有助提升工作效率，反之則引起反彈。筆者分析商館職員升遷速度、薪資給付制度的數次調整、職員代理貿易等議題，並探究這些變化背後呈現的意義。

本章討論的各種制度與規範，一方面追溯其起源和相關變化過程，藉此增進對廣州商館常年貿易運作和職員薪酬的理解，也闡述商館人事與組織前後期有何差異及趨勢走向。

一、商館組織分工——書記和貨監

1815 年 9 月初，在澳門的廣州商館職員陸續收到東印度公司來華貿易「直達船」(direct ship)船隊即將抵達的消息，其中 *Princess Amelia* 號、*Hope* 號等船載有董事會來信，信裡詳細說明該年度公司指示商館「特選委員會」執行的各種訓令與注意規定。[1] 不久後，9月29日，商館大班約翰・益花臣(J. F. Elphinstone, 1778-1854)下令職員從澳門出發，三天後抵達廣州。隔天，他依照慣例，宣布「特選委員會」底下職員分配的工作，準備開始商館一年中最忙碌的時期。[2]

和十八世紀末相比，1810 年代廣州商館每年處理的中英貿易量成長頗多，1792年公司來華船隻總噸位約12,271噸，1814年則已達29,231噸，增加兩倍多。隨著貿易規模擴大，商館倉貯需求也相對增加，原先向行商潘有度承租的隆順行（Lunsoon factory；又稱英國舊館）和保和行（Poho factory；又稱英國新館）已不敷所需，1805年起，「特選委員會」數度和潘有度協商，希望潘氏出租或出售保和行旁邊的棧房，1810年，由於潘有度已退商，商館透過潘長耀中介，同時購得潘有度和行商黎顏裕前後相接的棧房，大大增加貯放貨物的空間。[3]

此時廣州商館職員均常年駐華，此制度約可回溯至 1770 年代，在此之前，每年廣州貿易季結束時，大多數船隻貨監皆隨船回英，董事會雖曾兩次嘗試實行貨監駐華的措施，但結果均不滿意。[4] 1770年代初期，當時董事會考量中英貿易規模日增，開始評估船隻貨監不隨船返英的利弊，顯示對中國市場的重視。

這項策略各有其優缺點，好處是販售、採購貨物較無時間壓力，不必急於船隻離華前完成，亦能更周全地考慮下年度和廣州行商的合約，也更能掌握市場商情，當中國市場貨物需求或消費品味發生變化時，貨監也可就近處

---

[1] IOR/G/12/194, 1815/9/8, pp. 118-122; IOR/R/10/46, 1815/3/29.「直達船」是指公司船從倫敦出發後，不停靠印度各港口，僅短暫停留聖赫勒那島或麻六甲等地後，便來華的公司船隻，本書第四章對此有進一步討論。

[2] IOR/G/12/194, 1815/9/29, p. 162, 1815/10/3, p. 163.

[3] H. B. Morse, *The Chronicles*, vol. 2, p. 192, vol. 3, pp. 136, 161, 224; IOR/G/12/171, 1810/3/5, pp. 102-104; 蘇精，〈1822年廣州大火後英國商館的重建〉，「全球與區域之間——近代早期廣州口岸史研究」國際學術研討會，廣州中山大學，2010，頁213-214。

[4] H. B. Morse, *The Chronicles*, vol. 2, p. 2.

理和儘速告知董事會，縮短問題處理和反映的時間；但另一方面，相關人事、住居費用和開銷勢必增加，其中，人事成本比重最高，例如，1823 年商館各項花費總計約 108,221 鎊，付給職員的薪資共 78,552 鎊，佔約 73 %。或因人員常駐帶來的利益明顯大於增加的成本，故董事會決議實施商館職員常駐措施。此項變革十分重大，實施後，許多相關制度陸續隨之改變或調整，如船隻從英出發日期、商館和董事會通信方式、貨監議事規則、商館和行商簽訂貨物契約方式等。

1815 年，廣州商館計有二十四名編制內職員，大致分為兩個系統。首先是「書記—貨監」體系的職員，共十九名，指的是商館書記、貨監和「特選委員會」成員。另外則是「技術性雇員」(technical staff)，包含商館的醫生、茶師、中文翻譯等人，共有五名（參見表 3-1）。

首先，每年貿易季時的工作分配反映職員在華工作職責，是商館大事之一，1815 年商館採用的工作分配模式，約自 1792 年起就已實行多年，那年董事會特別委派布朗尼(Henry Browne, ?-?)、Eyles Irwin (?-?)、William Jackson (?-?) 三人來華，組成「機密與監督委員會」(secret and superintending committee)，權力在商館「特選委員會」之上，其任務一方面是支援即將來華的馬戛爾尼使節團，也負責監督商館各項業務和開銷支出，但並不過問商館貿易事務。[5] 1792 年 9 月，為提高商館工作效率，他們建議董事會應設立「出口貨監督」(superintendant of exports)、「進口貨監督」(superintendant of imports)、[6] 會計、秘書、買辦帳目負責人等職位，以利貿易運作。此後直至

---

[5] IOR/G/12/264, 1792/9/24; H. B. Morse, *The Chronicles*, vol. 2, p. 192.「機密與監督委員會」設立當初，曾引起董事會內部少有的反對意見，一部份董事認為「機密與監督委員會」的職權不應大於商館「特選委員會」，也認為當中的人選是不適當的。參見 Hoh-cheung Mui and L. H. Mui, *The Management of Monopoly*, p. 164.

[6] 此處「出口貨監督」和「進口貨監督」或皆是從廣州商館角度來定義，出口貨包含商館負責出口者如中國的茶葉，進口貨則是商館進口者如英國的毛料，本書其他章節所指商館進口、出口定義亦以此為依。

1834 年廣州商館裁撤，商館職員職務分工的架構，大致依循此原則。[7]

表 3-1　1815 年廣州貿易季廣州商館組織及職務分配表

職稱	姓名	工作或休假狀況
President	J. F. Elphinstone	Treasurer
Member of Select Committee	T. C. Pattle	Draw Bills on Bengal
	G. T. Staunton	Superintendent of Exports
Supercargo	T. J. Metcalfe	Absent (misson to Manila and Calcutta)
	J. B. Urmston	To write a consultation and to weight and receive teas
	James Molony	Superintendent of Imports
	Joseph Cotton, Junior	Weight and receive teas
	J. T. Robarts	Accountant
	William Fraser	Secretary
	F. H. Toone	In charge of the office
	William Bosanquet	At home
Writer	W. H. C. Plowden	Sub treasurer and comptroller of factory expenses
	William Baynes	At home
	Charles Millett	Assistant in secret department and to weight and receive teas
	F. I. Hudleston	At home
	James Bannerman	To copy the books and to weight and receive teas

[7] IOR/G/12/103, 1792/9/25, pp. 55-57.

職稱	姓名	工作或休假狀況
	Charles Marjoribanks	To write a consultation and to weight and receive teas
	J. F. Davis	To assist in the office and to weight and receive teas
	J. F. N. Daniell	To assist in the office and to weight and receive teas
Surgeon	Alexander Pearson	
Assitant Surgeon	John Livingstone	
Tea Inspector	Samuel Ball	
Assitant Tea Inspector	John Reeves	
Chinese Translator	Robert Morrison	

資料來源：IOR/G/12/194, 1815/10/3, p. 163.

至於1792年之前廣州商館職員的職務分工情形，筆者在商館歷年《會議記錄簿》中未查找到專門記載，僅能從些許事例推敲。一個例子是1789年12月，商館臨時有人員回英，使得商館大班哈利森(John Harrison, ?-?)必須重新安排工作，他分配時提到的工作包括撰寫商館日誌、抄錄商館日誌、船運等職務，其中，負責船運的職員也具號令指揮公司來華貿易船隻的權力，且依慣例，不必再兼任其他工作。[8]

以下分別討論商館「書記－貨監」體系職員的工作內容，因此類職員和董事會關係密切，也分析其家世背景：

[8] IOR/G/12/96, 1789/10/23, p. 71, 1789/12/4, p. 100.

(一) 基層書記

1. 書記職前訓練

十八世紀下半葉，廣州商館書記常年駐華之初，東印度公司並未給予職前訓練，書記所需基本能力，皆是自行訓練。在「書記申請書」上，推薦人附加相關證明文件，確認即將赴華的書記具備一定的寫作、算數或會計能力。例如，1804 年，卜樓登(W. H. C. Plowden, 1787-1880)申請書上載明：

> 在我的指導下，在此保證卜樓登先生已修習過一般算術與記帳 (book-keeping) 的課程，已獲得這方面的完整知識。
>
> Thomas Keith 數學家教[9]

又，因茶葉是公司對華貿易主要商品，書記來華前通常也需學習茶葉相關知識，1789 年，董事會鑑於茶葉貿易量大增，廣州商館人手不足，一口氣任命四位新書記到商館，他們赴華前，還花了一年的時間，在公司倫敦茶葉倉庫裡，學習辨別茶葉種類和品質的知識。[10]

之後，直到 1806 年，商館書記的職前訓練，才由自行教育轉變為公司統一培訓，該年公司訓練文職人員方式有重大轉變，派任各地的書記，需先在東印度學院接受四學期(terms)約一年多的基礎教育，完成文學、科學等訓練，才分派至印度各大總督區或其他商館服務，顯示公司重視人員的培育。[11] 在公司文員職前教育上，廣州商館亦曾向董事會提供過建言，1804 年 1 月，「特

---

[9] IOR/J/1/19, p. 313.

[10] Hoh-cheung Mui & L. H. Mui, *The Management of Monopoly*, p. 37; IOR/R/10/34, 1789/3/18, par. 18.

[11] Peter Auber, *An Analysis of the Constitution of the East India Company*, pp. 167, 549. 東印度學院創立時，所在地位於 Hertford，1809 年遷於 Haileybury，之後，長期在此，直到 1858 年。參見 Anthony Farrington, *The Records of the East India College Haileybury and Other Institutions*(London: Her Majesty's Office, 1976), pp. 8-10.

選委員會」向董事會反映，他們徵詢相關醫生意見後，認為對青少年來說，廣州當地炎熱氣候是特別無法適應的，建議往後派往中國的書記，年紀需至少滿十九歲，並認為公司書記自提名後至十九歲之間，應在董事會監督下，接受完整教育。董事會回函稱，其實公司最近也正研擬一套書記接受職前教育的計畫，和商館建議十分吻合，將審慎考慮提議。[12]

1815 年，商館總計十九名貨監和書記裡，筆者考察得知其中六位均是接受公司培訓後來華，約佔總數三分之一，分別是 1810 年的米列特(Charles Millett, 1792-1873)、1812 年的哈同(F. I. Hudleston, ?-?)，但他似未曾來華便辭職、1813 年的班納曼(James Bannerman, ?-?)、馬治平(Charles Marjoribanks, 1794-1833)和德庇時(J. F. Davis, 1795-1890)，以及 1815 年剛來華的單義理(J. F. N. Daniell, ?-?)。[13]

2. 書記工作內容

廣州商館書記的工作主要是在貨監帶領下，見習商館各項業務，熟悉貿易運作過程，如貨物包裝與裝卸、茶葉秤重、抄寫商館《日誌》和《會議記錄簿》，以及船隻相關文件等。為保障商館信件和船隻文件確實送達倫敦，董事會規定許多文件皆須抄錄至少三份，若遇戰事，重要機密信件還須額外騰抄數份，故書記工作份量頗重，小斯當東自述他在商館秘書底下當書記時，一天至少花三、四個小時抄錄商館各種信件和記錄。[14] 每年貿易季繁忙，人手不足時，商館亦臨時雇用一些編制外抄寫員(copywriters)，幫忙謄抄信件或

[12] IOR/G/12/145, 1804/1/29, pp. 213-214; IOR/R/10/38, 1805/1/16, par. 83; Anthony Farrington, *The Records of the East India College Haileybury and Other Institutions*, p. 7.

[13] 據英國國會資料，1807 年任職廣州商館的書記，尚未於東印度學院學習，進一步比對該年《東印度職員錄》，此人是貝尼斯。又，上述諸人中，哈同雖曾受訓，似未曾來華。IOR/R/10/46, 1815/3/23, par. 16-17; IOR/R/10/48, 1817/4/2, par. 3; The House of Commons ed., *A Return of the Number of Writers and Cadets Educated at East India Company's College at Haileybury and the Military Seminary at Addiscombe, 1805-21* (London: House of Commons, 1822), p. 5.

[14] G. T. Staunton to Sir G. L. Staunton, 1800/5/12, Canton.

記帳等工作。[15]

商館大班有時也會指派資深書記負責貨監擔任的工作，1815 年，卜樓登即負責管理商館日常開銷，又，一些貨監不喜歡處理的事務，往往也要求書記執行，小斯當東剛來商館時，做為最資淺的書記，即被要求管理商館代理行業務，這是無人願意接手的工作。[16]

此外，長期以來，董事會亦持續鼓勵或獎勵商館書記學習中文，或品評茶葉等技能，期望書記具備中國貿易相關知識。實際上，學習貿易地區當地語言是董事會政策之一，如東印度學院設立後，即陸續要求派往印度的書記至少需掌握兩種東方語言，孟加拉總督區任職的書記，必需學會波斯文，另外則是北印度語(Hindee)和梵文擇一；馬德拉斯總督區書記則需學梵文和南印度當地泰盧固語(Telugu)。[17] 或在這種氛圍下，1810 年，董事會對於商館聘請具傳教士身份的馬禮遜擔任中文班的老師時，並未大力反對。

然而，從商館職員的回憶來看，大部份情況下，商館書記似乎都是來華工作後才開始學習中文和品評茶葉。1817 年 2 月，商館大班覓加府(T. J. Metcalfe, ?-?)提出建議，認為預備來華書記，應在英國預先學習這些知識或技能，稱：

> 學習中文知識已變得如此需要，「特選委員會」打算利用適當時機，讓一名聰慧的中國人赴英告知董事會，在馬禮遜字典和文法書有效幫助下，使準備赴商館工作的年輕人，在英國便能預先學習基礎中文的可能性。然而，還有另一種商館新進職員更急需知道的知識，……不僅非常有利於公司商業利益，更有助於他們進一步處理商館貿易：也就是關於茶葉的知識。不僅是分辨數種茶葉的品質，更包括那些只

---

[15] Hoh-cheung Mui and L. H. Mui, *The Management of Monopoly*, p. 73.

[16] IOR/G/12/128, 1800/2/2, p. 24.

[17] East India College, *Statutes and Regulations for the Government of the East-India College* (London: J. L. Cox and Sons, 1838), pp. 41-42.

> 有在英國才能學到有關茶葉貿易的資訊、感受和意見。也許有人說，對茶葉更完整的知識，應該在中國才能獲得，然而，根據商館工作職員的經驗，……年輕職員常忙於茶葉秤重和抄寫商館給公司的各種文件，以致沒有時間學習中文和商業知識。……個人在此向董事會提議，在商館茶師指導下，對於想要學習茶葉的新進書記，給予每年 100 鎊的獎勵，書記如能熟悉數種茶葉的品質鑑定，獎勵金可調高至 300 鎊。未來，那些中文學習能力較弱的書記，應讓他在英國的茶廠專心學習茶葉知識。[18]

但「特選委員會」其他兩位成員反對覓加府的提議，列舉的理由包括：商館已有茶師和助理茶師專職驗茶工作、商館職員賦閒在澳門時，仍可學習中文和茶葉知識、不應限制商館職員想學習的技能、一些來華後才學習中文的職員（如德庇時）仍有極佳成果等。覓加府則以親身經歷，說明他剛來華時，商館從未讓他有三天以上的空閒時間參與驗茶的工作，在澳門時亦無法跟茶師學習茶葉知識等，藉此說明他為何堅持自己的主張。[19]

1825 年，廣州商館茶師波爾(Samuel Ball, ?-?)退休返英，隔年，董事會原先決定縮減商館茶師的員額，由兩位變成一位，並打算以發放獎勵金方式，鼓勵商館其他具有茶葉知識的貨監負擔茶師的工作。1826 年 11 月，「特選委員會」一方面陳情，認為以往的編制是必須的，也決定應讓商館一位職員專門跟茶師學習驗茶技術，接著，選派書記傑克森(John Jackson, ?-?)跟茶師老李富士(John Reeves, 1774-1856)學習，1827 年 3 月，傑克森通過考核，獲得 100 鎊獎勵金，1828 年，傑克森持續得到獎勵，1829 年他更因表現突出，給予等同助理茶師年薪的 500 鎊額外加給。[20]

---

18 IOR/G/12/271, 1817/2/17, pp. 430-432.

19 IOR/G/12/271, 1817/2/17, pp. 433-440.

20 IOR/G/12/236, 1826/11/12, pp. 279-282, 1827/3/3; H. B. Morse, *The Chronicles*, vol. 4, p. 165.

3. 書記家世背景

大部份廣州商館書記的家世皆與公司董事關係密切。例如，1815 年商館大班約翰・益花臣的父親 W. F. Elphinstone (1740-1834)，即在約翰・益花臣任大班的部份期間（1813-1814 年），任居公司最位高權重的董事會主席與副主席。[21]

商館書記與東印度公司董事的關連，約可見於以下數種材料。首先，印度事務部檔案 J 系列存有一部份商館職員的「書記申請書」，[22] 以 1815 年商館職員為例，五位職員的「書記申請書」存於其中。其次，當時傳記或雜誌也記載部份職員家族資料，如小斯當東個人文集、《紳士雜誌》(*The Gentleman's Magazine*)等，透露出他們如何進入公司服務。接著，其他職員雖無直接記載，但仍可從家族資料裡推測，如莫洛尼(James Molony, 1785-1874)於 1802 年進入廣州商館工作，其父亦名 James Molony (1742-1823)，是愛爾蘭 Clare 郡地方長官。1810 年，莫洛尼的弟弟 Edmund Molony (?-?) 由董事 Charles Mills (1755-1826) 提名為書記，Edmund Molony 的「書記申請書」上，提及其父和 Charles Mills 是連襟，或可推測莫洛尼亦循同樣模式進入公司。[23] 最後，一些族譜網站亦有助推敲其他未見相關記錄職員的人脈網絡。

書記與東印度公司董事的關係約有三種（見表 3-2），第一種是父子，1815 年廣州商館十九名書記和貨監裡，具這種關係者達十四位，比例高達 74 %。董事會開會記錄亦曾明白記載「對董事們而言，提名和任命自己的兒子去廣州任職是習以為常的事。」[24] 例如，1805 年，Jacob Bosanquet (1755-1828) 推薦其子鮑桑葵(William Bosanquet, ?-?) 的「書記申請書」如下：

---

[21] C. H. Philips, *The East India Company 1784-1834*, p. 338.

[22] 「書記申請書」的做法約起於 1714 年，每位申請者皆需由一位董事提名。參見 B. B. Misra, *The Central Administration of the East India Company*, p. 381.

[23] IOR/J/1/25, pp. 321-330.

[24] IOR/B/122, 1796/4/6, pp. 1505-1506.

致高貴的東印度公司董事們：
鮑桑葵謙卑的申請書
你們的申請者已受過書寫與會計教育，謙卑地希望有資格為閣下們服務。因此，他謙遜地請求閣下同意他擔任中國商館書記。如果有幸能赴華，將盡最大勤奮與忠誠。……[25]

商館職員裡，甚至有許多是兄弟，如詹姆斯・羅巴賜(J. T. Robarts, 1784-1825)，其父是公司董事 Abraham Robarts (1745-1816)，其兄亞伯拉罕・羅巴賜(A. W. Robarts, 1779-1858)於 1794-1801 年間曾任職廣州商館，1802 年起，換由他來商館工作。[26] 另外，亨利・霸菱(Henry Baring, 1777-1848)、威廉・霸菱(William Baring, 1780-1820)和喬治・霸菱(George Baring, ?-?)三人，亦為兄弟前後來華任職，他們的父親是倫敦大名鼎鼎的銀行家及公司董事法蘭西斯・霸菱(Francis Baring, 1740-1810)。[27]

第二種是透過姻親或家族（父子以外）關係進入廣州商館，如貝尼斯(William Baynes, 1789-1866)、馬治平、莫洛尼等人。貝尼斯受舅舅 John Roberts (1738-1810)推薦來華工作；[28] 馬治平則是由叔叔 Campbell Marjoribanks (1769-1840)推薦進入商館。[29] 商館職員與董事會關係密切的優點是其對公司向心力較強，有助董事會的遠距離管理；缺點則有造成偏袒或效率不佳的情形。

第三種是經由個人才能或其他因素進入商館服務，比例最少，如小斯當東、小傅拉索(William Fraser, 1787-1827)等人。小斯當東幼時曾隨父親老斯當

---

[25] IOR/J/1/19, p. 438.

[26] http://www.stepneyrobarts.co.uk/779.htm; http://www.stepneyrobarts.co.uk/722.htm; http://www.stepneyrobarts.co.uk/2186.htm.

[27] IOR/R/10/37, 1802/10/6, par. 9, 11; 據大衛森所述，威廉・霸菱和喬治・霸菱為兄弟，參見 The House of Commons ed., *First Report from the Select Committee on the Affairs of East India Company (China Trade)* (London: House of Commons, 1830), p. 165.

[28] IOR/J/1/19, pp. 207-209.

[29] Sylvanus Urban, *The Gentleman's Magazine* (London: J. B. Nicholas and Son, 1833), vol. 103, p. 371.

東(G. L. Staunton, 1737-1801)參加馬戛爾尼使節團，甚至因略通中文得到乾隆帝特別賞賜檳榔荷包，1796 年 2 月，老斯當東向董事會申請，希望考量兒子優異中文能力，讓其進入商館服務，或因此項任命案與董事利益有所衝突，並未獲得通過，直至 1798 年 4 月，公司才通過小斯當東的人事案。[30]

廣州商館裡和公司董事無親戚關係的職員，往往容易受到排擠。小斯當東回憶起剛到廣州當書記時生活上的不適應，稱其為一生中最沮喪的日子：

> 我的派任是不受歡迎的，中國書記是東印度公司（董事）任命權裡的肥缺，通常都預留給公司董事的兒子或親戚。我的任命是例外，因特別考慮到我的中文能力，……故排除其他具相同資格和更大機會的人選。……此時廣州商館普遍存在某種粗野與魯直的工作方式，……對初到商館，缺乏歷練的我來說，特別感到詫異。[31]

小斯當東的記載真實地反映商館職員與董事會的密切關連，他來華初期寫的家書裡，提及商館的朋友之一，是和他差不多時期來華工作，亦非董事兒子的厄姆斯頓(J. B. Urmston, 1785-1850)。[32]

書記與董事無親戚關係的另一個例子是小傅拉索，其家族活躍於蘇格蘭北部 Inverness 地區的 Ledeclune，其父老傅拉索(William Fraser, ?-1818)在東印度公司船上服務多年，曾因準確觀測經度的成就，當選為皇家學會會員，並於 1806 年封爵。1822 年，小斯當東曾以小傅拉索為例，反擊當時人們抨擊廣州商館職員皆是董事親戚的說法，由此可見，小傅拉索與董事會應無直接關連。[33]

---

[30] IOR/B/121, 1796/2/10, p. 1249; IOR/B/126, 1798/4/10, p. 1277.

[31] G. T. Staunton, *Memoirs*, pp. 25-26.

[32] G. T. Staunton to Lady Staunton, 1805/5/1.

[33] Lindsay Ride and May Ride, *An East India Company Cemetery*, p. 145; IOR/J 系列裡雖有同名為 William Fraser 的書記，但其「書記申請書」上記載其父為 E.(Edward) S. Fraser，故並非在中國任職的同一人，參見 IOR/J/1/18, pp. 281-284。

表 3-2　1815 年廣州商館職員和公司董事會關係表

姓名 （依年資排列）	和董事會關連
T. C. Pattle	父親是公司董事 Thomas Pattle[34]
J. F. Elphinstone	父親是公司董事 W. F. Elphinstone[35]
Joseph Cotton, Junior	父親是公司董事 Joseph Cotton[36]
G. T. Staunton	父親 G. L. Staunton 是東印度公司高階文員[37]
T. J. Metcalfe	父親是公司董事 T. T. Metcalfe[38]
J. B. Urmston	父親是公司船船長 James Urmston，不是董事[39]
James Molony	父親 James Molony 和董事 Charles Mills 是連襟[40]
J. T. Robarts	父親是公司董事 Abraham Robarts
William Fraser	父親任職於公司，非董事
F. H. Toone	父親是公司董事 Sweeney Toone，亦是推薦人[41]
William Bosanquet	父親是公司董事 Jacob Bosanquet，亦是推薦人
W. H. C. Plowden	父親是公司董事 R. C. Plowden，亦是推薦人
William Baynes	母親的親戚是公司董事 John Roberts，由其推薦
Charles Millett	父親是公司董事 George Millett，亦是推薦人[42]

---

34 http://www.merchantnetworks.com.au/genealogy/web/pattle/pafg06.htm.

35 Sylvanus Urban, *The Gentleman's Magazine* (London: William Pickering, 1834), New Series, vol. 2, pp. 314-315.

36 J. M. Bourne, "The Civil and Military Patronage of the East India Company, 1784-1858," pp. 98, 313, 320. 以下覓加府、鮑桑葵均同。

37 游博清、黃一農，〈天朝與遠人〉，頁 6。

38 http://en.wikipedia.org/wiki/Charles_Metcalfe,_1st_Baron_Metcalfe.

39 G. T. Stanuton to Sir G. L. Staunton, 1801/2/26, Canton. 厄姆斯頓生於倫敦近郊，其父和幾位叔叔均服務於東印度公司多年。

40 莫洛尼生於愛爾蘭 Clare 郡的 Kiltanon，其弟 Edmund Molony 和 Charles Molony 均是東印度公司文職人員。參見 John Burke, *A Genealogical and Heraldic History of the Commoners of Great Britain and Ireland Enjoying Territorial Possessions or High Official Rank* (London: Henry Colburn, 1838), vol. 4, pp. 766-768.

41 IOR/J/1/19, pp. 306-308; 以下鮑桑葵、卜樓登兩人的「書記申請書」，參見 IOR/J/1/19, pp. 310, 438。

姓名 （依年資排列）	和董事會關連
F. I. Hudleston	父親是公司董事 John Hudleston[43]
James Bannerman	父親是公司董事 J. A. Bannerman[44]
Charles Marjoribanks	叔叔是公司董事 Campbell Marjoribanks
J. F. Davis	父親是公司董事 Samuel Davis[45]
J. F. N. Daniell	父親是公司董事 J. F. Daniell[46]

資料來源：參見本章註 25 至註 46

關於東印度公司董事優先任命兒子或親戚來華擔任書記的文化，公司一度加以改革。1796 年 4 月，董事會通過來華書記的新規定：

> 鑑於中英貿易對東印度公司和英國人民的高度重要性，……為避免董事會管理廣州商館的不恰當與流於形式，應限制董事小孩在華的人數。因此建議：一、往後，廣州商館應編制十二名貨監和八名書記，且不再增加。……三、爾後，廣州商館職員裡，董事小孩人數最多不超過六人（按：比例約三分之一）。四、「特選委員會」成員中，董事兒子最多應只有一名。[47]

這項規定實施後數年間，似乎頗有成效，筆者統計，1799 年到 1803 年間，董事會共任命六名新書記來華，其中僅有覓加府和羅巴賜二人的父親是公司董事，大致符合上述規定。但 1805 年起，或因利益的衝突，公司廢除這

42 http://tonymillett.tripod.com/biographies.html.

43 http://www.hudleston-music.co.uk/bios/jah_early.shtml.

44 http://www.mit.edu/~dfm/genealogy/bannerman.html.

45 IOR/J/1/26, pp. 161-165.

46 Philips Daniell and Mabilia Daniel ed., *Biographical History of the Family of Daniell or De Anyers of Cheshire, 1066-1876* (London: for private circulation, 1876), pp. 31-32.

47 IOR/B/122, 1796/4/6, pp. 1505-1506.

項限制，此後，董事派遣兒子到商館任職依然屢見不鮮，[48] 1815 年商館編制內的書記與貨監計十九名，其中十五位的父親都是公司董事，比例高達近八成。

(二) 中層貨監

一般而言，商館書記經過多年訓練後，將升上「特選委員會」底下的貨監，這些「中層」貨監介於「特選委員會」和基層書記之間，由於他們對商館運作方式已具一定程度的瞭解和經驗，故分別負責秘書、會計等較進階的工作，是商館高層管理貿易的重要幫手。根據商館歷年工作分配內容，貨監負責的事項大致有：秘書、會計、商館花費負責人、商館辦公室負責人、商館秘密部門助理、帳目審查人(auditor of accounts)、《會議紀錄簿》撰寫人等，由於商館大班具指派「特選委員會」以下職員工作的權力，故貨監工作內容並不固定，有時大班視情況調整，如商館秘密部門助理有時由秘書兼任，有時則由其他貨監、甚至書記單獨任此職，但商館秘書、會計等工作，幾乎都由一位貨監單獨負責。接著，以 1815 年商館「特選委員會」下屬貨監為例，說明分工的方式與內容。

首先，小傅拉索被分配的職務是商館秘書，主要負責商館與外界聯繫的事務。倫敦董事會、印度，及公司其他地方的一般來信，都先由商館秘書審閱；而商館「特選委員會」寫給公司內部機構的一般書信，通常也由秘書草擬。小斯當東剛進商館時，記載商館秘書有專屬辦公室，並有兩位書記做助手，負責謄寫、抄錄商館《日誌》、《會議紀錄簿》，或其他書信。秘書常需向「特選委員會」報告相關事務，而當「特選委員會」召開機密會議時，秘書也需列席其中，並發誓保密，故其與商館高層的接觸頗為頻繁。[49] 例如，1815 年，「特選委員會」處理比爾(Thomas Beale, c. 1775-1841)破產問題時，因商

---

[48] IOR/R/10/38, 1805/1/16, par. 122.

[49] G. T. Staunton to Sir G. L. Staunton, 1800/1/25, Canton; IOR/G/12/264, 1792/9/24, pp. 1-2.

館需有一名職員代表公司處理其債務，「特選委員會」考量秘書小傅拉索熟悉葡文，加上他的工作常與「特選委員會」聯繫，故決定派他任此代表。[50]

其次，「商館花費審查員」(comptroller of the factory expenses)則由資深書記卜樓登擔任，此職務有時亦稱買辦帳目負責人，工作包括管理商館日常生活各種開銷，負責和華人買辦接洽，撰寫買辦帳目等，過去這項職務通常由貨監負責，如 1806-1807 年、1809 年間，出任此職位的都是貨監。[51] 從歷年商館《日誌》可知，買辦帳目主要分為幾大項，以 1815 年為例，共有「特別費」(charges exordinary)、「貨物處理費」(charges on merchadize)、「商館修繕與租金費」(house rent, repairs, furniture)、「商館日常開銷費」(house expences)等。[52] 其中，「特別費」包含「特選委員會」和廣東官員往來應酬或購買禮品餽贈的花費，商館職員每年往返廣州、澳門兩地的交通費，或是其他緊急的支出，據統計，1772 年，商館「特別費」支出僅 720 兩，但 1791 年，卻已達 6,300 餘兩。[53] 又，1790 年代初，商館飲食花費日益增加，因此，1792 年設立此職位之初，頗有節省商館開銷之意，規定往後負責的職員需監督商館所有物資的運送，檢驗好壞，定期向「機密與監督委員會」報告。[54]

接著，貨監羅巴賜出任商館會計，負責撰寫商館《日誌》，1792 年之前，每年商館的帳冊，分別由不同人保管，彼此業務無法統整，以致董事會時常抱怨相關帳目記載不實，因此決議該年起，商館需指派專門的人員當會計負責帳冊，詳列所有貿易交易紀錄。此時會計除起草、撰寫《日誌》外，還需簽發商館的匯票(bills of exchange)及存款單(certificates)，檢查、抄錄船隻貨物的發票(invoices)和提貨單(bills of lading)等。[55]

---

[50] IOR/G/12/201, 1816/1/29, pp. 43-44.

[51] IOR/G/12/153, 1806/11/5, p. 203; IOR/G/12/157, 1807/11/1, p. 184; IOR/G/12/168, 1809/11/1, p. 61.

[52] IOR/G/12/199, 1816/2/19.

[53] IOR/G/12/264, 1792/10/2, p. 12.

[54] IOR/G/12/264, 1792/10/2, pp. 10-11.

[55] IOR/G/12/264, 1792/9/24, pp. 5-6.

商館《日誌》內容主要分為貨物、資金和船務三大類。首先，貨物方面，會計負責逐日記下商館銷售與購買貨物的詳細資料，包括價格、樣式、品質、標記等，以便將來貨物污損、短少、記載不實時，有紀錄備查，每年商館《日誌》記載結束前，會計則需製作該年度各船裝載回英貨物的簡表。接著，船務方面，需抄錄、核查來華船隻支付的噸稅和貨物稅，該年來華港腳船隻和外國船隻資訊，以及《貨物登記簿》(boatswain's books)上商館職員簽名紀錄等資訊。[56] 最後，資金方面，每年 4-5 月間，會計開始撰寫年度《日誌》時，依「複式簿記法」(double-entry bookkeeping)原則，[57] 結算上一貿易季結束時，商館借貸情形簡表，此後大約每隔半個月，詳列商館支出和收入帳目，也將商館簽發各種匯票，及簽發給公司船隻人員的存款單等紀錄，製成表格，以阿拉伯數字排序，註明日期、匯款人、受款人及金額，使其一目了然。

又次，貨監莫洛尼的職務是「進口貨監督」，這個職務原是「特選委員會」成員負責的工作，主要是監督公司所有來華船隻的進口貨，因有時從印度或澳洲來華的少數公司船隻較早到達中國，然而，貿易量並不多，故商館僅派「進口貨監督」和幾位助手到廣州處理，因此，每年貿易季時，「進口貨監督」通常需要比其他職員更早至廣州。例如，1815 年，兩艘公司船 *Cuffnells* 號和 *Royal George* 號，分別於 7 月 18 日和 8 月 8 日抵達中國，比常規貿易季開始的 10 月初提前許多，[58] 故莫洛尼於 *Cuffnells* 號抵達時，也前往廣州處理該船的棉花與檀香木等貨物。[59]

接著，貨監敦奈(F. H. Toone, ?-?)的工作是負責廣州商館的辦公室

---

[56] IOR/R/10/37, 1801/4/9, par. 59.《貨物登記簿》主要記載船隻貨物進出詳細情形，包含數量、樣式等。

[57] 關於複式簿記法原則，參見 Hugh Grant, "Bookkeeping in the Eighteenth Century: The Grand Journal and Grand Ledger of the Hudson's Bay Company," *Archivaria*, no. 43 (1997), pp. 143-145.

[58] 所謂貿易季開始約是指公司「直達船」船隊抵達黃埔後，廣州商館職員從澳門出發抵達廣州商館開始工作時；貿易季結束則約在公司最後一批船隊離華，商館職員返回澳門時。按此，1815 年貿易季起迄約為 1815 年 9 月 29 日至 1816 年 2 月 12 日。

[59] IOR/G/12/194, 1815/7/18, p. 77.

(office)，他於 1810-1811 年間也曾擔任過此職。又，商館歷年工作分配中，1801-1802、1806-1807、1809-1813 年等九年間，均有貨監專門負責商館辦公室，顯見這應是一項固定性的工作。至於負責的內容，1806 年，覓加府任此職時，曾稍微提及工作相關內容：「撰寫目前的工作日誌，監督船隻啟航，以及此職位的一般工作」，故此處所謂的辦公室，可能是指商館內處理船務、貨物進出等日常庶務的場所。[60]

又，貨監通常工作之一也包含撰寫廣州商館的《會議紀錄簿》，1815 年度由厄姆斯頓負責，此時商館因貿易量大，業務繁多，每年《會議紀錄簿》的冊數達到兩至三冊，此外，厄姆斯頓空暇時還需帶領商館書記負責茶葉秤重和裝卸。另一位貨監柯頓(Joseph Cotton, 1780-1828)則專責監督茶葉秤重、包裝和裝卸，每年通常有兩位以上貨監，監督茶葉貿易相關流程。董事會為防止行商或華人動手腳，每當包裝茶葉時，要求商館需指派足夠貨監在場，且輪流替換監督。[61]

除常態性工作外，有時商館貨監亦有特別任務，如 1815 年初，商館因預期該年度資金調度有困難，派貨監覓加府前往馬尼拉等地，處理借錢、簽發匯票等事宜，他自 1815 年 3 月出發，至 1816 年 5 月返華，前後計十五個月，覓加府出差期間，仍照常支領佣金，又商館考量往來交通所需費用，決議每月額外支付 400 元津貼，計 6,000 元。[62] 覓加府之前，亦有貨監於貿易季期間赴東南亞或印度出任務的先例，如 1803 年，董事會因擔心法國勢力在越南的擴張，派商館早期資深貨監蘭斯(David Lance, ?-?)來華後出使安南（今越南），但蘭斯抵華後因健康不佳返英，「特選委員會」遂臨時決定派另一名貨監羅伯賜(J. W. Roberts, ?-1813)出使，希望與安南國王達成協議，讓公司在當

---

[60] IOR/G/12/136, 1801/11/1, p. 38 ; IOR/G/12/139, 1802/10/15, p. 220; IOR/G/12/153, 1806/11/5, p. 203; IOR/G/12/157, 1807/11/1, p. 184; IOR/G/12/168, 1809/11/1, p. 61; IOR/G/12/174, 1810/11/8, p. 65; IOR/G/12/178, 1811/11/1, p. 71; IOR/G/12/180, 1812/10/15, p. 215; IOR/G/12/186, 1813/11/1, p. 136.

[61] IOR/R/10/37, 1801/4/9, par. 33.

[62] IOR/G/12/202, 1816/6/28, pp. 119-120, 1816/5/30, p. 75.

地建立商業據點。[63]

又，1770 年代，廣州商館貨監常年駐華制度實施後不久，由在華貨監組成的管理會(council)即有定期集會、共同議事並投票表決的制度。1786 年，商館管理階層改組後，大多數事務裁決權集中於「特選委員會」少數貨監手中，為讓商館其他貨監得知委員會議事內容，董事會規定「特選委員會」需定期召集下屬貨監聚會（約二週一次），屆時公開商館《會議紀錄簿》內容，如果貨監對內容有所疑義，可另附意見，至於商館的書記或「技術性雇員」，則無權表示意見或要求複製紀錄。[64] 1804 年，商館大班多林文(James Drummond, 1767-1851)曾因醫生麥金農(Charles Mackinnon, ?-?)代理貿易的糾紛，指責他不尊重商館高層，麥金農要求複製一份「特選委員會」會議紀錄，即被視為不當無禮的要求。[65]

(三) 高層大班與「特選委員會」

1.「特選委員會」的組成、議事與權限

「特選委員會」是廣州商館決策機構，職權頗大，包括對來華公司船隻下達航行命令、管理來華貿易的港腳商人、審核商館職員離華申請、決定和中國行商的買賣契約、代表公司與中國官方陳情斡旋等。他們對於重大或緊急的事件甚至可先做決議，事後再向董事會報告。公司董事大約每年 4 月開會時，投票決定該年度廣州「特選委員會」名單，每年人數並不固定，多則五至六位，但至少有三位。當成員少於三人，董事會授權委員會其他成員得先選擇「最合適人選」遞補，直到董事會進一步指示。[66]

---

[63] H. B. Morse, *The Chronicles*, vol. 2, pp. 431-435. 蘭斯於十八世紀末時曾任廣州商館「特選委員會」一員，1790 年後回英，此次是由董事會特別派遣來華。參見 IOR/R/10/34, 1790/4/9.

[64] IOR/R/10/34, 1789/3/18, par. 19; IOR/R/10/35, 1794/4/16, par. 5, 1795/4/28, par. 5.

[65] Charles Mackinnon, *Mr. Mackinnon's Memorial to the Honourable Court of Directors of the Hon. East-India Company* (London: Lewis and Roden, 1806), pp. 93-94.

[66] IOR/R/10/42, 1811/3/27, par. 6; IOR/R/10/43, 1812/3/20, par. 5; IOR/R/10/44, 1813/3/12, par. 4.

商館大班是「特選委員會」當然成員與主席，順位第二的成員為二班，依此類推。大多數時候，大班與「特選委員會」的運作機制採合議制，多數決。對於討論事項，無論贊成和反對，委員會每位成員均可表達意見，並紀錄異議理由備查。1812 年，董事會考量「特選委員會」成員間彼此意見不合時，可能造成公司利益嚴重損害，特別規定當發生此情形時，需將各種意見均抄錄於商館《秘密會議簿》(*secret consultations*)，方便之後董事會檢查和裁示。[67]

此外，1799 年及 1805 年，董事會均曾提及，當「特選委員會」開會時，如正反意見人數相同，大班具有裁奪權(casting vote)。[68] 又，1815 年之前歷任大班中，似乎只有 1810 年的布朗尼被董事會賦予「不經「特選委員會」同意，即可行使指揮權」的特別權力，類似印度總督區總督在特殊情況下，不必議會同意，自行決定事務的權限，董事會之所以如此指示，或因布朗尼先前已二度擔任過商館大班，具有多年實務經驗，加上其來華是為了接替表現不佳的羅伯賜所致。[69]

由於大多數情形下，「特選委員會」採取多數決，故商館大班的意見實際上有可能被其他「特選委員會」成員推翻，一個例子是 1819 年 3 月，委員會討論該年度是否按慣例預付行商茶葉定金時，僅有大班覓加府一人持贊同意見，其餘三位成員皆反對，因此，該年度商館和行商簽訂茶葉合同時，皆無定金。[70] 合議制雖有權力制衡的作用，但亦為商館管理帶來不穩定的可能性。最著名例子是 1829 年時，商館二班貝尼斯聯合其他委員會成員反對大班卜樓登，卜樓登被迫回英後，貝尼斯竟自行籌組新的「特選委員會」。此一消息傳回倫敦後，引起董事會震怒，將貝尼斯等參與「逼退」卜樓登的貨監自「特選委員會」除名，往後年份亦不得再進入。[71]

---

[67] IOR/R/10/43, 1812/3/20, par. 44.

[68] IOR/R/10/36, 1799/3/15, par. 12; IOR/R/10/38, 1805/6/5, par. 4.

[69] IOR/B/146, 1808/2/12, p. 1259; IOR/R/10/41, 1810/4/11, par. 55-56.

[70] H. B. Morse, *The Chronicles*, vol. 3, pp. 332-333.

[71] H. B. Morse, *The Chronicles*, vol. 4, pp. 212-216.

除一般議事外，「特選委員會」亦召開秘密性質的會議，討論一些具有機密性質的事項，如每年回英船隊組成方式及回程航線安排、商館和行商茶葉契約內容規劃等。秘密會議內容並不公開，並且另外記錄於《秘密會議簿》，與一般《會議紀錄簿》不同。[72]「特選委員會」亦定期和董事會的秘密委員會相互通信，就東印度公司檔案來看，廣州商館的機密協商機制約始於 1793 年，該年「機密與監督委員會」來華後，時常討論一些非公開的重要議題，1794 年「機密與監督委員會」完成任務撤銷後，「特選委員會」似乎未繼續召開秘密性質的會議，直到 1796 年 7 月，才又延續此作法。[73]

有時一些特殊情形使董事會需另安排「特選委員會」的運作。1815 年廣州貿易季接近尾聲之際，英政府已決定派遣阿美士德使節團來華，得知消息的董事會，也模擬各種可能狀況，安排下年度貿易季「特選委員會」的組成。因約翰・益花臣和小斯當東已預定成為使節團的成員，故決定兩人出使期間，由其他貨監組成「留守委員會」(resident committee)，覓加府任大班，柯頓和厄姆斯頓為臨時「留守委員會」成員，暫行「特選委員會」的工作，董事會亦討論若覓加府無法任職時，「留守委員會」如何組成。[74]

以往廣州商館移至廣州貿易時，「特選委員會」成員均全體前往。但 1815 年，狀況較為特殊，因預期財務困難，成員之一的巴特爾(T. C. Pattle, ?-?)並未前往，反而留在澳門負責收取現金和簽發匯票，故實際上在廣州的「特選委員會」只有約翰・益花臣和小斯當東兩人。董事會得知後，不滿意這種安排，認為一方面巴特爾簽發票據時，無法得知其他「特選委員會」成員的意見，同樣巴特爾也無法參與在廣州的議事，因此回信裡下令，以後中國貿易季時，如需在澳門簽發匯票，「特選委員會」只需派一名可信的貨監前往負責即可。[75]

---

[72] H. B. Morse, *The Chronicles*, vol. 2, p. 290; IOR/R/10/41, 1810/4/11, par. 55.

[73] H. B. Morse, *The Chronicles*, vol. 2, p. 255; IOR/G/12/264-266.

[74] IOR/R/10/47, 1816/1/19, par. 2-7.

[75] IOR/R/10/45, 1814/4/1, par. 157.

2.「特選委員會」成員間的工作分配

一般而言,「特選委員會」成員間的工作安排,在只有三位情況下,大班負責監督廣州商館一切運作,二班負責監督東印度公司自華出口的貨物,三班則是監督商館進口來華貨物。1814 年,小斯當東休假結束返華後,因「特選委員會」成員之一的羅伯賜去世,他升任三班,家書便提到:「我有可能負責監督出口貨物,……這通常是「特選委員會」的工作之一」。[76] 但實際上,大班以外的「特選委員會」成員往往可自行選擇貿易季期間的工作,不受大班支配。[77] 又,二班之所以負責商館出口貨物,或因當中的茶葉、生絲、南京布(Nankeens)等商品,都是利潤較高和對公司來說較重要的貨物,另外,因「進口貨監督」常需在炎熱夏季提前至廣州,如前述莫洛尼的工作,因此就責任和工作辛勞程度而言,二班擔負的責任較大,且不必辛苦地在炎炎夏日到廣州工作。

1792 年,「機密與監督委員會」規劃商館各項職務分工,「進口貨監督」工作是:「接受和發送所有進口貨物,檢查與調校相關帳目,並按時送給商館會計」。「出口貨監督」工作是:「檢查所有出口貨物的《包裝簿》和《貨物登記簿》,及『個人貿易』明細等,並將出口貨物和發票摘要送給會計統整。」[78]

至於大班則是廣州商館對外的代表,[79] 負責監督各項業務,每年貿易季開始前,大班亦有權分配「特選委員會」以下書記和貨監該年度的工作內容,也可決定職員在商館內住宿的地方。大班的權勢頗大,據商館醫生麥金農描述,在離倫敦如此遙遠的小商館裡,大班的喜惡足以影響商館其他職員在華生活的舒適與否。[80]

---

[76] G. T. Staunton to Lady Staunton, 1814/9/22.

[77] IOR/R/10/37, 1801/4/9, par. 16.

[78] IOR/G/12/264, 1792/9/24, p. 5.

[79] IOR/R/10/37, 1801/4/9, par. 16.

[80] Charles Mackinnon, *Mr. Mackinnon's Memorial to the Honourable Court of Directors of the Hon. East-India Company*, pp. 16-17.

1815 年，商館大班是約翰・益花臣，他從 1794 年起來華工作，陸續擔任過商館秘密部門助理、買辦帳目負責人、撰寫商館日誌等職務，於 1807 年進入「特選委員會」。前任大班布朗尼 1811 年 3 月離華後，他就接任大班，[81] 約翰・益花臣任內，廣東官員對其評價大致持肯定態度，用「人尚明白曉事」、「在粵多年，素稱明白曉事」等形容之。[82] 約翰・益花臣擔任商館大班直至 1816 年 1 月，前後約五年，不久搭乘 *Charles Grant* 號返英，比對船隻紀錄，此時 1815 年貿易季來華的公司船隻大部份均已載貨返英，公司其他船隻估計僅剩三艘，故接任大班的小斯當東並不重新分配商館職員的工作。[83]

小斯當東生於英格蘭的 Milford，祖籍是愛爾蘭，他是馬戛爾尼使節團至鴉片戰爭期間中英關係的傳奇性人物，在許多重要歷史場景都可見其蹤影。1793 年，他擔任馬戛爾尼見習侍童(page boy)，獲得清廷特殊禮遇；1816 年，出任阿美士德使團副使，堅決反對行叩頭禮，導致雙方不歡而散；1840 年鴉片戰爭前夕，擔任英國下議院議員，強烈支持對清開戰。此外，他更具有十餘年中英貿易實務經驗；且為出色的中國通，曾譯註《大清律例》等重要著作。[84] 他於 1800 年進入廣州商館工作，進入「特選委員會」前，擔任商館秘書多年，也因出眾的中文能力，一度兼任中文翻譯員，董事會多次肯定其表現。

小斯當東在廣州商館工作早期，曾想著將來如能升任大班，希望大刀闊斧地改革商館許多陋習，如認為必須改正商館買賣的紀錄方式，但當上大班後，發現舊體制許多缺漏仍是無法免除的，只能改進一些小地方，不久，他參加阿美士德使節團，使團任務結束後隨即返英，大班任期僅七個月。[85]

筆者統計，1786-1834 約五十年間，廣州商館計有十八任大班（表 3-3），

---

[81] IOR/G/12/176, 1811/3/27, p. 63.

[82] FO/1048/14/7; FO/1048/14/17.

[83] IOR/G/12/201, 1816/1/19, p. 20. 關於 1815 年公司來華船隻相關日期，參見本書第四章。

[84] 游博清、黃一農，〈天朝與遠人〉，頁 3-4、6。

[85] G. T. Staunton, *Memoirs*, pp. 64-65.

平均任期約 2.7 年，其中幾任是同一人前後多次擔任。任職最久的是厄姆斯頓，達七年多；最短的是布朗尼，僅三個月。任期較短的大班，離職原因大致有個人健康問題（如布朗尼、小斯當東、馬治平）、在華過世 (如小傅拉索)、個人舉措引起董事會不滿 (如貝尼斯) 等。十八任大班裡，七任的任期超過三年，合計年份達三十六年，佔該時期的 74 %，且十八任中，董事會僅召回二任大班，顯示董事會對商館歷任大班的表現，具有一定的信心和信任。

表 3-3　1786-1834 年間廣州商館大班相關資料表

姓名	任職大班期間	任期
Henry Browne	1786/08-1789/01	2 年 07 個月
John Harrison	1789/01-1792/09	2 年 09 個月
Henry Browne	1792/09-1795/05	2 年 09 個月
Richard Hall	1795/05-1802/01	6 年 09 個月
James Drummond	1802/02-1807/01	6 年
J. W. Roberts	1807/01-1810/12	4 年
Henry Browne	1810/12-1811/03	03 個月
J. F. Elphinstone	1811/03-1816/01	5 年 11 個月
G. T. Staunton	1816/01-1816/07	07 個月
T. J. Metcalfe	1816/07-1819/11	3 年 05 個月
J. B. Urmston	1819/11-1826/11	7 年 01 個月
William Fraser	1826/11-1827/12	1 年 02 個月
W. H. C. Plowden	1827/12-1830/02	3 年 03 個月
William Baynes	1830/02-1830/11	10 個月
姓名	任職大班期間	任期
Charles Marjoribanks	1830/11-1832/01	1 年 03 個月
J. F. Davis	1832/01-1832/08	07 個月
W. H. C. Plowden	1832/08-1834/01	1 年 06 個月

J. F. Davis	1834/01-1834/04	04 個月

資料來源：H. B. Morse, *The Chronicles*, vol. 2, pp. 193-194, 267, 357; vol. 3, pp. 26, 130, 242, 346; vol. 4, pp. 122, 144, 222, 324, 342; IOR/G/12/176, 1811/3/27, p. 63; G. T. Staunton to Lady Staunton, 1802/4/12.

大班通常也是廣州商館財庫鑰匙保管人之一。就資料來看，1807 年之前，商館財庫似乎均由「特選委員會」一同管理。[86] 此後，改由商館大班擔任司庫(treasurer)，另外指定一名非「特選委員會」貨監或書記擔任副司庫(sub-treasurer)，如 1815 年司庫為大班約翰・益花臣，副司庫是資深書記卜樓登，副司庫似乎並無財庫鑰匙，每當進出財庫時，需向大班或「特選委員會」成員借還。1826 年 1 月，擔任商館出納(cashier)已十年的華人阿富(A-fu)，疑似利用進入財庫的機會，挪用資金進行借貸，商館調查帳目後，雖無發現問題，但「特選委員會」決定採取更嚴謹的規範，往後人員進入財庫以及進行銀元和銀兩之間的秤重時，皆有專人全程監控。財庫每收入或支出一筆金錢，副司庫紀錄相關人員名單、數量、箱數等訊息存查，又，每二週至少一名「特選委員會」成員進入財庫抽驗。[87]

3. 特殊狀況處理方式

就東印度公司內部體制而言，「特選委員會」在華需執行董事會下達的訓令，但某些特殊狀況使命令窒礙難行，這些情形考驗著「特選委員會」的處置和智慧。

例如，有時印度總督區給予廣州商館的指示，和商館收到董事會訓令間相互抵觸，由於兩者在公司的位階都高出廣州商館許多，使「特選委員會」處於兩難之中。1799 年，印度大總督衛斯理苦於戰費問題，要求廣州商館將倫敦運華的現銀轉運加爾各答，後來因戰況改善，取消這項命令，董事會得知此事後，行文通知衛斯理「未來運給中國的白銀，無論印度方面有何用途，

---

[86] IOR/G/12/264, 1792/9/24, pp. 3-4; IOR/R/10/39, 1807/4/8, par. 18.

[87] H. B. Morse, *The Chronicles*, vol. 4, pp. 110-111; IOR/G/12/275, 1826/1/25, pp. 56-68.

不得據為己有」。但是，1800 年 2 月，衛斯理又提及印度目前財政拮据，急需現銀，由於過去印度一向提供廣州商館不少資金，要求「特選委員會」先將可用白銀運去加爾各答應急，「特選委員會」對此頗感困擾，稱「無論印度發生什麼狀況，運送商館財庫資金去（孟加拉）已違反董事會命令」。由於廣州商館收到信時，正值該年度廣州貿易季結束之際，「特選委員會」商議之後，決定先估算商館下年度需用的白銀數額，將剩餘的 50 萬元運去孟加拉，如此一方面顧及商館本身的資金需求，董事會得知後，應也不會苛責，一方面又給足印度大總督「面子」。

接著，1807-1809 年間，印度方面又急需資金援助，再度要求「特選委員會」援助白銀，「特選委員會」評估自身所需後，亦盡最大努力將可動用的資金運往印度各總督區。[88]

另一個例子則是 1808 年 9-12 月間英軍佔領澳門的事件，當時中英關係陷入緊張狀態，中國官方準備放火燒船、殺害英人等不利傳言四起，為安全起見，11 月 21 日，英國海軍在華指揮官 William O'Brien Drury (1754-1811) 要求「特選委員會」下令所有英國人、船兩日內離開黃埔，避免進一步衝突，商館職員除大班羅伯賜和一位秘書留下外，全數撤離，「特選委員會」並要求公司船隊的船隊長(commodore of the Company's ships) Milliken Craig (?-1820) 指揮公司船隻駛離。依據東印度公司規範，「特選委員會」在華具指揮公司船隻的權限，但大部份公司船長提出異議，表示此時船隻仍滿載貨物，加上又無引水人導引，船隻貿然駛出很可能擱淺，因此他們聯名去函「特選委員會」，表示無法服從此命令。[89]

面對船長們的不合作，羅伯賜告誡船長們若發生任何嚴重後果，他們需負起全責，他也會明確報告此事，認為董事會將嚴厲指責船長。此後，羅伯賜也持續要求公司船隻駛離黃埔，但大部份船長仍以航行危險為由，並未遵行，雙方僵持不下，直到 12 月底英軍自澳門撤退時，公司船隊都仍待在黃埔。

---

[88] H. B. Morse, *The Chronicles*, vol. 2, pp. 351-352; vol. 3, pp. 54, 76, 100-101.

[89] H. B. Morse, *The Chronicles*, vol. 3, pp. 89-91.

此一事例同樣反映商館高層執行訓令遇到的難處，或因情況特殊，之後董事會似乎也未深究此次公司船長不服指揮的情形。[90]

4. 書記和貨監升遷情形

廣州商館書記和貨監的升遷資格主要依據其工作年資，一般情形下，書記按年資排行升任至貨監，之後，再進入「特選委員會」。少數特殊情形下，東印度公司特別指派退休資深貨監再度來華，如 1803 年的蘭斯和 1810 年的布朗尼。有時獲得公司任命的商館書記，來華前會向公司申請保留職缺，小斯當東 1798 年被任命為書記後，向董事會申請延後一年來華，雖獲同意，但他在英期間無法列入年資。[91] 有時工作時間長短影響書記年資的排行，1806 年，詹姆斯・益花臣(J. D. Elphinstone, ?-?) 和卜樓登兩人同時申請商館書記，但卜樓登因事延遲一年來華，其排行便次於詹姆斯・益花臣一級。[92]

又，東印度公司中國書記的任命，通常要等到廣州商館職員實際出缺時，才由董事會派任。1810 年，曾有董事打算在商館職員尚未出缺情形下，預先指定兩名候選書記進入東印度學院，期間若有商館職員無法繼續任職，這兩名「候選」書記完成教育訓練後，直接前往中國，其他董事認為這項提議形同預先佔缺，不符公平原則，表達強烈不滿，之後公司雖勉強同意兩人來華，但需受滿東印度學院常規教育，並禁止以後再發生此情事。[93]

據敦奈的經驗，書記來華後至少要待滿三年，才能熟練地處理各種生意上的往來。另一位職員厄姆斯頓則認為僅熟悉茶葉買賣即需兩到三年的時間，其他貿易相關事務，同樣也需幾年實務經驗。[94]

---

[90] IOR/G/12/164, 1808/12/6, pp. 62-63, 1808/12/13, p. 83.

[91] IOR/B/128, 1799/1/23, p. 805.

[92] IOR/R/10/38, 1806/4/9, par. 19-20.

[93] IOR/B/150, 1810/1/12, pp. 1227-1228.

[94] The House of Lords ed., *Report from Select Committee of House of Lords Appointed to Inquire into the Present State of the Affairs of East India Company, and into the Trade between Great Britian, East Indies and China (London:* House of Lords*, 1830)*, pp. 351, 443-444.

表 3-4　1815 年廣州商館職員（書記和貨監）資歷表[95]

	任職商館起迄	晉陞貨監	進入「特選委員會」
以下是至 1815 年時已任職滿二十年			
T. C. Pattle	1788-1815 (28)	1795 (08)	1805 (18)
J. F. Elphinstone	1794-1816 (23)	1800 (07)	1807 (14)
Joseph Cotton, Junior.	1796-1819 (24)	1802 (07)	1816 (21)
以下是至 1815 年時已任職滿十年			
G. T. Staunton	1800-1817 (18)	1805 (06)	1814 (15)
T. J. Metcalfe	1800-1819 (20)	1805 (06)	1815 (16)
J. B. Urmston	1800-1826 (27)	1805 (06)	1816 (17)
James Molony	1802-1822 (21)	1806 (05)	1817 (16)
J. T. Robarts	1803-1825 (23)	1810 (08)	1821 (19)
William Fraser	1803-1827 (25)	1812 (10)	1819 (17)
F. H. Toone	1805-1826 (22)	1814 (10)	1819 (15)
William Bosanquet	1806-1821 (16)	1814 (09)	1820 (15)
以下是至 1815 年時任職未滿十年			
W. H. C. Plowden	1806-1834 (29)	1815 (10)	1824 (19)
William Baynes	1807-1834 (28)	1816 (10)	1828 (22)
Charles Millett	1810-1834 (25)	1818 (09)	1826 (17)
James Bannerman	1813-1834 (22)	1819 (07)	1828 (16)
Charles Marjoribanks	1813-1834 (22)	1821 (09)	1827 (15)
J. F. Davis	1813-1834 (22)	1822 (10)	1827 (15)
J. F. N. Daniell	1815-1834 (20)	1823 (09)	1830 (16)

資料來源：H. B. Morse, *The Chronicles*, vol. 3 and vol. 4, passim; IOR/G/12, passim; IOR/R10/33-62, passim.[96]

---

95 關於商館職員任職記錄，IOR/R/10 系列和 IOR/G/12 系列的記載最直接可信，其他材料如《東印度職員錄》和商館人員實際進出情形略有出入。故表中對商館職員年資的計算，如能找到確切來華年份，將以其為準，若無才以《東印度職員錄》為依據。

96 上表括弧內數字表示累積年份，如 1795 (07)表示要花 7 年陞任到貨監，其他依此類推。

由表 3-4 可知，廣州商館的書記和貨監通常都任職相當久才退休回英，1815 年每人平均服務年資約 23.2 年，人員流動率低，也反映這類職缺的「搶手」程度。再者，雖然升遷快慢因個人工作能力和職缺多寡有所差異，但從該表可看出，約自 1801 年小傅拉索開始，人事升遷速度變得較為緩慢。在小傅拉索之前進入商館的書記，平均工作約 6.7 年後升上貨監；而他之後的書記，卻要花上約 9.5 年，差距為 2.8 年。更後期的書記，升遷速度更慢，1817 年進入商館工作的羅賓遜(G. B. Robinson, 1797-1855)，當了十三年基層書記後，1829 年才終於升上貨監，顯見差距之大。[97] 一些 1820 年代末進入商館的書記，當商館 1834 年結束營運時，甚至還未能當上貨監。

書記升任貨監的緩慢，也連帶拖長他們進入「特選委員會」的時間，之所以造成這種現象，和廣州商館人員編制的規定以及職員平均服務年資有關。1796 年，董事會決議往後商館貨監人數固定於十二位，不再增加，加上多數貨監在商館任職長達二十餘年，這種情況下，越晚進入商館的書記，其升任貨監便可能至少需花十年以上的時間。

二、商館組織分工——「技術性雇員」

(一) 中文翻譯員與「中文教師」

1. 中文翻譯員

十八世紀下半葉，廣州已是一國際性大港口，歐洲各國商人紛紛來此貿易，對廣州商館職員來說，掌握更多當地語言，尤其是中文，自然有助商務進行。自 1780 年代後期中英貿易量大增後，英人在華即缺乏優異的中文人才，這對與清廷或行商的溝通帶來許多不便。每當商館需要翻譯時，只能請

---

[97] IOR/R/10/56, 1828/4/2, par. 10; IOR/R/10/57, 1829/4/1, par. 7.

託其他人士幫忙，如法國駐廣州「代表」的翻譯 J. C. F. Galbert (?-?)，或葡萄牙籍神父柔瑞國(Padre Roderigo, ?-?)等，[98] 商館缺乏中文人才的窘境，直到小斯當東來華後才獲得改善。

小斯東於 1800 年抵華，他出於外交抱負等考量，十分積極地學習中文，該年商館非貿易季在澳門時，自費聘請一位中文教師 Michael Ko，每天固定約花兩小時於會話和閱讀，並時常翻譯《邸報》和官方告示等，中文能力與日增進，當中英發生衝突或商館需要翻譯官方文書時，提供商館許多信實的資訊。[99] 如在 1800 年 2 月天帝號(The *Providence*)糾紛裡，[100] 董事會和「特選委員會」皆肯定他的表現。小斯當東來華後不久，自認所擔任的翻譯、口譯等工作，實際上與正式翻譯員無異，因此要求董事會加聘他為翻譯員，但卻無下文，對此頗為失望。[101]

但在 1807 年的海神號(The *Neptune*)事件裡，小斯當東優異表現讓董事會更加體會到翻譯人員的重要性。[102] 此事件發生於該年 2 月底，幾艘英船水手去廣州遊玩時，因細故與華人嚴重鬥毆，其中海神號水手特別暴戾，數日後，一名中國人廖亞登(Leau A-Ting)傷重死亡，期間粵海關監督以暫停貿易、威脅逮捕海神號船長等方式，要求商館交出兇手，4 月初，英方爭取在商館大廳舉行審訊，事件結果是判罰疑兇 Edward Sheen (?-?)約 12 兩。海神號事件是繼 1784 年英人港腳船 *Lady Hughes* 號事件後，另一起嚴重命案，該年 *Lady Hughes* 號砲手施放禮炮時，誤殺華人，不久中國官方誘捕該名砲手，隨即絞

---

[98] 參見 S. R. Stifler, "The Language Students of the East India Company's Canton Factory," pp. 46-51. Galbert 約於 1789 年去世，該文亦提及 1793 年前商館所雇用精通或略通中文的人士，如 1750 年代的洪任輝(James Flint)。此時法國或美國的文獻中，常提及他們駐在廣州的代表為「領事」(counsul or consul)，但清廷文獻中則為「夷官」或「夷目」，故在此以駐華「代表」稱之。

[99] IOR/G/12/131, 1800/8/6, par. 27; 游博清、黃一農，〈天朝與遠人〉，頁 8-10。

[100] 天帝號是英國海軍 *Madras* 號的接駁小船，1800 年 2 月 11 日深夜，該船發現有小艇意圖割斷其纜繩，隨即開火，誤傷一名中國人。不久，中英雙方在廣州城內商議如何解決此事，參見 H. B. Morse, *The Chronicles*, vol. 2, pp. 337-338, 340.

[101] L. L. Spivey, "Sir George Thomas Staunton," pp. 47-48.

[102] H. B. Morse, *The Chronicles*, vol. 3, pp. 26-53.

死，相較起來，此次事件，商館顯然獲得較有利的審判，期間小斯當東翻譯和口譯的工作，明顯有助商館爭取權益。

1808 年 2 月，董事會信中強調小斯當東在此事件的作用：

> 我們強烈感受到小斯當東爵士對商館的重要性，他信實地傳達商館意見給中國官員。若不是他，我們相信事情不會如此落幕。因為當意見觸怒官員時，通事或行商都不敢直接地表達。……[103]

引文明白指出和官方往來時，商館翻譯人員和一般通事或行商的差異所在，由於小斯當東的傑出表現，隨後，董事會宣布增聘他為商館的中文翻譯員，每年公司額外給予 500 鎊的酬勞。

除小斯當東外，另一位受廣州商館倚重的中文翻譯是馬禮遜。他於 1807 年 9 月來華，努力學習中文，很短期間內頗有成效。小斯當東於 1808 年初至 1810 年 4 月間回英休假，[104] 然而，1808 年 9-12 月間，英軍繼 1801 年後第二度攻佔澳門，商館因此需和廣東官方頻繁交涉，但小斯當東休假情形下，商館缺乏翻譯，過程中使商館大班羅伯賜頗感狼狽，在「無計可施」情況下，馬禮遜適時翻譯許多文件，改變商館高層的印象。

1809 年 2 月，羅伯賜不顧馬禮遜傳教士的身份，未事先知會董事會，決定破例聘請他擔任中文翻譯員，年薪 500 鎊。董事會事後雖勉強答應這項人事任命，但要求小斯當東銷假來華後，商館即應解除馬禮遜中文翻譯員的資格。[105] 往後中英間的一些重大衝突，例如，1810 年黃亞勝事件裡，「特選委員會」往往透過馬禮遜的翻譯和口譯，得以和廣東當局進行直接和即時的溝

---

103 IOR/R/10/39, 1808/2/26, par. 46-47.

104 G. T. Staunton, *Memoirs*, pp. 39-41; Anthony Farrington, *Catalogue of East India Company Ship's Journals and Logs, 1600-1834*, p. 593. 小斯當東來華後，1806 年時，英人曼寧(Thomas Manning, 1772-1840)亦來華學習中文多年，甚至參與阿美士德使節團，但他並非商館職員。

105 蘇精，《馬禮遜與中文印刷出版》，頁 86-87；蘇精，《中國，開門！》，頁 46-47。

通和聯繫。[106]

又，1810 年代初，在馬禮遜中文班定期開課教學下，廣州商館也陸續培養幾位中文能力不錯的職員如德庇時、覓加府、敦奈、班納曼等人，他們的語言能力也不時派上用場，例如，1814 年 10 月，商館和廣東官方發生嚴重爭執，「特選委員會」授權小斯當東為代表前往廣州協商，陪同他的不是馬禮遜，而是德庇時和覓加府。1817 年，德庇時、敦奈、班納曼三人亦被董事會賦予中文翻譯員的稱號，每年額外給薪 100 鎊。[107]

2.「中文教師」

商館為加強職員的中文能力，也數度想聘任具備教授中文知識的教師，有效方式之一是直接聘請當地華人。1793 年初，「特選委員會」打算趁非貿易季在澳門時，聘請一位華人為教師，教商館職員中文，職員學習意願頗高，計有三名貨監和二名書記報名，茶師亞瑟(Charles Arthur, ?-?)亦表達興趣，「特選委員會」考量之後，決定先派三位資深貨監學習。當時官方禁止華人教授外國人中文，該名華人教師擔心遭人密告，不願至公司在澳門的商館進行教學，「特選委員會」遂讓三名貨監偷偷乘坐轎子，到該名中文老師住所學習，接下來數個月學習中，貨監司巴克(George Sparkes, ?-?)覺得太困難而放棄，由書記羅伯賜接替，同年年底，商館寫給董事會的報告提到巴特爾和羅伯賜兩人的中文能力頗有進展，但或壓力太大，該名教師很快地就無教學意願。1795 年，商館帳冊上記載付給一名華人中文教師 1,000 元的薪資，折合約七百兩，金額並不低，或即是該名華人教師的報酬。[108]

此後，商館似乎再無聘任中文教師的舉措，直到 1810 年，「特選委員會」一方面聘任馬禮遜當中文翻譯員，也加聘他為商館「中文教師」。馬禮遜為商

---

[106] IOR/G/12/170, 1810/2/1, p. 11, 1810/2/6, p. 14, 1810/2/10, p. 21, 1810/2/15, p. 39.

[107] H. B. Morse, *The Chronicles*, vol. 3, pp. 209-210, 259, 327.

[108] H. B. Morse, *The Chronicles*, vol. 2, pp. 209, 266; IOR/G/12/264, p. 137, 1793/4/18, p. 146, 1793/4/24, pp. 148-149, 1793/12/22, par. 16.

館工作生涯裡，除 1816 年參加阿美士德使團，1823 年到訪麻六甲，及 1824-1826 年回英國之外，長期擔任中文教師，直到去世，計有十九年。中文班剛開始時，參加人數並不多，第一班上課學生僅有五位，據統計他在華時，學中文學生共計二十三名，其中二十一人是商館職員。[109]

蘇精先生對於馬禮遜擔任商館「中文教師」期間，學生上課方式、學習成效、可能使用的教材、中文班的規模、獎勵措施、董事會對中文班的態度等均有仔細研究。實際上，馬禮遜任職廣州商館期間，其地位並非十分穩固，董事會多次想將其逐出商館，幸好商館成員求情才留下。[110] 故他在編纂中文教材內容時，應多少要顧及商業的需求，以凸顯自己對商館的「用處」，筆者閱讀馬禮遜著作時，發現不少與日常貿易相關題材，內容均淺顯易懂，而且，許多和當時廣東貿易有關。

例如，他在 1816 年的《中文對話與短句》(*Dialogues and Detached Sentences in the Chinese Language*)裡便編寫了許多商貿的對話，包含貿易的過程、細節、商品等。該書第一則對話是〈店主與訪客〉(With a Shopman and Visitor)，第二則是〈茶商〉(With a Tea Merchant)，這兩則對話除了客套寒暄外，亦可知道當時中外貿易的一些概況。第十則的〈買辦〉(With a Compradore) 和第十一則的〈通事〉(With a Linguist) 都是商館職員時常接觸的華人。

在貿易商品方面，第六則的〈僕人〉(With a Servent)與第七則的〈比較茶葉等級〉(Example of the Degrees of Comparison)都與茶葉貿易有關；關於棉花是第九則和第十三則的〈棉花〉(Respecting Cotton)，[111] 絲貨買賣有關的是第十四則的〈買絲〉(On Purchasing Silk)。

其他相關的對話，還有第八則的〈船〉(Respecting a Ship) 和第二十三則的〈著火的船〉(Burning of a Ship)，如〈船〉的對話是：

---

[109] 蘇精，《中國，開門！》，頁 45、48-49。

[110] 蘇精，《馬禮遜與中文印刷出版》，頁 82-84。

[111] 這兩則名稱相同。

> A. 昨天來到的船是哪一國的？ B. 是英吉利國的。 A. 在哪裡灣泊？ B. 在十字門灣泊。 A. 我見那一隻船是大得狠，而且又大又好看。但不知他走得快麼？ B. 我聽說他走得慢。 A. 我看那一隻船的尺寸不對。 B. 為什麼緣故？ A. 為因那隻船寬過分。……[112]

《中文對話與短句》總計有三十一則對話，關於商業貿易的主題即有十一則，附錄則介紹各式度量衡的換算方法，以及商館寫給官府或行商稟帖、拜帖的形式。馬禮遜編寫這些對話的目的，明顯是為了商館中文班學生的切身需求，讓他們在實際貿易時能派上用場。[113]

(二) 茶師

1784 年〈折抵法案〉後，中英茶葉貿易量大增，茶葉逐漸成為廣州商館最重要的一項貿易商品，但隨著交易量的增加，商館貨監在茶葉品評、包裝、秤重、紀錄等方面也產生許多問題。1789 年，董事會因商館貨監評鑑茶葉的不準確及包裝錯誤，虧損不少錢，因此決議隔年起，嘗試在商館派駐一名茶師。[114] 實際上，和設立茶師目的相類似，董事會在印度也設有鴉片檢驗師 (inspector of opium)，專門負責檢驗鴉片品質。

首任來華的茶師是亞瑟，董事會原先打算只讓他待在中國三年，評估設置茶師的成效，再決定是否繼續派任。亞瑟來華首要工作之一，便是準確地品評茶葉，他任職廣州商館前，曾在倫敦茶葉銷售商行號中工作，當時這些銷售商評鑑茶葉已達到相當細緻的程度，或藉此經驗，亞瑟來華後不久，便替商館建立一套評鑑茶葉的制度，更仔細地劃分同一種類的茶葉。如紅茶裡

---

112 Robert Morrison, *Dialogues and Detached Sentences in the Chinese Language, with a Free and Verbal Translation in English* (Macao: The Honorable East India Company's Press, 1816), pp. 72-74.

113 Robert Morrison, *Dialogues and Detached Sentences in the Chinese Language, with a Free and Verbal Translation in English*, pp. 1-17, 68-86, 98-103, 178-184, 242-243.

114 IOR/R/10/34, 1790/5/18, par. 44-45.

小種(souchong)茶的好壞程度，從最差的普通(ordinary)到最高的中上(middling good)，即有多達十一種的差別，此後至1834年商館裁撤為止，商館評鑑茶葉等級大致都採用此方式。又，董事會之所以選任亞瑟來華另一個考量，或是他先前在茶葉經銷商行號工作的經驗，使其較瞭解英國大眾的茶葉消費習性和愛好，有助於商館挑選迎合英人口味的茶葉。[115]

亞瑟來華後隨即參與商館檢驗茶葉相關流程，並扮演重要角色。當茶葉從產茶區送達廣州後，此時行商從各種「字號」(chop)茶葉選出「樣茶」(muster)，接著送至商館茶葉倉庫裡，之後交給茶師品評，此時商館和行商暫定一成交價格。當茶箱準備裝上船前，中英雙方進行秤重，茶師再隨機抽查每個「字號」的茶箱，有一說法是每二十箱(chest)抽檢一箱，若覺得此次抽樣品質低於前次的「樣茶」，會建議減價收購，甚至拒收；若優於前次的品質，則增加價格，但一般而言，減價情形居多。[116] 然而，茶師品評茶葉等級與定價僅是參考，價格最終決定權仍操之於「特選委員會」，不過，大部份情形「特選委員會」都尊重茶師的專業判斷。

東印度公司除在廣州商館設有茶師之外，在倫敦亦有專門的茶師或檢驗員，負責複驗每年從中國運回的茶葉。1793年起，董事會也規定，商館在廣州檢驗的「樣茶」，需標示清楚所屬茶種的「字號」，隨船運回英國備查。[117] 董事會藉由上述分次、多重的檢查方式，確保公司在華購買的茶葉品質。

每年東印度公司也會匯整倫敦茶葉經銷商各種茶葉評價，將其寄給廣州商館，這些獨立於公司之外的經銷商，大都有多年品茶經驗，他們的意見可反映消費市場對各種茶葉的喜好或變化，有助商館「特選委員會」和茶師往

---

[115] IOR/R/10/34, 1790/5/18, par. 46-51；Hoh-cheung Mui and L. H. Mui, *The Management of Monopoly*, pp. 38-39.

[116] 陳國棟，《東亞海域一千年》，頁343-344；John Phipps, *A Practical Treatise on the China and Eastern Trade* (Calcutta: Printed at the Baptist Mission press, 1835), pp. 73-74. 紅茶每個「字號」約有600箱，綠茶每個「字號」約有50-300箱不等。

[117] IOR/R/10/35, 1793/6/20, par. 8.

後採購和議價時參考。

廣州商館向行商採購茶葉的方式大致有三類：首先是「合約茶」，每年「特選委員會」在上一個貿易季結束後不久，通常是 3 月或 4 月，事先估計下一年度所需茶葉量，並和行商簽訂合約；其次，每年貿易季結束後，廣州商館通常會再購買當季行商或產茶區茶商手頭上未銷售完的茶葉，供下一年使用，稱為「冬茶」，「冬茶」因為多存放一年，以致茶味變淡，綠茶尤其比紅茶明顯，因供過於求及存放時間較久等因素，商館購買「冬茶」時，通常可以獲得很大折扣，如 1815 年功夫茶「合約茶」的成交價格約為每擔 28-29 兩，「冬茶」則僅需 20-21 兩。一般來說，公司從「冬茶」獲得的利潤也比「合約茶」來得高；第三種則是「現貨茶」，指的是當「合約茶」和「冬茶」的數量不夠裝滿該年度公司來華船隻時，商館在市場上向行商現買的茶葉。[118]

茶師除品評茶葉等級工作外，也需檢驗茶箱裡是否參雜其他雜質，因當時檢查茶葉採取抽檢方式，故部份行商為增加重量，或在茶箱加入鐵屑，或是在茶箱下層用垃圾魚目混珠，逃避檢查，故茶師陸續採用秤重比較、磁鐵等方法找出有問題的茶箱。[119] 董事會原先希望亞瑟來華後，能有效降低廢茶、壞茶數量，雖然認為他已減少部份茶箱包裝錯誤或欺瞞的情形，但因每年茶葉交易量日漸龐大，商館裝箱茶葉達數十幾萬箱之多，不可能逐箱開驗，使預先檢驗出壞茶或受損茶的數量有限，只能藉由事後發現，向行商索賠。[120] 對於亞瑟的工作，董事會大都表示非常滿意，認為明顯有助提升茶葉品質和售價。[121] 相較於此時期美商來華並無專門茶師品評茶葉，廣州商館設立茶師之舉，的確有助於提升購茶品質。

亞瑟之後，1816 年之前，商館另有三任茶師，分別是班蕭(Henry Bagshaw, ?-1803)、拉金(Edmund Larkin, ?-1830)和波爾，原先也都是替倫敦茶

---

[118] 陳國棟，《東亞海域一千年》，頁 338-340; IOR/R/10/39, 1808/2/26, par. 74. 一擔約等於 133 磅。

[119] K. F. A. Gützlaff, *China Opened* (London: Smith Elder and Co., 1838), vol. 2, p. 132.

[120] Yang-chien Tsai, "Trading for Tea," p. 283.

[121] IOR/R/10/35, 1792/3/15, par. 28-29.

葉銷售商工作，後由董事會高薪挖角。其中，波爾在歷任茶師裡服務最久，計有二十二年。此外，1805 年起，公司決定在商館增設一名助理茶師，協助茶師，首位即是波爾，下一任助理茶師則是老李富士，他的背景和前幾任茶師較為不同，於 1789 年開始從事茶葉經銷商工作，1808 年開始進入東印度公司服務，擔任公司在倫敦的茶師，1811 年才來華。[122]

從亞瑟到波爾之間，董事會陸續調整對茶葉的各項要求，如 1810 年，要求往後「特選委員會」購買的茶葉，品質最好都能達到「僅達中等」(but middling)的水準，這是上述茶葉十一等品評標準裡排行第七者，反映董事會不希望「特選委員會」購買太差的茶葉。[123]

我們從茶師替東印度公司節省的購茶成本，或可衡量其職缺的「價值」。例如，波爾在 1816 年 1 到 2 月間，檢查約二十個「字號」(Chop)的各種茶葉，認為其中 75 % 不符「樣茶」標準，因而每擔（一百斤）減價一到三兩，甚至退回行商潘長耀 Heng Wo「字號」的功夫茶，僅提高餘下「字號」的價格，經其品評後，公司減少支付行商的金額約 5,137 兩（1,712 鎊）。[124] 上述茶葉數量僅約是 1815 年度公司三艘來華船隻的裝載量，若依照比例推估，該年度波爾或許幫公司省下 13,000 鎊的購茶成本，對照公司付給他的 2,500 鎊年薪，和其他小額生活津貼，董事會設立茶師的盤算可謂相當值得。

波爾除了茶師工作外，也頗為重視中英貿易的經濟問題。他於 1816 年之前，完成一本名為《在華開闢第二口岸之議》(*Observation on the Expediency of Opening a Second Port in China*)的小書，稱該書是長期思索與努力的結果。1816 年 8 月，他主動向「特選委員會」請求利用澳門的印刷機印製此書，「特選委員會」衡量該機器正處於閒置狀態，同意並命印工湯斯(P. P. Thoms, ?-?)

---

[122] Hoh-cheung Mui and L. H. Mui, *The Management of Monopoly*, pp. 38-39; The House of Commons ed., *Report from the Select Committee on Tea Duties* (London: House of Commons, 1834), p. 1.

[123] Yang-chien Tsai, “Trading for Tea,” pp. 285-286.

[124] IOR/G/12/199, pp. 100-102, 110, 112, 115-116, 118; IOR/G/12/201, 1816/1/25, p. 29, 1816/2/5, p. 48, 1816/2/9, p. 60, 1816/2/19, p. 70.

印刷三十本送回董事會。[125]

書中波爾初步分析東印度公司進出口貨物的市場網絡、消費區位，認為綠茶、生絲和南京布等出口貨物，最適合從杭州府出口，加上此地頗為富庶，亦有利銷售商館進口貨物。[126] 就消費需求、貨物產地而言，廣州地理位置並不優越，因為進口貨主要消費市場在「北方」，[127] 如蘇州、杭州、漢口、南昌等地；另一方面，商館主要出口貨的茶葉，則產於福建和安徽一帶，廣州離這些區域過遠，以致運輸成本大增。綜合考量消費需求、節省運費等因素後，認為公司如要在「北方」開發第二個港口，最具優勢的是福州。一方面武夷山的紅茶運到福州府的運費比以往走陸路到廣東節省約 15%，估算達 48 萬兩；又福州到中國南方經濟消費能力較強地區，如杭州、蘇州等地的距離，也較廣州來得近許多。[128]

《在華開闢第二口岸之議》印刷的前幾年，正值福建、安徽一帶茶商改變以往陸運方式，轉以海路運茶，兩者之間，或有一些關連。不久，董事會讚揚波爾的小書，1817 年 3 月給廣州商館訓令裡，也希望往後繼續採取海路運輸，節省運費和沿途關稅。[129] 但是，中國方面，兩廣總督蔣攸銛上奏認為，若從海路運茶至廣州，雖然對課稅影響並不大，但卻可能使客商和夷商在沿海島嶼交易，逃避稅收，同時茶葉數量太多，海關稽查不易，增加走私機會，清廷遂決定自嘉慶二十三年(1818)起，禁止茶葉海運，對中國商人和東印度公司來說，這項政策都犧牲一條便利和節省成本的商路。[130]

1825 年，波爾退休返英，隔年董事會原先決定縮減商館茶師的員額，僅需一位，並打算用獎勵金的方式，讓商館具驗茶知識的職員負擔波爾遺留下

---

[125] IOR/G/12/202, 1816/8/8, p. 153. 該書封面的日期為 1817 年，應為完成印刷後的初版。

[126] Samuel Ball, *Observation on the Expediency of Opening a Second Port in China* (Macao: East India Company's Press, 1817), p. 13.

[127] 此處的「北方」應泛指廣州以北區域，而非中國地理上傳統的北方。

[128] Samuel Ball, *Observation on the Expediency of Opening a Second Port in China*, pp. 7-8, 31.

[129] H. B. Morse, The Chronicles, vol. 3, pp. 313-314.

[130] 陳國棟，《東亞海域一千年》，頁 291。

來的工作，並就此徵詢「特選委員會」的意見。敦奈認為商館目前除助理茶師外，尚無任何職員具備足夠知識品評茶葉，且其他有意學習的職員，也很難期望他們在未來三、四年內勝任茶師的工作，其他委員也表達類似意見，一致認為兩位茶師的編制是必需的。不久，1828 年董事會派老李富士的兒子小李富士(J. R. Reeves, 1804-1877)來華擔任助理茶師，維持兩位茶師的員額至 1834 年(商館茶師任職起訖，參見表 3-8)。[131]

(三) 醫生

據研究，東印度公司有三類醫生：船醫、商館醫生，以及印度殖民地的軍醫。廣州商館自 1775 年起即配置醫生一職，董事會雖有任命商館醫生的權力，但當時中英訊息聯繫往往需要一年以上，故許多時候都是「特選委員會」基於實際需要，就近補用公司來華船醫為醫生，再呈報董事會同意。據估計，1775-1833 年間商館醫生和助理醫生計有十三位，至少八名原是公司船船醫，另有兩名商館醫生卸任後改任船醫。[132]

廣州商館醫生的職責當中，照顧商館職員及其眷屬的健康是最重要的工作之一。對英人而言，廣州氣候非常炎熱，不少職員常因此生病請假，甚至在華過世，當職員告假回英時，商館醫生必須開立證明，職員請假證明單裡，不適應中國氣候往往是主要理由。皮爾遜描述每年廣州最適合歐洲人居住的期間，僅有冬季的 12 月中旬到隔年 2 月底，至於澳門，冬季東北季風常使體弱或患有間歇性疾病的人感到不適。[133]

1815 年商館大班約翰・益花臣就因健康出現問題，申請回英休假，皮爾遜開立的證明如下：

---

[131] IOR/G/12/236, 1826/11/12, pp. 279-282.

[132] 蘇精，〈英國東印度公司與西醫來華〉，頁 45-48。

[133] Anders Ljungstedt, *An Historical Sketch of the Portuguese Settlements in China* (Boston: James Munroe & Co., 1836), pp. 201-202. 1810 年代初，商館在華過世人員計有 1813 年的羅伯賜、1814 年的布蘭斯頓、1815 年的巴特爾。

> 約翰・益花臣先生，在慢性痢疾情形下，已經工作好幾年，特別是待在中國時更容易復發，……他長期受微弱身軀和健康不佳所苦，我想在這種情況下，十分建議回到歐洲，也是必須的。[134]

除此之外，該年書記米列特也因長年身體不舒服請假回英，「特選委員會」也批准之。[135]

一些特別情況裡，商館醫生也替公司船隻、港腳船隻或「孟買海軍」(Bombay marine)的船長、船醫開立病假證明，[136] 1810 年，「孟買海軍」羚羊(The *Antelope*)號船長馬漢(Philip Maughan, ?-?)在華時，身體感到不適，打算回英修養，由皮爾遜開立證明，接著「特選委員會」准許其就近搭乘公司船隻回英。[137]

此外，定期與印度各總督區的醫藥部(The Medical Board)或醫生聯繫也是商館醫生職責之一，他們負責運送廣東當地特有的一些藥材到印度各地，供軍隊使用或其他醫療用途，1815 年商館《日誌》裡，即有過去兩年皮爾遜購買藥材送去孟買總督區的紀錄，包括大黃、樟腦、麝香(musk)等，此外亦有他替東印度公司來華船隻及「孟買海軍」船隻購買醫藥用品的記載。[138]

自 1793 年後，商館每年固定編制兩名醫生，其中一人是助理醫生，兩人照顧商館上下約百人的健康，可說是綽綽有餘，其遂將目光投向廣州當地華人社會，在商館及董事會贊助下，從事人道醫療活動及傳播近代西方醫學知識。

---

134 IOR/G/12/200, 1816/1/8, p. 110.

135 IOR/G/12/200, 1815/12/16, pp. 65-66.

136 公司最早在印度發展時，在孟買組織隸屬公司本身的武力船隊，稱為「孟買海軍」(Bombay Marine)，後沿用此名稱。參見 Peter Auber, *Supplement to an Analysis of the Constitution of the East India Company* (London: Kingsbury, Parbury and Allen, J. M. Richardson and Harding and Co., 1828), pp. 51-53.

137 IOR/G/12/174, 1810/11/10, pp. 75-76; 1810/11/24, p. 116.

138 IOR/G/12/199, 1816/1/15, p.99, 1816/2/1, p.104; IOR/G/12/200, 1815/11/16; IOR/G/12/201, 1816/1/25, p. 37.

一個例子是牛痘技術和知識的傳播，廣州商館醫生當中，皮爾遜是介紹、推廣牛痘疫苗來華的重要人物之一，1805 年，他開始免費地廣州、澳門當地華人接種，並曾寫作短文，後由小斯當東等人翻譯成《英吉利國新出種痘奇書》，傳播牛痘效用，此後，種植牛痘的工作仍持續進行著，皮爾遜並教導華人學習此技術，期間雖發生兩次痘苗斷絕情形，但都從國外繼續傳播痘苗來華。[139] 1810 年代，來華美商地爾登記載他在廣州時目睹皮爾遜施種牛痘的情形：「目前這個議事堂（指行商公所）發揮最好的作用，……在廣州官員允許下，皮爾遜得以人道關懷的目的，每逢週一，不分階級地免費替民眾施打天花疫苗」。[140]

三、休假規定

由於商館員額編制並不充裕，若職員休假過於頻繁，商務勢必無法正常運作，故董事會陸續針對中國的情形，制定特別的規範。以休假地點而言，商館職員休假大致分為（一）回英；（二）前往公司其他屬地兩種情形。又，休假規定亦涉及商館職員佣金、薪酬的支領，將於下一節詳細討論。

關於前者，首先，依董事會 1789 年 4 月的規定，商館職員每次回英休假，從抵達英國後起算，最多不得超過兩年。[141] 其次，1796 年 4 月，董事會宣布，往後商館中低階貨監回英休假方式將有重要改變，要求商館「每年固定至少派「特選委員會」底下一至兩名貨監回英，他們休息之餘，也需回報中國當地的商貿資訊，並學習驗茶技術，更深入認知各類茶種」。[142] 此舉或是

---

[139] 蘇精，〈英國東印度公司與西醫來華〉，頁 52。

[140] 蘇精，〈英國東印度公司與西醫來華〉，頁 52-59; B. P. Tilden, *Ship Canton First Journal of China, 1815-1816*, p. 121.

[141] IOR/R/10/35, 1794/4/16, par. 16.

[142] IOR/B/122, 1796/4/6, p. 1506; IOR/G/12/178, 1811/12/28, p. 168.

希望每年商館除定期書面報告外，貨監也能提供董事會一些無法用文字表達的看法或感受。小斯當東著作裡亦提到董事會和商館回國休假職員當面溝通的好處，並說商館職員的休假雖不算頻繁，但董事會考量英人長住中國的諸多不便，使中國職員的休假規定較印度來得寬鬆。[143]

然而，早期商館人員申請病假回英的理由，與所附的醫生證明過於簡略，1807 年起，董事會明令此後商館醫生出具的病假證明，需詳細說明病況，另外，還要加上商館大班的副署簽名，藉由雙重保證，降低蓄意欺瞞的可能性。[144] 1808 年 2 月，董事會亦規定往後「特選委員會」成員，若事先未獲得董事會准許，擅自返英，將被視為自動離職，且不得再來華。[145]

上述第二種前往公司其他屬地休假的情形，似較晚才實施，原先董事會規定每年廣州貿易季結束後，商館職員仍需待在澳門，直到 1804 年後，才允許職員去印度、東南亞或澳洲等地短期休假。最先個案或是 1802 年 11 月時，覓加府因健康不佳，在商館醫生建議下，「特選委員會」同意他去印度孟加拉調養身體；另一位職員曼尼(Robert Money, ?-?)也同樣因健康問題獲准前往孟加拉，兩人並保證下年度廣州貿易季開始前回到中國。「特選委員會」事後向董事會報告，認為「雖然違反一般的規定，……但應該不會受到責罵」。[146] 1803 年 11 月，董事會決議，為增進商館職員們的身心健康，同意取消之前禁令，並授權「特選委員會」，以後職員們如有需要，可就近向商館高層提出申請，獲准者可趁該年度廣州貿易季結束後的空檔，至公司其他屬地短期休憩，下年度貿易季開始前抵華即可。[147] 往後年份屢屢見到商館職員於非貿易季時，前往印度、好望角或聖赫勒娜島度假的事例。[148] 這項措施可謂頗有彈性，既

---

[143] G. T. Staunton, *Miscellaneous Notices Relating to China, and Our Commercial Intercourse With the Country, Part the Second* (Havant: private circulation only, 1828), pp. 156-157.

[144] IOR/G/12/162, 1808/1/7, p. 9.

[145] IOR/B/156, 1808/2/5, p. 1221.

[146] IOR/G/12/142, 1802/11/27, p. 113.

[147] IOR/R/10/37, 1803/11/23.

[148] IOR/G/12/200, 1816/1/2, p. 104.

不妨礙對華商貿的進行，也可適度減輕公司人員在華的工作壓力。這類休假因未造成公司對華貿易的損失，商館職員仍享有正常的薪資。

每當廣州商館職員休假回英時，是否有接替工作的人選亦是一件重要的事。商館貨監和書記，因人數較多，故休假時，一般均有接替工作之人。1793年，董事會任命當時已在華的克里克頓(James Crichton, ?-?)擔任助理醫生，[149] 自此廣州商館醫生建立起代理人制度；茶師方面，自 1805 年波爾來華擔任助理茶師後，亦有輪替人選。中文翻譯員方面，則由小斯當東、馬禮遜和德庇時等人輪流接替。因此，約 1808 年後，商館各種職位若遇空缺時，都有代理人選，可維持商館正常運作。

四、薪資與福利

每年廣州商館各項支出裡，人事薪酬往往是比例最高者，如 1823 年商館各項花費總計約 108,221 鎊，付給職員的薪資共 78,552 鎊，佔約 73 %。對董事會而言，當商討廣州商館人員的薪資和福利時，需一併考量許多相關問題和慣例。例如，商館各類職缺編制，多少人員才恰當？如何依照職缺重要性和工作內容，決定支薪多寡？一些特殊情形如人員休假、去世時，薪水如何計算？為免與公司利益衝突，是否開放商館職員從事「個人貿易」等。[150] 相對地，對有意來華替公司工作的英人來說，薪水多寡、福利優渥和當地生活舒適等，往往也是他們最關心的議題之一。

在不同時期裡，主僱雙方針對上述問題經過多次商議、陳情與調整，前後數度更動，從這幾次改變一方面可看出先前規定的缺漏不足之處，也可知長期下來，董事會如何試圖在商館經營成本、利益和職員工作報酬間，尋求

---

[149] IOR/R/10/35, 1793/5/16, par. 2.

[150] 本節和下一節所指「個人貿易」係指東印度公司職員工作之餘，經營個人或受人委託代理貨物買賣的生意，與第二章所提公司船艙上「個人貿易」有所不同，但皆是有別於公司的貿易。

一合理的平衡點。

就公司職員的薪資與福利議題而言，以往研究大家多聚焦探討印度方面，[151] 專論廣州商館職員者並不多。最早提及此問題或是馬士先生的名著《英國東印度公司對華貿易編年史》，惟該書偏重資料的蒐錄整理，且僅利用部份的印度事務部檔案，以致一些重要的變化和其因由仍待更仔細地釐清和解釋。[152]

其次，梅氏夫婦進一步闡述商館的人員編制、貨監佣金計算方式等，[153] 但徵引的數據，僅侷限於少數年份或個人，仍缺乏解釋長期趨勢和個中變化。接著，蘇精先生詳盡地論及商館醫生薪資和退休金給付的前後變化和原因，[154] 筆者則擬擴充討論範圍至商館其他職員，並以西方學界統計公司其他地區職員的收入及工業革命時期英國社會不同階層的年薪收入，提供相互比較的基礎。

以下先討論職員的薪酬機制，接著再論及優惠福利的部份：

(一) 年薪與佣金

1. 書記與貨監

廣州商館「書記—貨監」的體系裡，由於書記工作多屬見習性質，長期以來，其待遇都不高，1681 年年薪只有 10 鎊。[155] 十九世紀初時，亦僅 100 鎊，此數額無法支付廣州生活開銷，許多書記皆要求家人的資助，如小斯當

---

[151] P. J. Marshall, *East India Fortunes: The British in Bengal in the Eighteenth Century*, pp. 180-182; H. V. Bowen, *The Business of Empire*, pp. 213-214.

[152] 例如，馬士僅將此一時期某幾年商館職員薪水按多寡排列，未與其他年份比較，難以看出薪資變化，更未探討相關政策改變的原因；又，也提及商館職員「個人貿易」情況，但詮釋時常無法得知董事會決策理由和反應。

[153] Hoh-cheung Mui and L. H. Mui, *The Management of Monopoly*, pp. 34-43.

[154] 蘇精，〈英國東印度公司與西醫來華〉，頁 44-76。

[155] H. B. Morse, *The Chronicles*, vol. 1, p. 70.

東來華後不久，在家書裡提到入不敷出的情形，希望父親匯錢到中國。[156] 且十九世紀初書記薪水的起算日為自抵華開始，而非從英國出發時，1812 年，董事會發現前一年公司多付給商館書記米列特數個月薪水，即下令扣回。[157]

前已提及，十九世紀初以來，廣州商館書記升到貨監的平均時間越來越長，董事會應也察覺到此現象，故 1813 年規定，此後書記薪水將隨著年資，每年加薪 100 鎊，第一年起薪 100 鎊，依此類推，最高可達 1,200 鎊。[158] 例如，1815 年時，商館職員卜樓登的書記年資已達八年，年薪 800 鎊，加上伙食津貼等，共可支領約 1,050 鎊。[159] 同時，規定中亦提到書記薪水起算日，改為從英國搭船來華時，顯示較以往更顧及書記的權益。

廣州商館書記升上貨監時間的拖長，也使其薪水「停滯不前」，故董事會也選擇於適當時機，替資深書記加薪，提高工作動機。1823 年，商館兩位貨監馬治平、鮑桑葵回英休假時間過長（分別是三年與四年），董事會決定該年度不再給付他們佣金，並破例商館兩位資深書記獲得貨監才有的抽佣權力。[160] 這些書記薪資規範的變動，一方面反映前後幾十年期間，商館基層職員升遷環境的極大轉變，另一方面，公司高層也適時地酌情調整書記薪資給付方式，避免情緒反彈。

商館貨監支薪方式和書記不同，他們不領取固定年薪，而是靠抽佣的方式獲得報酬。東印度公司未有駐華人員之前，來華船隻皆有一到數名的貨監，並從監督、處理的貨物裡抽取佣金，等到商館實施人員長住的制度後，公司中英貿易船上即不再專門設立貨監一職，其工作地點也從「船上」轉移到「陸上」，表示公司認為貨監常駐中國，處理貨物買賣帶來的經濟效益，將大於其

---

[156] G. T. Staunton to Sir G. L. Staunton, 1800/3/27, Canton; G. T. Staunton to Sir G. L. Staunton, 1801/4/18, Canton.

[157] IOR/R/10/43, 1812/3/20, par. 41.

[158] IOR/R/10/44, 1813/3/12, par. 3.

[159] H. B. Morse, *The Chronicles*, vol. 3, p. 229.

[160] IOR/R/10/52, 1823/4/2, par. 7.

「居住成本」，也反映此時公司的中國貿易已成長到一定規模，才有人員常駐的打算。原本船上貨監享有的抽佣、減免貨物運費、「個人貿易」等權益，亦轉移至商館貨監，至於運輸途中的貨物品管機制，公司以改變貨物查核、簿記的形式因應之。[161]

1780 年代末起，董事會開始設計一套算式，衡量廣州商館貨監應得的佣金，因長期以來，貨監職責即是監管、處理公司委託的貨物，故計算時，也主要以貨物買賣為基準。大致分為三部份，首先是商館全體貨監在對華貿易各類貨物享有的抽佣比率，各項加總後得到一「佣金總數」。接著，此「佣金總數」需先扣除商館貨監以外其他職員的年薪、退休金等相關費用。最後，剩餘佣金，按照每位貨監應得的百分比分配。[162]

以 1815 年為例，該年商館貨監佣金計算方式如下。首先是貨監從各類進出口貨物得到的佣金，包括：(一) 從「東印度各地」出口到中國的貨物，這類貨物的抽佣比率依銷售淨額 (net produce) 為準，全體貨監分得 2 % 作為佣金；(二) 英國出口來華的貨物，則以發票價格(invoice price)為基準，商館所有貨監亦可得 2 % 的佣金；[163] (三) 從中國進口的貨物，以其在英國的銷售淨額為標準，抽佣比率也是 2 %，這三項加總後得到「佣金總數」。[164]

其次，扣除該年度商館各項花費，包括 (一) 付給書記、「技術性雇員」、僕役等人的年薪或工資；(二) 付給茶師拉金的退休年金；(三) 公司給予來華船隊指揮的獎勵金；(四) 董事會視情況認為應扣除的費用，例如，每年貿

---

[161] E. H. Pritchard, "Private Trade Between England and China in the Eighteenth Century (1680-1833)," pp. 109, 113, 115. 商館貨監例行工作是查核、複驗或填寫貨物的艙單(manifest)、發票簿(invoice book)或包裝簿(packing book)，參見 IOR/R/10/35, 1791/3/20, par. 60.

[162] Hoh-cheung Mui and L. H. Mui, *The Management of Monopoly*, p. 35; IOR/R/10/33, 1784/12/9, par. 8-11, 1785/12/30, par. 7-11, 1787/11/21, par. 7-10.

[163] 銷售淨額計算方式是從貨物銷售總額中，扣除關稅(Customs)、運費與遲滯費(Freight and Demorage)、貨物稅(Charges Merchandize)、倉庫管理費(Warehouse Charges)後所得數額。所謂「東印度各地」泛指東印度公司在亞洲各地勢力所及地方。

[164] 此時期上述貨物佣金計算標準，不包括黃金和白銀交易額。

易季高峰，商館因人手不足，臨時加雇抄寫員，其經費從貨監佣金支付。[165]

最後，剩餘佣金依貨監級別分配之，大班約翰・益花臣最多，可得其中 15 %，「特選委員會」其他成員則是 12.5 %，資歷最淺的貨監鮑桑葵則是 2.7 %（表 3-5）。[166]

表 3-5　1815 年廣州商館貨監佣金分配表

姓名	抽佣比率（每百鎊）	相對百分比
J. F. Elphinstone	6 先令	15.00 %
T. C. Pattle	5 先令	12.50 %
G. T. Staunton	5 先令	12.50 %
William Bramston[167]	5 先令	12.50 %
Joseph Cotton, Junior.	4 先令 02 便士	10.40 %
T. J. Metcalfe	3 先令 09 便士	9.30 %
J. B. Urmston	3 先令 03 便士	8.10 %
James Molony	2 先令 10 便士	7.00 %
J. T. Robarts	1 先令 06 便士	3.75 %
William Fraser	1 先令 04 便士	3.30 %
F. H. Toone	1 先令 01 便士	2.70 %
William Bosanquet	1 先令 01 便士	2.70 %
總計	2 鎊	100 %

資料來源：IOR/R/10/46, 1815/3/23, par. 8.

實際上，上述佣金設計方式有其邏輯存在，也反映公司對華貿易的許多特點，值得深入探析。一方面英國銷華貨物如毛料、銅、鐵、鉛等都是利潤

---

165 Hoh-cheung Mui and L. H. Mui, *The Management of Monopoly*, p. 73.

166 此時 1 英鎊等於 20 先令，1 先令等於 12 便士。

167 布蘭斯頓於 1814 年 12 月逝世於中國，或因消息傳回英國時太遲，故董事會仍將他列入 1815 年商館佣金分配名單。

很低，甚至常常虧損者，故這類貨物是以發票價格作為佣金計算基礎，較能保障廣州商館貨監的所得。另一方面，印度銷華貨物如棉花，以及中國銷英的貨物如茶葉等，利潤皆頗高，故以銷售淨額為基準，對商館貨監來說，為賺取更高的佣金，他們將盡量以較低成本購買品質較高的商品，讓貨物在英販售時可以得到較好的價錢，或是努力抬高印度銷華貨物的售價。董事會的佣金設計，可謂既確保貨監的工作效率，亦兼顧公司的利益。[168]

筆者統計 1790-1834 年間的資料，大部份時期貨監佣金算法裡的貨物佣金計算標準及商館全體貨監的總抽佣比率，兩項數據均保持一致，僅少數年份略有不同。以下進一步探求更動的原因，推測董事會的政策或公司對華貿易的走向。

關於貨物佣金計算標準，1820 年代中期後變動較多。約 1825 年起，因廣州商館採買的茶葉除英國之外，還販售至北美 Halifax、Quebec 等英國屬地，故商館貨監佣金也增列這些地方茶葉的抽佣數額，每年約兩千鎊。[169] 1832 年時，商館貨監抗議去年計算貨物佣金時，公司加列許多原先不需商館負擔的費用，以致「佣金總數」大幅減少，並推估 1830-1834 年間，每位貨監因此平均少得 30 %的佣金。[170]

貨監抽佣比率方面，1785 年之前公司來華貨監的抽佣比率較高，每百鎊約總抽佣 5 鎊，該年董事會考量戰費的龐大支出，公司財政困拙，遂降低總抽佣比率至 4 鎊，1786 年再降為 3 鎊，1788 年進一步降至 2 鎊又 10 先令。此後，1789-1834 年四十餘年間，絕大部份年份，商館所有貨監的抽佣比率，幾乎固定在每百鎊總抽佣 2 鎊，其中僅 1792 年和 1793 年有所不同。這兩年公司特別派了「機密與監督委員會」來華監督商務，故特別調高總抽佣比率到 2 鎊又 5 先令，而且 1792 年商館大班布朗尼分得的佣金比率，亦比往年調

---

[168] Hoh-cheung Mui and L. H. Mui, *The Management of Monopoly*, pp. 35, 75.

[169] The House of Commons ed., *First Report from the Select Committee on the Affairs of East India Company (China Trade)*, appendix, pp. 103-104; IOR/R/10/54, 1825/3/30, par. 9.

[170] H. B. Morse, *The Chronicles*, vol. 4, p. 345.

高 9 便士。[171]

此外，有時董事會亦視情況予以加減薪，1811 年，因廣州商館「特選委員會」處理不久前英軍占領澳門問題的不當，董事會決定撤換之，並特別再聘已兩度擔任商館大班多年的布朗尼來華管理商館，為表器重之意，該年度他的抽佣比率也提高至 7 先令（每百鎊），而「特選委員會」成員約翰・益花臣和斐理(William Parry, ?-?)的比率則略減為 4 先令 8 便（每百鎊）。[172]

董事會除了以佣金激勵廣州商館貨監努力工作外，亦用此控制商館開銷。十九世紀初，公司訓令裡，時常提到商館人員應過著節儉的生活，每年倫敦檢查商館帳簿時，若發現不必要的花費，將自貨監佣金扣除同樣金額，以達成樽節開支的目的。[173]

受到各類貨物庫存和販售時間不同的影響，商館進出口貨物的銷售結果，一般約需三至四年才能結算清楚，其中，商館進口貨物如金屬、棉花的佣金較快計算完成。例如，公司 1815 年 4 月 30 日帳冊中，列出廣州商館貨監 1809-1813 年間分得的出口貨佣金，但進口貨部份如茶葉僅列至 1812 年。又如 1815 年貨監的出口貨和進口貨佣金，分別等到 1818 年及 1819 年才統計出來，各約 68,600 鎊及 26,800 鎊，扣除相關費用後，該年度大班約翰・益花臣的佣金收入約 12,200 鎊，資歷最淺貨監鮑桑葵則約 2,200 鎊，[174] 該年商館所有貨監佣金總額約計 76,800 鎊。據相關資料，1801 年到 1830 年間，每年商館全體貨監平均分得約 68,991 鎊的佣金，若以十二位貨監計算，每人平均佣金收入約 5,750 鎊。1815 年或因正值英國進口中國茶葉的高峰，故總佣金也高於平常值約 11.5 %。[175]

---

[171] H. B. Morse, *The Chronicles*, vol. 2, p. 113; IOR/R/10/33, 1784/12/9, par. 7, 1785/12/30, par. 6, 1787/11/21, par. 10, 1792/3/15, par. 9-11.

[172] IOR/R/10/41, 1810/4/11, par. 24-53; IOR/R/10/42, 1811/3/27, par. 10. 布朗尼曾於 1786-1789 年間，以及 1792-1795 年間任商館大班。

[173] IOR/R/10/37, 1800/5/7, par. 10, 1801/4/9, par. 10.

[174] IOR/L/AG/1/6/25, pp. 305-307, 435-436.

[175] British Library, Mss Eur. D1106 (Papers of Richard Chicheley Plowden), p. 326; Hoh-cheung Mui and L. H. Mui, *The Management of Monopoly*, pp. 92-94.

進一步分析廣州商館貨監抽佣的貨物，因為商館出口貨物如茶葉的整體規模較大，利潤較高，故其佣金也遠多於毛料等商品。[176] 表 3-6 是 1793-1810 年間商館貨監經手各地區進出口貨物分得佣金的數額，可知中國銷英貨物最高，英國銷華貨物居次，印度銷華貨物最少，由於各地佣金多寡和貿易規模約略成正比，亦可知此時期公司對華貿易的重心為中英貿易，其次則是中印的區間貿易。

表 3-6　1793-1810 年間商館貨監從各地區進出口貨物抽佣的金額

	英國來華貨物的佣金	印度來華貨物的佣金	中國銷英貨物的佣金
1793	14,800	2,502	48,116
1794	16,561	114	45,368
1795	16,272	1,056	43,985
1796	12,322	420	52,724
1797	10,781	659	50,436
1798	10,921	-	30,026
1799	17,004	1,145	45,428
1800	17,856	3,893	46,577
1801	20,380	2,128	63,235
1802	22,702	638	64,385
1803	23,643	365	65,807
1804	26,144	489	61,293
1805	22,417	993	52,688
1806	24,337	4,835	65,174
1807	24,812	3,363	46,000
1808	23,868	5,161	42,380

[176] IOR/L/AG/1/6/25, p. 15.

1809	20,560	2,618	45,574
1810	18,333	3,921	43,275

資料來源：IOR/L/AG/10/2/5, 1812/4/28.[177]

另外，就廣州商館人員薪資分配結構而言，全體貨監的佣金總額比其他職員薪水總合高出許多，以 1823 年為例，該年貨監佣金共約 66,669 鎊，書記、「技術性雇員」和臨時人員的薪水僅約 11,853 鎊，貨監佣金佔商館人事成本的 85 %，也可知董事會頗為禮遇和重視貨監的報酬。[178]

一般而言，商館貨監工作期間均可累積數萬鎊的財富，足以讓許多人離職回英後過著錦衣玉食的生活，不僅購置田產，甚至擁有私人莊園，小斯當東回國後，在漢普郡(Hampshire)購置莊園的產權是 2,085 鎊，僅是其大班一年佣金的一小部份。[179]

2.「技術性雇員」

廣州商館「技術性雇員」和商館書記相同，領取固定年薪。1780 年代這類職員僅有醫生一職，此時其薪水不高，以約翰・鄧肯(John Duncan, ?-?)為例，他於 1783 年起任職，1784 年的年薪 300 鎊，抱怨這樣「微薄」的收入無法負擔在華開銷，這種情形下，董事會很早即允許商館醫生工作之餘，可兼做個人生意，藉抽佣或買賣增加收入。[180] 1800 年，小斯當東亦提及商館醫生克里克頓從中印港腳貿易裡獲利頗豐。[181]

然公司自十九世紀初起取消這項「優惠」，主要因商館醫生麥金農的事例，他經營個人生意時和行商、私商間發生許多糾紛，並導致和商館關係的

---

177 筆者特別感謝蘇精教授慷慨告知與分享此資料。

178 *Journal of the House of Lords*, vol. 62 (1830), Appendix A, No. 3, p. 1278.

179 G. T. Staunton, *Memoirs*, pp. 169-170. Geoff Salter, *Leigh Park Gardens, The Sir George Staunton Estate: A Short History and Guided Walk* (Hampshire: Havant Borough Council, 1983), p. 2.

180 蘇精，〈英國東印度公司與西醫來華〉，頁 49-50。

181 G. T. Staunton to Sir G. L. Staunton, 1800/3/27, Canton.

惡化。故約 1804 年起明令商館醫生工作之餘，不得從事其他生意，為補償可能的「損失」，大幅提高商館醫生和助理醫生的年薪。首先適用此規定的皮爾遜其助理醫生的起薪，從原本 700 鎊提高至 1,000 鎊，1807 年升任商館醫生後，年薪則為 1,200 鎊（表 3-7）。[182] 下兩任商館助理醫生李文斯頓和郭雷樞，起薪同樣是 1,000 鎊，此或因他們任職商館前，已在公司船隻擔任多年船醫，考量其資歷，給予較高起薪，其中，郭雷樞接任商館醫生後，薪水亦為 1,200 鎊。[183] 商館最後一位助理醫生寇克斯(R. H. Cox, ?-?)的起薪則僅 500 鎊。

表 3-7　1783-1834 年間廣州商館醫生與助理醫生任職期間與薪資

姓名	助理醫生期間	起薪	商館醫生期間	起薪
John Duncan	無		1783-1788	待考
Alexander Duncan	無		1788-1796	待考
James Crichton	1793-1796	待考	1797-1806	待考
Charles MacKinnon	1799-1805	待考	無	
Alexander Pearson	1805-1806	1,000	1807-1832	1,200
John Livingstone	1808-1826	1,000	無	
T. R. Colledge	1826-1832	1,000	1833-1834	1,200
R. H. Cox	1832-1834	500	無	

資料來源：蘇精，〈英國東印度公司與西醫來華〉，頁 47、50; H. B. Morse, *The Chronicles*, vol. 4, p. 346.

相較於商館醫生，商館茶師的薪資更佳，1790 年首位茶師亞瑟來華時，起薪已達 1,000 鎊，或是商館醫生的兩倍，1792 年，董事會嘉許他工作認真，保障商館採購茶葉的品質，遂加薪 500 鎊，此後更數度調薪，1798 年，年薪達 3,000 鎊，比剛來的起薪多出兩倍。[184] 下一任茶師班蕭的起薪亦為 1,000

[182] 蘇精，〈英國東印度公司與西醫來華〉，頁 50; IOR/G/12/181, 1812/12/17, p. 66.

[183] IOR/B/143, 1807/4/3, p. 1444; Anthony Farrington, *A Biographical Index of East India Company Maritime Service Officers: 1600-1834*, pp. 163, 479.

[184] IOR/R/10/35, 1792/4/11, par. 9; IOR/B/114, 1792/4/10, p. 1140; IOR/R/10/36, 1798/4/2, par. 51.

鎊，但他來華年餘即去世。[185] 不久，1803 年拉金赴任時，起薪大幅調高至 2,500 鎊，且是從英國出發時開始計算，拉金起薪的提高，應亦和此時公司調高醫生薪酬相關，即商館「技術性僱員」不得再兼做個人生意。[186]

1805 年起，廣州商館增設助理茶師，首位是波爾，起薪 500 鎊，稍後數年間分別加薪至 700 鎊和 1,000 鎊，1810 年升任茶師的年薪亦是 2,500 鎊。[187] 另一位老李富士於 1811 年來華擔任助理茶師，起薪 700 鎊，1817 年調高至 1,000 鎊，公司訓令裡提及若波爾離職或去世，由其接任，但薪水略降至 2,000 鎊。[188] 接著，小李富士和萊頓(T. H. Layton, ?-?)二人，起薪亦和老李富士類似。另外，由表 3-8 可知，1803 年後，茶師所領的年薪約與商館排行最低貨監的佣金相當。

表 3-8 1790-1834 年間廣州商館茶師和助理茶師薪資表

姓名	助理茶師期間	起薪	茶師期間	起薪
Charles Arthur	無		1790-1800	1,000
Henry Bagshaw	無		1801-1802	1,000
Edmund Larkin	無		1803-1811	2,500
Samuel Ball	1805-1810	500	1811-1826	2,500
John Reeves	1811-1826	700	1827-1831	2,000
J. R. Reeves	1828-1830	500	1831-1834	2,000
T. H. Layton	1833-1834	500	無	

資料來源：Hoh-cheung Mui and L. H. Mui, *The Management of Monopoly*, p.164; IOR/G/12/148, 1805/1/13, p. 73; IOR/R/37, 1801/4/9, par. 32; H. B. Morse, *The Chronicles*, vol. 4, pp. 187, 346. [189]

[185] IOR/B/136, 1803/2/16, p. 1249.

[186] IOR/R/10/37, 1803/5/4, par. 29.

[187] IOR/G/12/148, 1805/1/13, p. 73; IOR/L/AG/1/1/29, p. 121; IOR/B/151, 1810/4/13, p. 27; IOR/B/152, 1811/3/6, p. 1567.

[188] IOR/R/10/42, 1811/4/10, par. 8-9; IOR/R/10/48, 1817/4/16, par. 6.

[189] 本表略微修正《管理壟斷權》一書對茶師任職起迄記載的錯誤。

中文翻譯員部份，如前所述，廣州商館職員裡幾位皆有中文翻譯員稱號，但似僅有馬禮遜全職擔任翻譯工作，此外，他也在商館開設中文班，教導學員基礎中文和日常對話，所以他亦有中文教師的頭銜。1809 年，馬氏薪水最初僅 500 鎊，1812 年後增為 1,000 鎊，並一直持續此水準到 1834 年。[190] 至於牧師方面，廣州商館首任牧師哈汀(Henry Harding, ?-?)於 1819 年來華，起薪 800 鎊，1825 年調高至 1,000 鎊。其餘兩位牧師魏歇爾(G. H. Vachell, 1799-1839)和溫伯利(Charles Wimberley, ?-?)的起薪也同樣是 800 鎊。[191]

表 3-9　1819-1834 年間廣州商館牧師任職期間與薪資

姓名	牧師期間	起薪
Henry Harding	1819-1828	800
G. H. Vachell	1828-1833	800
Charles Wimberley	1833-1834	800

資料來源：*Journal of the House of Lords*, vol. 62 (1830), appendix A, no. 3, pp. 1280-1281; H. B. Morse, *The Chronicles*, vol. 4, pp. 187, 346.

「技術性雇員」工作一段時間後，董事會通常視其表現調薪，但較少同意他們的加薪請求。皮爾遜於 1812 年向董事會提出申請，但不久即遭拒絕，[192] 1815 年再度請求，公司才答應自隔年起加薪 100 鎊，且只限於他本人，下一位商館醫生並不享有相同待遇。[193]

(二) 休假、去世時的給付

至於廣州商館職員回英休假後，如無法趕上下年度中國貿易季，公司會

[190] 蘇精，《中國，開門！》，頁 45-48; IOR/R/10/60, 1831/4/13, par. 35.

[191] *Journal of the House of Lords*, vol. 62 (1830), appendix A, no. 3, pp. 1280-1281; H. B. Morse, *The Chronicles*, vol. 4, pp. 187, 346.

[192] IOR/R/10/45, 1814/4/1, par. 78, 153.

[193] IOR/R/10/47, 1816/4/10, par. 5.

視情況和職員類別，保障或酌減其薪資。早期商館書記的休假待遇不如貨監，直到 1811 年，董事會才決議往後兩者如同樣因病需回英休假，得享有相同待遇，但為避免商館人手不足，除非特別緊急，否則貨監和其他職員的病假應錯開，這可視為公司提升書記的休假權益。[194] 至於「技術性雇員」，他們休假時，公司支薪上限似乎僅有年薪的 50 %，如 1816 年董事會同意茶師波爾回英休假一年，期間付給半薪。[195]

職員當中，貨監的休假待遇一直皆較其他職員優惠許多，如 1808 年的相關條文是：

> 以後，所有從中國因病或董事會准其回英休假的貨監，在答應繼續赴華任職的前提下，回國後，如可搭上下年度來華貿易的「直達船」，公司將保障休假年度的佣金。如繼續留英一年，將只能保有下年度應得佣金的 50%，超過兩年便無法再獲得任何佣金。[196]

「直達船」通常是最晚從英啟航的船隻，職員若未能趕上，一般需等下年度才能再到中國。上文即指貨監如回英休假一年，仍享有全數佣金；第二年則仍領取該年的一半佣金；第三年起，公司便不支付任何費用。意謂著商館貨監如在英休假兩年，不需負擔任何工作，即享有應得佣金的 75%。

或因條件太過優渥，1811 年公司再行調整，規定商館休假貨監如能趕上隔年第二批來華「直達船」船隊復職，仍保障離華期間的佣金，過此時限，公司不再給付任何佣金，且如要復職，還需董事會特別許可。

1817 年則重新規範商館大班回英休假期間的抽佣比率，往後若大班離華休假，該年度暫代大班職責的「特選委員會」貨監，將實領大班的抽佣比率 (每百鎊抽取 6 先令)，休假大班的比率則降為 5 先令，此條文有其公正性，讓佣

---

[194] IOR/R/10/41, 1810/4/11, par. 73-74.

[195] IOR/R/10/48, 1817/10/22, par. 7.

[196] IOR/B/146, 1808/2/8, pp. 1258-1259.

金的支付與實際工作內容更為相符。

然而，上述休假規定有其漏洞。因貨監常以休假為由賺取佣金，小斯當東受雇商館期間，總計四度回英休假，其中三次身份都是貨監，依規定，他休假期間無需工作即可領滿至少三年的佣金。[197]

1820 年，董事會指出「過去事例裡，貨監經常回國休假，但卻照常領取佣金，這種情形有被濫用的趨勢」，為嚴格控管，決議大幅改變先前規定。[198] 公司一方面不再輕易地同意職員的休假：

> ……五、原先從 1796 年 7 月開始，每年商館派一至兩名貨監回英的規定不再適用，往後除非特別批准或身體不適等理由，貨監才可回英休假。六、此後商館職員若需回英，事先必須徵得董事會和商館「特選委員會」的同意，否則就視為自動辭職，公司不支付離華後任何佣金或薪水。七、「特選委員會」成員，除非緊急或身體不適等情形，否則應在離華前一年事先告知，不符條件者，將不能領取離華後的佣金。……[199]

緊接著的條文裡，也明確地指出各類職員休假的期限，以及期間薪資支付的額度：

> ……九、貨監休假期間，個人抽佣比率，每百鎊不得超過 5 先令，最長給付兩年。……十一、貨監休假期間累積領取的佣金總額，若已領足每年每百鎊抽 5 先令的比率達兩年（按：合計 10 先令），未來同一位貨監再休假時，公司不支付任何金額。……十四、商館書記若服務滿十二年，但仍無法晉升貨監，回英休假的薪水，不得超過 500

---

[197] G. T. Staunton, *Memoirs*, pp. 33, 54; G. T. Staunton to Lady Staunton, 1816/2/21, Canton.

[198] IOR/R/10/50, 1820/4/12, par. 3.

[199] IOR/B/170, 1820/3/24, pp. 1296-1297.

鎊。……十六、除非董事會特別允許，貨監回英休假應為一年。……[200]

上文第十一條規定貨監休假時佣金支付的上限，其用意明顯是防堵過去貨監心存僥倖，濫用休假優惠，賺取佣金的「惡習」。整體說來，相較商館其他職員，貨監休假待遇較佳，如休假理由合乎情理，公司最高仍會支給兩年份的佣金，不像書記和「技術性雇員」，休假期間最多只能支領半薪。

1820 年的規定讓公司支付的薪酬更符合廣州商館人員實際工作情形，顯示改革的努力，往後數年間，董事會亦視情勢調整。如 1828 年廣州商館貨監敦奈返英休假，該年他原本支領的佣金比率是 5 先令（每百鎊），但因先前累積的比率已達 8 先令 9 便士（每百鎊），依據貨監休假佣金 10 先令的上限規定，該年遂僅能再領取 1 先令 3 便士的休假佣金。公司並將敦奈「不能」領取的 3 先令 9 便士佣金比率，分給其他表現較佳的貨監，並特別讓一位資深書記抽佣，緩解此時商館少數基層書記工作過久，卻仍無法晉升到貨監的「損失」。[201]

除了商館職員休假的審核和薪酬外，1820 年部份條文也提及貨監在華過世時佣金如何分配的特殊情形，數額甚至和去世月份有關。當貨監在 3 月底至 10 月底間過世，因此時並非廣州貿易季，遺產繼承人可領取該貨監該年應得佣金的 50 %；若其逝於貿易季時，繼承人一方面領足該貨監該年應得佣金，並享有下年度進口貨佣金的 50 %。[202]

另一條文則特別提及商館貨監過世時，公司將從其應得佣金裡提撥一部份成立基金，幫助已故貨監或書記的遺孀及小孩，或是經濟拮据的離職貨監或書記。[203] 這項急難救助機制和精神或是仿效公司在印度各大總督區推行多年的基金制度，當時在印度的人員因病或意外過世者，相關基金即會撥款救

200 IOR/B/170, 1820/3/24, pp. 1298-1299.

201 IOR/R/10/56, 1828/4/2, par. 10.

202 IOR/R/10/50, 1820/4/20, par. 1-2.

203 IOR/B/170, 1820/3/24, pp. 1298-1299; IOR/R/10/50, 1820/4/12, par. 7.

濟其遺孀家庭。[204]

綜上所述，長期以來，公司針對商館職員休假時的條件審核和給付額度，前後數度調整，並增列救濟機制；從這些條文的改動中，顯示出公司優待貨監的原則，但相關規範更加地嚴謹，避免投機和取巧，仍兼顧公平性。

(三) 退休金

廣州商館「書記與貨監」體系的職員，因其升任貨監後，每年的佣金可觀，故公司似未再支付退休年金。「技術性雇員」方面，首先，所有茶師中應該僅拉金特別享有退休金，他回英後隔年起，公司皆提及貨監佣金總數裡需提撥一部份給他作為年金。拉金或於 1830 年過世，隔年起便未見提撥退休金的紀錄。英國會報告也提到 1823 至 1828 年間，每年商館固定提撥 1,000 鎊，用以付給公司來華船隊船隊長的獎勵金和一位茶師的年金，前項金額是 500 鎊，推知拉金的年金應是 500 鎊。[205]

至於商館醫生，1786-1834 年間任職的八位醫生裡，僅有李文斯頓和皮爾遜獲得退休年金的待遇，兩人皆工作至少十餘年。1820 年公司提及商館醫生的年金給付標準將比照印度，若退休時已經任滿二十年，每年支領 200 鎊；同樣條件下，商館助理醫生是 150 鎊。[206] 之後數度調高年金額度，1832 年任職長達二十八年的皮爾遜退休時，年金是 500 鎊，商館爭取提高至 600 鎊，等同印度殖民地醫生，但卻遭否決。[207]

---

[204] 如 1816 年在印度孟加拉總督區和馬德拉斯總督區，都有類似基金會組織，專門救濟公司職員遺孀或孤兒。參見 A. W. Mason, J. S. Kingston and Geo. Owen ed., *The East India Register and Directory, for 1816*, pp. 121-122, 265-269.

[205] IOR/R/10/58, 1830/4/2, par. 9; IOR/R/10/60, 1831/4/13, par. 8; The House of Commons ed., *First Report from the Select Committee on the Affairs of East India Company (China Trade)*, appendix, p. 104. 因 1823 年時波爾尚未離職，故判斷此退休金應是提撥給拉金。

[206] IOR/B/170, 1820/3/24, pp. 1300-1301.

[207] 按此時規定，一般在印度任職滿二十年公司醫官可領 700 鎊退休金；蘇精，〈英國東印度公司與西醫來華〉，頁 61。

馬禮遜方面，1834 年去世時，他的年資達二十餘年，公司給予的年金不多。[208] 至於商館牧師退休後的待遇仍有待考察，但相較於李文斯頓、皮爾遜、馬禮遜等人，商館前後三位牧師的年資不長，加上其年薪亦不高，依據這些狀況推斷，即便享有年金的待遇，應不可能過高。

綜合比較前述年薪、休假給付、退休金各項條件，廣州商館「技術性雇員」裡，茶師待遇最佳，年薪約與商館初階貨監相當，其次則是商館醫生，再其次則是由馬禮遜和商館牧師。

回顧上文所提公司在中國實施的薪酬政策，知不少措施、制度皆以印度殖民地為參照點，如公司在印度亦設有醫生和牧師，在研擬商館同類人員薪資、退休年金議題時，也不時參酌印度的做法。另外，1820 年代公司也從貨監佣金裡提撥一部份成立基金，用以救濟生活有困難的貨監或書記，或其親屬。

然而，公司為順應中國貿易的特殊性，在部份措施上亦保留彈性空間，如休假期限規定上，在華職員的審核較印度更為寬鬆，小斯當東稱因考量職員在華生活時遭遇的諸多不便和限制，所以比起其他地方，可以「更容易、更頻繁」回英。[209] 其他方面，中、印兩地最大的不同或是薪酬的計算方式，1780 年代起中國貨監的收入是以進出口貨物的佣金為依據，但同一時期，1787 年公司宣布調高印度大多數職員的年薪，但往後僅能支領固定薪津，不得從事公司以外的生意。如此差異的原因或許是印度已建立殖民政府體制，許多行政、司法職缺與貿易無關，也為避免職員經商時，因個人貪污或收取賄賂而影響公司的治理，故採用固定薪津的政策，[210] 相較之下，商館的商業色彩濃厚許多，以佣金作為貨監收入的計算基礎，較有利於公司維持中國貿

---

[208] 蘇精，〈馬禮遜與斯當東：英國兩位初期漢學家的情誼〉，《臺灣師大歷史學報》，第 30 期(2002)，頁 92。

[209] G. T. Staunton, *Miscellaneous Notices Relating to China, and Our Commercial Intercourse With the Country* (London: John Murray, 1822), p. 202.

[210] Anthony Webster, *The Richest East India Merchant*, pp. 9-10.

易的利益。個人代理貿易方面，同樣在此時，當印度職員不得從事「個人貿易」時，公司出於貿易競爭考量，仍准許部份在華職員兼營此類貿易，此一部份將於下文討論。

(四) 與公司內部和英國社會的比較

廣州商館職員的年均收入，無論和公司內部或英國社會相比，其實相當優渥。首先，公司內部相比，中國貨監的平均薪酬較印度各地職員還要高出許多，如以文職人員最多的孟加拉總督區為例，1825 年不計最高階的總督和諮議會成員，其餘文職人員的平均年收入約 2,600 鎊，僅約商館貨監佣金收入的一半。[211]且一般而言，「技術性僱員」在商館工作 5 年以上，年薪可達 1,000 鎊，如此的水平，也不低於公司倫敦總部多數職員的年收入。

接著，和英國社會比較，十九世紀初英國中產階級收入較高者，年薪平均約介於 600 至 800 鎊。[212] 且學者統計 1730 至 1880 年間蘇格蘭銀行(Bank of Scotland)愛丁堡總部員工的薪資紀錄，並與英國其他各地銀行僱員的資料比較，認為它的情形足以代表同時期英國銀行界。其中，1780 至 1830 年間薪資較高的出納員(teller)平均年收入最高不超過 500 鎊，更高層的財務主管(treasurer)，年收入約在 600 至 1,000 鎊間。[213] 可知絕大部份人士的報酬，皆仍尚不如商館一般職員。

此外，1797 至 1835 年間，英國農業勞動者每年的工資收入最高僅 50 鎊；政府部門技術人員的年薪不超過 220 鎊；牧師約 270 鎊；工程師則約 350 鎊；

---

[211] H. V. Bowen, *The Business of Empire*, pp. 213-214; P. J. Marshall, "British Society in India underthe East India Company," *Modem Asian Studies*, vol. 31, no. 1 (1997), p. 99.

[212] H. M. Boot, "Real Incomes of the British Middle Class, 1760-1850: The Experience of Clerks at the EastIndia Company," *The Economic History Review*, New Series, vol. 52, no. 4(1999), pp. 639-640, 645-646, 655-656, 658.

[213] H. M. Boot, "Salaries and Career Earnings in the Bank of Scotland, 1730-1880," *The Economic History Review, New Series*, vol. 44, no. 4(1991), pp. 629-630, 636, 638-646, 651.

至於律師的年收入，1835 年時約 1,100 鎊。[214] 由此可知商館貨監以外其他職員的年收入普遍達 1,000 鎊以上，接近甚至高出同時期英國社會中產階級的最高水平，商館貨監的收入更是超出 5 至 6 倍。

商館高階貨監的收入，即使和英國上層社會比較，仍毫不遜色。1804 年英國海軍著名大將培妻(Edward Pellow, 1757-1833)的年薪約 3,000 鎊，僅約商館大班年度佣金的 30%。[215]

透過多方比較，可推知在當時不少英人心中，若能到商館工作其待遇應頗具吸引力。一個例子是 1795 年，商館醫生克里克頓來華前寫給母親的信裡，提到期待來華工作後，賺得許多財富，將來返英後，能靠此照顧家人和其他家族成員。[216]

法蘭西斯．霸菱的家族亦是一個極佳的事例，1790 年代，該家族經營國際金融和英政府國債等業務十分成功，聲譽卓著，法蘭西斯．霸菱成為倫敦商界知名人士，並自 1779 年起長期兼任公司董事。[217] 他育有數子，推薦其中三人 (亨利．霸菱、威廉．霸菱、喬治．霸菱) 進入廣州商館工作。[218] 像他地位如此顯赫的倫敦金融界高層人士，並未介紹兒子至倫敦銀行界任職，而是選擇派赴海外發展，反映其看重中國等海外市場的發展潛力。

---

214 B. R. Mitchell, *British Historical Statistics*(Cambridge: Cambridge University Press, 1988), p. 152.

215 IOR/R/10/38, 1805/4/18, par. 4-5.

216 Letters of James Crichton, http://www.interasia-auctions.com/cgi-bin/lot_auc.php?site=1&lang=1&sale=14&lot=2033 (accessed July 1, 2015).

217 P. E. Austin, *Baring Brothers and the Birth of Modern Finance*, pp. xi, 11, 15; C. H. Philips, *The East India Company 1784-1834*, p. 335.

218 The House of Commons ed., *First Report from the Select Committee on the Affairs of East India Company (China Trade)*, p. 165.

(五) 商館職員的優惠或福利

1. 一般情形

除固定薪水或佣金外，公司也給予廣州商館職員許多優惠或福利，負責職員在廣州的住宿，也有伙食津貼。如小斯當東剛來華時，曾從英國帶來一名中國僕人，公司買單該僕役的薪資和船費，還補助他在華買家具的費用。[219]

其他優惠方面，長期以來，公司准許廣州商館「特選委員會」成員每人享有 150 鎊的投資額度，並可送回或帶回兩擔茶葉到英國；「特選委員會」底下的貨監則有 100 鎊和一擔茶葉的類似優惠，但這種優待並不包括書記。[220] 又，約自 1789 年起，規定商館職員如因生活所需，運送銀元來華，一定額度內不收取運費，商館貨監薪階排行前七位的額度是 300 鎊，其餘貨監是 200 鎊，書記則是 100 鎊。然而，1803 年後，此優待似乎即未見於董事會寄發商館相關訓令裡。[221]再者，每年公司來華船隻裡一定的船艙空間專給商館職員，屬於職員的「個人貿易」。例如，1802 年商館《日誌》裡，詳列該年商館十五位職員「個人貿易」的物品，多林文在七艘公司船上皆有他的貨物。[222]

公司對於貨監各種請求亦盡量通融，如在攜眷問題上，商館多數職員來華之初皆相當年輕未婚，當中有人如小斯當東單身在華多年，有人則趁回英或去印度、東南亞時成婚，亦有在華結婚者。[223] 1770 年代公司認為在華職員成婚後，如攜眷來華，可能引起清政府的猜疑，影響商務，故禁止之。[224] 然對有家室者而言，家庭生活成為其工作重要考量之一。1808 年，商館職員柯

---

[219] G. T. Staunton to Sir G. L. Staunton, 1800/3/27, Canton.

[220] IOR/R/10/47, 1816/4/5, par. 11.

[221] IOR/R/10/34, 1789/3/18, par. 15; IOR/R/10/35, 1792/3/15, par. 15; IOR/B/124, 1797/4/11, p. 1399 ; IOR/B/136, 1803/3/23, p. 1428.

[222] IOR/G/12/140, pp. 149-162.

[223] 張坤，〈鴉片戰爭前英國人在澳門的居住與生活〉，《文化雜誌》，期 70(2009)，頁 77。

[224] IOR/R/10/40, 1809/3/24, par. 14.

頓和厄姆斯頓要求從英國帶家眷來澳門居住，雖與規定不符，最後亦答應之。[225] 此後，公司在此政策上應大為放寬，1812 年又允許羅伯賜攜眷來華，1830 年代仍可見相關事例。[226]

為了商館職員在華生活的方便和舒適，董事會也努力營造較佳的工作環境。十八世紀末公司每年皆運送數桶北非馬德拉(Madeira)群島產的美酒到商館，[227] 1816 年，來華美商地爾登形容商館職員的生活相當不錯，每週四和週日傍晚，商館前面空地皆有專屬樂隊演奏。[228] 1825 年，美商亨特受邀參加商館晚宴，描述剛建好的商館裡，二樓設有彈子房(billiard room)供職員消磨時間。[229] 又，商館自 1806 年底設立小型圖書室，1811 年曾造訪商館的英國畫家 James Wathen(1751-1828)稱圖書室裡空間寬敞，收藏頗有特色，放置多種雜誌、新聞、小冊等，1819 年，估計藏書已達數百種。小斯當東回憶其 1811 年結束休假來華初任貨監時，也感受到商館內文化氣息的改善，不像剛任書記時粗鄙，生活上較為愜意。[230]

---

[225] IOR/B/149, p. 1170.

[226] IOR/R/10/43, 1812/3/20, par. 62; H. B. Morse, *The Chronicles*, vol. 4, p. 234. 關於公司對印度職員攜眷或成婚的政策，尚待考察。

[227] IOR/R/10/35, 1793/3/15, par. 20. 然而，需指出商館職員的飲酒能力是相當不俗的，見諸當時許多文獻，1830 年代廣州英文報紙上亦常見販賣各式酒類廣告。如 Robert Blake, *Jardine Matheson: Traders of the Far East* (London: Weidenfeld & Nicolson, 1999), p. 23. *The Chinese Courier*, 1832/5/12.

[228] *B.* P. Tilden, *Ship Canton Second Journal of China, 1816-1817*, pp. 244-245.

[229] 1822 年 11 月，廣州西門發生大火，廣州商館遭受波及燒毀，直到 1824 年 9 月，英人才又重建落成新館。W. C. Hunter, *The 'Fan Kwae' at Canton Before Treaty Days, 1825-1844* (Shanghai: The Oriental Affairs, 1938), p. 18.

[230] G. T. Staunton to Lady Staunton, 1811/1/25, Canton; G. T. Staunton, *Memoirs*, p. 54; James Wathen, *Journal of a Voyage in 1811 and 1812, to Madras and China*, pp. 196-197; East India Company, *A Catalogue of the Library Belonging to the English Factory at Canton in China* (Macao: East India Company Macao's Press, 1819), pp. 3-4.

2. 代理貿易

公司給予商館職員各項福利裡，相當重要者應是允許「特選委員會」以外的職員，工作之餘，可以接受他人委託，從事代理生意，抽取佣金，這類貿易亦屬職員的「個人貿易」，應是他們額外收入的主要來源。商館職員在華代理買賣的貨物相當多樣，既有港腳商人委託的商品，[231] 職員也可代購中國貨物回英販售，然而，如果商品和公司的項目重疊，職員為求取利潤，買賣時即可能損及公司利益。董事會為此陸續做了許多努力和調整，力求公司與雇員雙方皆能受惠，但代理生意涉及職員、公司、在華私商三方間的利益糾葛，情況頗為複雜。

以下梳理不同時期裡，董事會對商館職員經營「個人貿易」的政策演變和相關舉措說明之。

首先需說明公司和私商在亞洲貿易微妙的競合關係，公司壟斷亞洲貿易特權期間，英國仍有許多不屬公司的私商前往印度或中國經商，至十八世紀下半葉時，私商已在印度站穩腳步，建立代理行號，經營英印之貿易、借貸、保險等業務，此外，個別印度港腳商人陸續前往廣州發展，尋求致富機會。1790 年代後，一方面隨著荷蘭、丹麥、瑞典、法國、普魯士(Prussia)等國商人退出中國市場，公司為了籌措中英茶葉貿易高額的資金缺口，不得已情形下，只好鼓勵港腳商人來華，再利用匯兌方式獲得現銀。至十九世紀初，這些港腳商人在華貿易量已不可小覷，且持續擴增，私商亦逐漸顯露不滿公司把持商業特權的心態，成為公司日益提防的商業對手，雙方的「商戰」也從印度蔓延至中國。[232]

如前所述，1787 年起公司下令往後印度大多數職員不得再從事代理貿易，用意是希望他們更專注於工作，降低「個人貿易」與公司貿易產生的利

---

[231] 陳國棟，《東亞海域一千年》，頁 313。

[232] P. A. Van Dyke, *The Canton Trade*, pp. 79, 208; 陳國棟，《東亞海域一千年》，頁 318; Michael Greenberg, *British Trade and the Opening of China, 1800-42*, pp. 34-35, 144-146.

益衝突，但另一方面，公司也用大幅加薪、視表現拔擢等方式補償職員。[233] 此時公司雖亦對廣州商館高階貨監實施類似措施，但為了防堵港腳商人在華貿易勢力的發展，仍特別准許商館多數職員在一定條件下，從事代理貿易，造成部份時期裡，公司在印度與中國的政策不同調的特殊現象。

先是1786年董事會宣布「特選委員會」成員不得兼營公司以外的貿易。[234] 其次，1789年明令商館禁止「特選委員會」以外的職員獨自代售委託的貨物，僅能由數人一起聯合經營代理生意。[235] 此舉引起商館六位貨監的不滿及聯名陳情，認為以往委託人只需將貨物交給信任的職員即可，彼此責任義務較簡單明白，若實行聯合代理貨物的作法，委託人因未能充分了解商館多位職員的經營方式，使委託意願下降。[236] 但董事會並未採納，隔年又重申此規定。[237]

1791年3月公司雖又開放每位職員自營代理貿易，卻附帶嚴苛條件，規定職員抽佣所得，半數需繳給商館作為基金，「特選委員會」以下貨監們均分該基金的三分至二，書記們則是三分之一。[238] 此政策傳到商館後引發許多擔憂和不滿，11月，商館九位中低階貨監和書記聯合陳情：

> 如果（董事會）此時堅持貫徹此命令，我們預期將造成商館許多重要商業往來的損失，導致此地私商勢力的建立，及其他嚴重後果。我們一致懇求董事會同意，恢復先前私人代理貿易的辦法。……[239]

---

233 Anthony Webster, *The Richest East India Merchant*, pp. 9-10.

234 H. B. Morse, *The Chronicles*, vol. 2, p. 124.

235 IOR/R/10/34, 1789/3/18, par. 6.

236 IOR/G/12/96, 1789/11/12, pp. 80-83.

237 IOR/R/10/34, 1790/4/9.

238 IOR/R/10/35, 1791/3/4, par. 1.

239 H. B. Morse, *The Chronicles*, vol. 2, pp. 190-191; IOR/G/12/101, 1791/11/25, pp. 90-91.《英國東印度公司對華貿易編年史》稱此信有十一名商館職員連署簽名，但據商館《會議記錄簿》，似僅有九名。

但董事會對此依舊未予理會。1792 年更試圖以建立商館代理行的方式創造雙贏，一方面讓商館職員獲利，也打擊在華私商的勢力，維持公司在華優勢。3 月時宣布：

> 考量以往公司准許「特選委員會」以下職員經營「個人貿易」，已嚴重損害公司利益，決議往後取消這種優惠……董事會授權「特選委員會」，由它指派委員會底下二到三人，成立一間代理行，……這些職員應盡力負責這項業務。……[240]

不久，進一步指出佣金分配原則，專門負責此業務的職員可分得 10 %；剩餘的 90 %，「特選委員會」以下貨監均分三分至二，書記們則是三分之一。至於商館代理行對各類貨物收取佣金的比率，由「特選委員會」自行決定，同時為避免疑慮，公司表示絕不過問、檢查代理行的帳冊及通信，[241] 或嘗試經由此方式，降低港腳商人在華的業務及勢力，讓商館職員與公司都能獲益。[242]

然而，如依此模式進行，廣州商館中低階貨監和書記分得的佣金，實際上遠不如他們自營代理貿易來得高，故職員們一直持抵制的態度，「特選委員會」往往需施加各種壓力，才能說服基層書記。1792 年實施之初，商館一開始竟然找不到有意願的職員，後來多林文和司巴克才勉強接受，但多林文認為負責代理行需付出許多心力，且他們在貿易季時仍有公司業務，僅能利用公餘經營代理行，並承擔多種責任和風險，故他們兩人理應得到代理行佣金總額的 50 %，而非公司規定的 10 %。[243] 董事會得知後，也同意此要求。

另一方面，站在印度港腳商人角度，雖然前述董事會稱不會過問和檢查

---

[240] IOR/R/10/35, 1792/3/15, par. 17.

[241] IOR/R/10/35, 1792/4/11, par. 5-7; H. B. Morse, *The Chronicles*, vol. 2, pp. 196-197.

[242] IOR/G/12/264, 1794/2/3, pp. 224-226.

[243] H. B. Morse, *The Chronicles*, vol. 2, pp. 196-197; IOR/G/12/264, 1792/10/28, pp. 39-45.

商館代理行的帳冊及通信，但仍認為若其委託的貨物和公司利益發生衝突時，公司必然優先顧及自身權益，故亦抵制這項新政策，將貨物轉給其他在華私商代銷，部份港腳商人甚至成立一個合作組織，凡是該組織成員，皆把貨物委託給當時以普魯士「代表」名義在華居留的 Daniel Beale (1759-1827)，這些因素或皆造成商館代理行規模無法有效地成長（表 3-10）。[244]

表 3-10　1793-1800 年間廣州商館代理行負責人及佣金收入

年份	負責職員	佣金總額（元）
1793	James Drummond and George Sparkes	16,712
1794	James Drummond and George Sparkes	8,504
1795	James Drummond and George Sparkes	23,876
1796	William Parry and Samuel Williams	21,294
1797	William Parry and Samuel Williams	1,166
1798	William Parry and Samuel Williams	4,788.5
1799	William Parry and Samuel Williams	10,387

資料來源：H. B. Morse, *The Chronicles*, vol. 2, pp. 197, 206, 264, 285, 302, 327; IOR/G/12/108, 1794/4/1; IOR/G/12/113, 1796/6/24; IOR/G/12/116, 1797/5/12; IOR/G/12/125, 1799/1/15; IOR/G/12/128, 1800/3/21, p. 136.[245]

筆者統計 1793-1799 年間商館代理行的佣金數額，其中 1795 年最高，約 24,000 元，扣除兩位負責職員的佣金，其他十餘位商館貨監和書記，每人平均只能分到約 200 鎊，金額並不算高，更遑論其他佣金收入不多的年份，知其業務規模並不大。

經過數年不見起色的運作後，為避免在華私商勢力的壯大，董事會於

---

[244] H. B. Morse, *The Chronicles*, vol. 2, p. 206.

[245] 《東印度公司對華貿易編年史》稱 1795 年商館代理行佣金計 21,294 元，但查 IOR/G/12 系列記載，1796 年 6 月時，多林文報告該年度 (1795) 佣金是 23,876 元。實際上，21,294 元應是 1796 年度代理行佣金。

1799 年宣布，重新開放商館「特選委員會」以下職員自營代理貿易，同時也終止商館代理行業務，但禁止職員以任何方式和在華私商合作經營代理貿易。[246]

1801 年，小斯當東在家書裡提及廣州商館的斐理和兩名醫生麥金農、克里克頓都從事代理貿易，經營印度港腳商人的委託生意，斐理主要幫一名馬德拉斯亞美尼亞大商人代理貨物。麥金農亦自述曾代售過鴉片、大黃、珍珠等生意。[247] 此外，商館職員也合伙成立 Baring, Money 商行，該行由貨監亨利・霸菱和曼尼兩人共同經營，商館資深貨監多林文也入股，它和孟買兩家同樣從事代理貿易的 Bruce, Fawcet 商行及 Forbes, Smith 商行往來密切。[248]

之後，1807 年，商館職員喬治・霸菱成立巴林行(Baring & Co.)，不久，商館職員莫洛尼和羅巴賜加入合伙，該行替加爾各答著名的帕默爾商行(Palmer & Co.)和孟買 Forbes 商行代銷鴉片和棉花生意。[249]

如前所述，十八世紀末商館醫生原先也可從事代理貿易生意。但 1803 年麥金農因和行商倪秉發(Ponqua)及英籍私商發生商業糾紛，進而導致他與商館職員齟齬不合，於 1805 年被迫回英，回國後不久向公司申訴。當此糾紛尚未解決之前，公司決議此後商館醫生不得再從事「個人貿易」，違反者將遭到嚴懲。[250] 此規範也一再出現於往後的訓令，如 1807 年 4 月，公司任命李文斯頓為商館助理醫生時，提醒他無論是自營或受人委託，不得直接或間接地經營代理貿易。[251]

在商館職員「個人貿易」裡，公司原先僅同意商館職員代理他人託售的貨物，不能再有進一步商業行為，然而，1807 年發現竟有貨監私自成立一間

---

[246] IOR/R/10/36, 1799/4/20, par. 119, 1799/6/12, par. 1; IOR/G/12/128, 1800/3/25, par. 158.

[247] Charles Mackinnon, *Mr. Mackinnon's Memorial to the Honourable Court of Directors of the Hon. East-India Company*, pp. 1-2, 24-25; H. B. Morse, *The Chronicles*, vol. 2, p. 365.

[248] G. T. Staunton to Sir G. L. Staunton, 1801/4/18, Canton, p. 4.

[249] Anthony Webster, *The Richest East India Merchant*, p. 31; H. B. Morse, *The Chronicles*, vol. 3, p. 78.

[250] 蘇精，〈英國東印度公司與西醫來華〉，頁 50; IOR/B/143, 1807/4/3, p. 1444.

[251] IOR/R/10/39, 1807/4/8, par. 90-91.

保險行，從事類似銀行業務，借錢給其他急需周轉的行商或私商，藉高利貸謀利。董事會一方面斥責「特選委員會」的姑息怠職，要求嚴格調查，也嚴禁職員再有任何投機的行為，[252] 此處提到的保險行或許是第一屆廣州保險公司(Canton insurance company)。[253] 不久，「特選委員會」的檢討報告裡提到確有此事，但強調保險行未與公司利益相衝突，僅是提供給商人較便利的融資管道。1809 年董事會仍舊認為不恰當，拒絕讓該保險行號繼續經營。[254]

此外，當 1799 年公司重新開放廣州商館職員從事代理生意後，雙方針對公司利益和個人利益孰重孰輕的問題，依然時常爭辯不止。十九世紀初，此問題又因鴉片走私貿易的特殊性更顯對立，當時清廷屢次宣示嚴禁鴉片進口，公司擔心若商館職員被發現參與其中，將無法向清廷解釋，可能因而損及茶葉貿易的巨額利益，遂於 1808 年 2 月信裡，示知此後不准商館職員以任何形式參與鴉片有關的貿易，但實際上需求的增長已使鴉片代銷生意佔了商館職員代理貿易不小比重。

公司這項禁令隨即引起部份商館職員抗議，巴林行成員之一的喬治・霸菱認為他身兼鴉片貿易代理人並不會影響到商館的工作，但公司的規定勢必衝擊該行獲利。「特選委員會」內部對此議題的意見也不一，巴特爾和布蘭斯頓(William Bramston, ?-1814)均表贊同，前者認為當商館職員涉入鴉片買賣時，中國官方對公司的不信任感將增高；後者則認為商館貨監從事私商代理人業務時，自然優先考慮個人買賣利益，長期下來，早已損及公司獲利。[255]

隔年，董事會重申政策不變，巴林行為因應情勢，只好切割商行業務，把鴉片銷售交與跟該行合作的私商大衛森(W. S. Davidson, 1785-1869)專門負

---

[252] IOR/R/10/39, 1807/4/8, par. 8-9.

[253] Michael Greenberg, *British Trade and the Opening of China, 1800-42*, p. 171; Anne Bulley, *The Bombay Country Ships, 1790-1833* (Richmond, Surrey: Curzon, 2000), p. 68. 據資料顯示該公司成立於 1805 年，且有廣州商館職員參與。

[254] IOR/G/12/160, 1808/1/7, par. 147-148; IOR/R/10/40, 1809/1/11, par. 94.

[255] H. B. Morse, *The Chronicles*, vol. 3, pp. 78-80.

責，商館職員只處理棉花貿易。[256]

1800 年公司終止商館代理行業務後，似乎直到十餘年後的 1815 年才又打算重建，運作模式和先前雷同，由「特選委員會」底下至少二位貨監負責，也禁止商館職員從事代售他人貨物的生意，違者將立即開除，且遣返英倫。[257] 公司之所以於此時打算重建代理行，或與 1814 年起英印貿易自由化有關，該年公司失去壟斷英印貿易的權力，評估大量資金將湧入印度市場，連帶地更多資本也投入中印貿易，港腳商人對貨物代銷、代購、保險等需求亦隨之增加，商館代理行或許可以從中獲利，亦可抑制私商的勢力。

公司原本推薦貨監莫洛尼和羅巴賜負責商館代理行，但兩人以港腳商人不信任、替私商墊付資金風險太大、廣州夏季炎熱等各種理由回絕，「特選委員會」詢問其他貨監與書記，也都無意願，[258] 似乎重演十八世紀末商館代理行面臨的窘境。董事會失望之餘，也更強硬地規定，往後商館職員除公司業務外，不得兼差從事任何代理生意或其他商業行為，以求職員們專心工作。隔年商館每位貨監還需簽署一份聲明書，保證和代理貿易沒有任何關聯。[259]

此時公司再度禁止商館職員從事代理貿易的政策，既使在華職員的工作更加專業化，與印度同步，後期職員的收入亦更為減少；且另一方面，原先將貨物委託給商館職員的港腳商人，也將生意轉給其他在華私商，更助長其貿易規模。

---

[256] The House of Commons ed., *Reports from the Select Committee of the House of Commons appointed to enquire into the present state of the affairs of the East India Company* (London: J. L. Cox, 1830), pp. 262-263.

[257] IOR/R/10/46, 1815/4/7, par. 2-6.

[258] H. B. Morse, *The Chronicles*, vol. 3, p. 231.

[259] IOR/R/10/47, 1816/12/18, par. 45; H. B. Morse, *The Chronicles*, vol. 3, p. 343.

五、從在華職員薪資政策看公司發展問題與困境

商館職員薪酬所得的議題，不僅涉及公司內部人事管理，其實亦與重要的時代議題相互聯結，包括工業革命帶來的社會轉變、公司與私商（private merchant）的貿易競爭、公司在英國社會的形象等，可從中檢視公司在此時面臨的幾大問題與挑戰。[260]

十九世紀初以來，無論是英國本土、印度或中國市場，公司面對的時代環境和之前明顯不同。先是非屬公司的英國各地私商陸續前往印度發展，商業勢力日益茁壯，成為公司無法忽視的對手。此外，十八世紀末期以來，英國社會在工業革命影響下，產業結構產生重大變遷，新的工業和商人階級團體在地方城市(provincial cities)如利物浦(Liverpool)、曼徹斯特(Manchester)興起，[261] 他們謀求擴大產品在海外市場的銷售，也希冀取得更多政經權益。在不滿公司獨享亞洲貿易利權情形下，私商串聯地方城市的新興工商群體，不斷訴求貿易自由化，挑戰公司壟斷的正當性。

中國貿易方面，十八世紀末，以往歐洲各國對華的商業機構組織已淡出中國市場，公司在華商貿對手轉變為來自大西洋彼岸的美國商人。美商採取的貿易模式相當自由，與公司經營方式迥異，因此英人不時將公司的經營成效與美商相互對比（相關論述亦參見第六章）。

面對新的社會變遷與海外貿易局勢，公司採取的各項舉措和抉擇攸關發展的前景和壟斷權的維持，對廣州商館職員的薪資政策係其中一環，當中的措施如職員的選拔、職員的「個人貿易」等，其實皆呈顯了其經營亞洲貿易的思維與特點，提供一個側面和線索去瞭解為何此時公司陸續喪失印度和中

---

[260] 此小節中，筆者討論年代不限於 1816 年，亦往後擴充至 1834 年。

[261] 地方城市係指倫敦以外的次級城市。

國壟斷利權等重大問題。

有關廣州商館職員薪津政策反映出的公司治理思維，和從中觀察同時期公司面臨的問題，學界相關外文研究成果包括菲力普斯分析 1784-1834 年間公司董事會的組成和決策、坎恩(P. J. Cain)和霍普金斯(A. G. Hopkins)提出的「紳士資本主義」(gentlemanly capitalism)學說、[262] 愛莉克森(Emily Erikson)論述早期公司職員的「個人貿易」如何有利公司拓展亞洲商貿勢力、[263] 費克特爾(J. R. Fichter)比較此時公司和美商貿易模式的優劣等，[264] 各著作皆具啟發，下文將借助其觀點進行討論。

接者，筆者就廣州商館職員的人員選任與薪資架構以及職員的「個人貿易」政策兩方面為例說明之。

近代英國經濟發展的特色是資本主義，隨著帝國的擴張，也延伸至海外，近年來，有學者提出「紳士資本主義」的概念，認為倫敦地區的商業資本家，不必為了生活奔波，以「紳士」自居，講求文化素養和教育出身，重視社會地位的經營，其價值觀與工業或製造業者大不相同，有著高人一等的階級意識，他們和英國上層政治菁英的關係良好，彼此擁有類似的理念和世界觀，在帝國政策的制定和海外貿易的擴張，比起工業資本家扮演著更具關鍵性角色。[265]

回顧公司的歷史，與上述概念頗為呼應，據分析 1784-1834 年間公司董

---

[262] P. J. Cain and A. G. Hopkins, "Gentlemanly Capitalism and British Expansion Overseas I. The Old Colonial System, 1688-1850," *The Economic History Review*, vol. 39, no. 4 (1986), pp. 501-525.

[263] Emily Erikson, *Between Monopoly and Free Trade: The English East India Company, 1600-1757* (New Jersey: Princeton University Press, 2014).

[264] J. R. Fichter, *So Great a Profit: How the East Indies Trade Transformed the Anglo-American Capitalism* (Cambridge, Massachusetts: Harvard University Press, 2010).

[265] P. J. Cain and A. G. Hopkins, "Gentlemanly Capitalism and British Expansion Overseas I. The Old Colonial System, 1688-1850," pp. 501-525. J. R. Fichter, *So Great a Profit*, p. 142. 張順洪，〈紳士資本主義理論評介〉，收入陳啟能、王學典、姜芃主編，《消解歷史的秩序》（濟南：山東大學出版社，2006），頁 84-94。

事的社經背景，其中倫敦地區的商人、銀行家所佔的比例不小，且許多人亦是國會議員，具政治影響力，顯示亞洲貿易的巨大利益由倫敦少數資本團體掌控。[266]

大部份董事透過推薦權，安插子弟於公司海外最具發展前景的據點。且從解讀「紳士」的意涵也有助於理解商館職員的分法，「書記與貨監」體系的職員，其薪資計算、相關福利等，與「技術性僱員」差異甚大，主要區別在於前者來自同一「紳士」階級，家世背景、教育出身類似，後者則非。也因此一區別，即便商館書記的位階不高、薪資不多，但仍是一「體面」的工作，和「技術性僱員」相比，其社會地位和職業的前景大不相同。[267]

公司之外，英國各地不屬於公司的私商在亞洲的商業版圖逐步茁壯，十九世紀初，私商在華貿易的部份商品已可與公司相抗衡，[268] 也不滿公司加諸的許多限制，如徵收過高的運費。此外，如前所述，工業革命期間英國社會變遷加速，許多新的經濟問題隨之而起，新興地方城市崛起，相關工商業團體和中產階級更重視自身的政經權益。這些人士持續發起向國會請願的運動，也不時透過平面媒體，攻擊公司的經營缺失和壟斷經濟主義的不是，這種情形下，是否繼續維持公司的商業特權日益成為十九世紀初期英國主要的經濟議題之一。另一方面，捍衛、支持公司者亦有其主張和論點，雙方的論戰持續多年，過程中非公司陣營逐步取得優勢。[269]

英政府在各種考量下，陸續採取限制公司商業利權的措施，1793 年國會制定公司新特許狀時，私商取得初步權益，在每年公司往返印度船隻獲得固

---

[266] C. H. Philips, *The East India Company 1784-1834*, pp. 24, 29-30, 41, 64, 95, 237, 307-337.

[267] 張寧，〈評 P. J. Cain、A. G. Hopkins 著，*British Imperialism: Innovation and Expansion, 1688-1914*〉，《暨大學報》，卷 3 期 2(1999)，頁 199-202。

[268] P. A. Van Dyke, *The Canton Trade*, pp. 79, 161.

[269] Anthony Webster, "The Political Economy of Trade Liberalization: The East India Company Charter Act of 1813," *The Economic History Review, New Series,* vol. 43, no. 3 (1990), pp. 404-406. F. W. Fetter, "The Authorship of Economic Articles in Edinburgh Review, 1802-47," *The Journal of Political Economy*, vol. 61, no. 3 (1953), p. 234.

定船貨額度。[270] 接著，1794-1813 年間，反對公司的各方陣營訴求重心為全面開放印度貿易，他們從經濟學論、運費比較、進出口貿易量前後變化、比較英美貿易差異等各種角度，論述英、印貿易在公司壟斷架構下，是如何不利英國商貿的進一步發展。[271] 1813 年國會重新議定公司特許狀內容時，正式通過英印貿易自由化，大幅限制公司利權，私商相關陣營視為一大勝利。[272]

不久後，私商在印度的貿易持續成長，而且隨著中國對印度鴉片需求的增加，越來越多港腳商人來華拓展商貿，他們和印度、倫敦的私商有著緊密的合作網絡。[273] 因此，英國雖已開放英印貿易，但反對公司者仍持續呼籲進一步開放中國市場，以求參與仍由公司壟斷的高利潤商品如茶葉，公司管理下的中英貿易和廣州商館各項運作，遂屢屢遭到輿論放大檢視。

另外，中國市場上，十八世紀末至十九世紀初歐洲英、法對抗期間，美國受惠於中立國的角色，美商大力發展對歐洲、中國等地的貿易及再出口貿易，商業勢力增長快速，成為此時英國在華貿易主要的競爭對手。[274] 不滿公司的英人，每每徵引統計資料，相互比較公司與美商的經營模式，希望藉此凸顯公司的缺漏和不足，貶抑其社會形象。

在各種反對公司的言論裡，創刊於1802年的《愛丁堡評論》(*The Edinburgh Review*)頗具代表性，它是十九世紀中葉以前英國少數專門討論經濟議題的定期刊物，在當時重大經濟爭議裡，皆刊登詳細的討論專文，該刊強調市場自由，反壟斷的立場鮮明，在英國中上層社會間享有高知名度和影響力。[275]

---

[270] C. H. Philips, *The East India Company 1784-1834*, pp. 78-79, 107.

[271] 相關論述參見 Anon., *The Question as to the Renewal of the East India Company's Monopoly Examined* (Edinburgh: Printed at the Correspondence Office, for S. Doig and A. Stirling, 1812). James Mill, "Papers Relating to the East-India Company's Charter, & c. viz: East Indian Monopoly," *Edinburgh Review*, vol. 20, no. 40 (1812), pp. 471-493.

[272] C. H. Philips, *The East India Company 1784-1834*, pp. 184-185.

[273] H. B. Morse, *The Chronicles*, vol. 4, pp. 163, 254.

[274] J. R. Fichter, *So Great a Profit*, pp. 82-93, 174-176, 183-185, 189-191.

[275] 游博清、黃一農，〈天朝與遠人〉，頁 22-23；F. W. Fetter, "The Authorship of Economic Articles in Edinburgh Review, 1802-47," pp. 232-234.

1814-1833 年間，該刊至少三度刊登專文，批評公司管理中國貿易諸多缺失，例如 1824 年時認為英國市售的茶葉價格高出歐洲和美國許多，主因之一為公司的管理不當和董事的過度貪婪、濫用壟斷特權。[276]

各種批評裡，公司在華職員的選任過程和薪資架構也是遭詬病之處。1818 年《愛丁堡評論》稱商館貨監的薪水極高，資深者的年收入高達 18,000 鎊，最資淺者亦有 4,000 鎊，但他們「工作很少或無事可做」，批評公司的管理是「無益且有害的」，該文也不時對比美商的情形，認為美國對華貿易之所以年年增長，正是因為採取自由貿易政策所致。[277] 1824 年《愛丁堡評論》再度出現類似論述，除了薪酬過高之外，也質疑貨監選任的不公正，「幾乎全是公司董事的兒子或親戚」，但工作量跟美國在華「代表」類似，後者薪資卻僅 200 鎊，而且商館每年的開支高達 20 萬鎊，全由人民負擔。[278] 或許也是在社會輿論的壓力下，迫使公司高層重視和討論貨監薪酬的不合理之處，而導致前述 1820 年以來的一系列調整。

如將前文已知的商館貨監薪酬情形，和《愛丁堡評論》所言兩相對照，可知後者部份言論有誇大和扭曲之處，商館貨監最高薪酬約 12,000 鎊，僅約《愛丁堡評論》所稱的六、七成，且貨監工作十分繁重，並未如想像中輕鬆。[279]

然而，另一方面，當中確也反映出此時英國社會不同階級經濟思想之間的對立和彼此利益的衝突。前文提及，十八世紀末公司一度改革商館的用人文化，限制董事兒子任職的比例，如此有助於不同意見的交流，而非僅限於倫敦某些有權勢家族的利益考量，但不久仍不了了之。就此而言，面對十九

---

[276] J. R. McCulloch, "Observations on the Trade with China," *Edinburgh Review*, vol. 39, no. 78(1824), pp. 458-467.

[277] 游博清、黃一農，〈天朝與遠人〉，頁 23-24；John Crawfurd, "Journal of the Proceedings of the late Embassy to China: Chinese Embassy and Trade," *Edinburgh Review*, vol. 29, no. 58 (1818), pp. 440-441; F. W. Fetter, "The Authorship of Economic Articles in Edinburgh Review, 1802-47," p. 249.

[278] J. R. McCulloch, "Observations on the Trade with China," p. 465.

[279] 游博清、黃一農，〈天朝與遠人〉，頁 24-25。G. T. Staunton, *Miscellaneous Notices Relating to China, Part the Second*, p. 159.

世紀以來新的社會變遷，公司薪酬政策顯得十分保守，並不符合社會上新興資產階級和相關人士的期待。

接著，就職員「個人貿易」而言，公司發展史中，不同時期裡因應時空背景，對此持不同的態度。早期公司因貿易經常呈現逆差，導致英國國內銀元大量外流，招致許多批評，成為它准允「個人貿易」的重要原因之一，職員經營「個人貿易」時帶往亞洲各地的銀元成為公司籌資的管道。[280] 又公司早期之所以在歐洲各國專營亞洲商貿組織裡脫穎而出，它允許船長和職員經營「個人貿易」其實扮演相當重要的角色，職員經營自身貿易時，雖不免與公司利益衝突，但也因此，公司才能取得各地更多的商情資訊和人脈網絡，且這種分權式(decentralization)的管理，比起集中式的組織，更有助於資訊的快速傳遞和市場的拓展，整體有言，有利於公司商貿的拓展。[281]

其次，十八世紀中葉，公司治理印度孟加拉地區後，新財源如土地稅降低了對白銀的需求，進而大大影響公司對職員「個人貿易」的政策，從開放轉為禁止，也影響對職員行為道德的判斷標準，1760 年代之前職員進行「個人貿易」完全合乎公司規定，但 1780 年代之後卻被視為貪汙、腐敗。[282]

從而可知，1780 年代起在中國市場上，公司對廣州商館職員代理貿易的政策幾度改變，對公司而言，弛禁與否都有其難處，其實頗為棘手。若允許職員兼作代理貿易，雖有助其個人利益，但公司利潤將下降；然而強行禁止則有利於私商在華發展，同樣對公司不利。

或許在這種兩難處境下，1792-1799 年間董事會考量商館職員代理貿易與公司可能的利益衝突，先行禁止之，試圖改以商館代理行的形式，既讓商館職員獲利，又壓制私商在華勢力，但或因未充分考慮職員和港腳商人的想法，代理行生意不見起色，公司的「如意算盤」並不如預期的成功。十九世紀初，遂又重新開放商館職員兼營代理生意。但做法與之前略有不同，如 1808 年後

---

[280] Emily Erikson, *Between Monopoly and Free Trade*, p. 66.

[281] Emily Erikson, *Between Monopoly and Free Trade*, pp. 13-18, 56-65, 77-82, 104-106, 173-175.

[282] Emily Erikson, *Between Monopoly and Free Trade*, pp. 66-67.

鴉片不在職員可代理貨物之列。

至1815年時受英印貿易自由化、中國鴉片需求的影響，公司預期港腳商人對貨物代銷、代購、匯兌等業務需求也隨之增高，又一度打算恢復商館代理行，冀望從中獲得更多利潤。但商館職員仍舊認為個人利益受損，不願配合，公司無奈之餘只好取消計畫，但規定1816年起，職員不得兼營代理貿易。

然而，公司貿易和職員「個人貿易」之間有著微妙的平衡點，過度的限制和干預，實際上不利於公司的競爭力，失去許多掌握商情、經營商貿網絡的機會。如前文所述，1791年當公司決議限制在華職員代理貿易時，在華職員們曾建言稱「將造成商館許多重要商業往來的損失，導致此地私商勢力的建立，及其他嚴重後果」，似乎預見公司政策上的短視和不足之處；而且1800-1815年間，當公司再度開放在華職員「個人貿易」時，從當時的書信或著作中，確實可見到，商館職員建立的各種商業往來，有助於鞏固公司在華的商業勢力。從中或也可看出，公司之後在中國市場貿易競爭無法維持優勢的因由。

六、小結

1770年代起，東印度公司倫敦董事會鑑於中英貿易量的需求，決議中國職員常年駐華，1784 年〈折抵法案〉後，公司對華茶葉採購量大增，1786年董事會更決定調整廣州商館的管理架構，成立「特選委員會」，就近監督商館各項運作，接著，經過數年嘗試與經驗，逐步建立商館各項管理制度或慣例，1792年「機密與監督委員會」來華後，更確立商館往後組織分工、帳簿紀錄等制度的方向。

商館除了書記、貨監、醫生等既有編制外，公司也陸續增設茶師、「中文翻譯員」、中文教師等職位，這些人員皆有助公司在華貿易的整體運作，如在董事會持續支持鼓勵下，1810年代以後，商館多位職員的中文能力已達相當水準，一改十八世紀末時公司缺乏中文人才的窘境，有利於商館和官府及行商的溝通來往。茶師的功能則確保茶葉品質，提高好茶比率，同時也節省許多購茶成本。對比當時在華第二大外商團體——美國商人，商館設置的專職茶師和「中文翻譯員」，應使公司在貿易、溝通等方面更具優勢。

1796 年，董事會規定往後廣州商館貨監和書記的人員編制固定於二十人，加上多數貨監任職時間長，使書記升遷速度變得越來越緩慢，筆者統計後發現 1801 年之前和之後進入商館的書記，升遷平均速度有著差異明顯，似乎也表示商館人事升遷雖有制度，但稍嫌僵化。

又，以 1815 年為例，該年廣州商館的編制為二十四名職員，扣除休假、出差及未到華的人員，實際工作者約二十名，但他們該年負責的總貿易量卻高達約 27,000 噸，因知商館人員的工作負擔其實並不輕。1818 年，《愛丁堡評論》為文批評商館職員坐享高薪、「特選委員會」保護當地英人不足等缺失。小斯當東曾就此嚴詞反駁，曰：

> 僅就商業責任而言，一個很少超過十四或十五個人的團體，卻要負責進口貨物的售價，以及為二十至三十艘最大型船隻購買出口貨物與裝卸貨物的所有細節，貨物的檢驗、挑選，還有校對貸款、票據、匯兌、帳目等，……這些都是如此大規模貿易必需的。每年他們還要與印度幾個總督進行各種通信，每年總督們委託大量工作給廣州商館，還不包括商館與倫敦總公司間更頻繁的通信。[283]

他還列舉商館職員在中國遇到的各種困難，使其身心承受極大負擔，當發生商貿糾紛或華夷衝突時，商館還要負責協調，這樣的工作量實際上早已超過十幾個人的負荷量。[284]

---

[283] G. T. Staunton, *Miscellaneous Notices Relating to China*, p. 194; 游博清、黃一農，〈天朝與遠人〉，頁 22-23。

[284] 游博清、黃一農，〈天朝與遠人〉，頁 23。

除貿易工作外，職員薪酬議題涉及中國貿易利潤的分配，成為董事會時常關切討論的焦點之一，希望透過相關機制達成激勵員工努力工作、撙節開銷等目標，如何合理地支付商館職員薪資，給予適當福利，也攸關職員個人權益和財富，為此，公司除參考慣例，亦斟酌情勢進行調整，力求雙方都能受惠互利。此外，從中亦可觀察到近代資本主義和企業人力資源管理諸多重要議題，包括佣金機制、升遷獎勵、休假制度、退休金等。

前文統計商館書記的薪資和貨監的佣金，可知基層書記的年薪並不高，甚至比「技術性僱員」來得低，但一旦升上貨監後，佣金收入相當可觀，且連休假期間的給薪亦較有保障，顯示公司對貨監的重視與禮遇。再者，約自 1801 年起書記升任貨監所需時間越來越長，且因書記調薪幅度不大、貨監和書記員額編制固定、全體貨監抽佣總比率長期不變、職員平均任職時間很長等，綜合這些因素，越晚進入商館工作的書記，其可預期總收入也較少。另一方面，十八世紀末以來，公司對華貿易量持續成長，使得前後期書記的待遇和工作內容差別頗大。一般而言，越晚進入商館者，個人預期總收入較差，但卻又要負擔較繁重的工作量。

不同於商館的書記和貨監，商館「技術性僱員」與公司董事間多無血緣或姻親關係，其薪資遠不如貨監，公司亦較不重視其相關訴求。綜合比較相關條件，「技術性僱員」裡茶師待遇最佳，醫生次之，中文教師與牧師再次之。

長期來說，商館職員「可預期」收入雖呈現下降趨勢，但多數人的薪資水平，仍普遍高於英國中產階級及公司其他地區僱員的年收入，因知在當時英人心中，如能到商館工作，某種程度上即等同發財致富的保證。

福利部份，公司亦努力提供商館職員各種優惠，使其在遙遠異鄉的生活舒適無虞。其中，最重要者應是早期同意商館高階貨監以下的職員經營代理貿易，藉抽佣增加個人收入。但因其涉及公司、商館職員之間的利益分配，以及在華私商勢力發展的問題，並不易處理，因此，1792 -1799 年間及 1815 年時，公司兩度試圖建立代理行，既讓公司和職員獲利，也壓制在華私商的勢力；但因不符職員的利益和港腳商人的需求，最後皆以失敗結束。1816 年起公司禁止在華職員往後經營代理貿易和其他商業行為，在此政策上，中國與印度一致化，影響所及，商館職員的收入減少，工作更趨於單一與專業。

衡諸董事會對商館職員實施的各項薪酬機制，就公司內部治理的角度而言，它透過貨監佣金機制，有效地控制商館的人事成本，並達到貨監善盡監督職責、撙節商館日常開銷等目的。且梳理薪資與福利相關規定的演變後可知，早期許多制度顯得寬鬆與不周延，以致產生若干弊端，如貨監藉休假之名領取佣金。在公平與彈性考量下，公司多次調整相關制度，規範日趨嚴謹合理，防堵制度的漏洞和不合理。自 1820 年新規定後，無論是休假的審核、貨監休假佣金的額度等，皆更為明確和具體，讓職員收入更符合其實際工作狀況。因此，就組織內部治理來說，公司可謂是成功的。

然而，另一方面，如將公司在華職員的薪資政策放置於當時英國社會變遷、亞洲貿易競爭等脈絡來看，它的若干政策其實顯得保守與侷限，應該十分不利其發展。一個問題是來華的書記中，倫敦公司董事的兒子或親戚的比例頗高，選拔制度並不公平；且貨監的薪酬極高，象徵由少數人掌控龐大利益，成為工業革命後，英國私商和新興工商團體等訴諸輿論，要求社會改革，強烈反對公司壟斷對華貿易的有力論點之一，也顯示公司政策的保守和無法滿足社會其他利益團體的期待。且在處理商館職員代理貿易的問題上，公司始終無法提出一個較合理具彈性、兼顧公司與職員個人雙方利益的解決方案；代理行政策的不成功，反映倫敦高層對廣州貿易情勢掌握的不足，而完全禁止職員從事「個人貿易」的結果，使公司喪失許多掌握中國市場商情和貿易網絡的機會，應該也間接幫助私商在華勢力的成長，從而不利公司的競爭。

1833 年國會決議不再延續公司在華的貿易特權，曾經叱吒亞洲國際貿易的公司，止不住自由貿易的趨勢，終究完全讓出它在「東印度地區」享有長達兩百餘年的商業特權，象徵政府干預市場程度的降低，英國在亞洲的商業貿易史也進入一個新的紀元。過去外國學界認為公司利權的喪失，與 1832 年國會改選後，下議院中代表公司利益議員席次的減少，以及新興工商階級議員席次的大增密切相關。[285] 但如從公司在華職員的薪資政策去檢視其面臨的問題，可知此時它的舉措，一方面無法有效地應對十九世紀新的社會變遷，說服英國社會其他不同利益階級的訴求；另一方面，在中國貿易的一些策略如職員「個人貿易」上亦顯得反覆和短視，組織的創新和彈性不足，無法創造更有利的貿易環境，這些因素應也是其失去壟斷權的因由。

公司對華的經營管理，除了人事組織的議題外，還涉及資訊管理、貨物管理、人員控管、資金調配、航運管理等多種層面，也與公司在華商業競爭力息息相關，將於後續章節討論。

---

[285] 如 C. H. Philips, *The East India Company 1784-1834*, pp. 285-287, 289, 293.

第四章　倫敦與廣州間的遠距管理

十九世紀初，東印度公司已是世界上首屈一指的國際性大公司，各式雇員多達十餘萬人，貿易網絡遍及歐、亞、非三洲，以商業「帝國」形容之亦不為過。廣州商館作為公司亞洲貿易重要的一環，需和公司內部行政組織保持各種聯繫、互助或配合。本章先論及倫敦與廣州之間的遠距管理，因公司中英貿易大宗貨物如毛料、茶葉等，其產地、市場調查、貨物販售、品質管制等，都在廣州或倫敦進行，茶葉貿易又是公司對華貿易主要獲利商品，故管理上，由董事會直接指示商館各項商務運作，彼此關係最為密切，而非距離相對較近的印度總督區，書中將探討公司如何在遙遠的兩地間，管理訊息往返、人員行為、貨物供需、資金調度、船運等事宜。

一、訊息管理

(一) 訊息類型、循環機制和傳遞方式

倫敦和廣州之間，船隻航行距離超過一萬公里，季風動力時代，英人航行如此遙遠的兩地之間，耗時至少需達數個月，亦代表訊息傳遞所需時間，許多「新聞」傳到倫敦或廣東時，已是數月、甚至更早之前的舊聞。董事會如要管理對華貿易，需依賴各種可靠、詳盡的資訊，故如何有效地掌握和傳遞相關資訊，建立訊息的常態循環，提升訊息處理效率，確保資訊安全性等，可說是董事會關切的重點之一。

實際上，訊息的處置和管理可謂東印度公司經營亞洲貿易的核心議題之一，每年董事會下屬各委員會，僅有最資深的董事才能參與通信委員會，負責處理倫敦總部和亞洲各地之間往來的信函和文件。

先是，十七世紀前期，廣州商館職員尚未長年駐華，當時訊息傳遞的機制是公司船隻貨監於離華前，寫下該季在華貿易情形，並將副本抄送至巴達維亞等地，如此一來，下年度來華貨監可事先在東南亞讀閱，掌握廣州市況。1741 年，公司船 *York* 號貨監來華前，於該年 7 月途經巴達維亞，即覽閱上年度在華貨監留下的紀錄，等到 *York* 號在華完成交易，準備離華前，貨監也彙整各種商情，抄送一份副本至巴達維亞，另一份則留在澳門。[1] 約 1770 年代起，董事會決定來華船隻貨監不再隨船往返中國，此後，倫敦和廣州之間的通信方式亦有所改變，在此之前，當來華船隻準備從倫敦啟航時，董事會將訓令直接交給船長或貨監。等到商館貨監長年駐華後，船隻則僅負責運送信件，實際執行轉由商館貨監負責。[2]

本書討論時期裡，每年有許多訊息往返中英之間，其中，從董事會送至廣州商館的文件裡，最重要的一類通信是來華「直達船」傳送者，船隻從倫敦啟航時間約是 3、4 月間，信裡一方面提及董事會對該年度商館人事組織與貿易運作的規劃，包含資金供應的方式、貨物檢驗的注意事項、貨物訂購的數量、人事的安排調整等；另一方面，則對商館上一年度或更早之前的各種處置，做出評價、回應或獎懲，當這類信件送達澳門後，商館人員也準備前往廣州，開始當年的中國貿易季。

每年東印度公司船隊抵華時，隨船帶來貨物的提貨單、發票、船上人員「個人貿易」明細、各類貨物的成本與價格等文件，使廣州商館職員得到足夠多的交易訊息，以利進行接下來的貿易活動。此外，隨船也帶來最近幾期的《倫敦公報》(*London Gazette*)、《東印度職員錄》，或英國會剛通過的相關

[1] IOR/G/12/49, 1741/7/18, 1741/12/28.

[2] H. B. Morse, *The Chronicles*, vol. 2, pp. 2, 118; vol. 5, pp. 160, 176.

法令文件，以備職員參考。

至於廣州商館寄回倫敦的訊息，每年貿易季時，「特選委員會」幾乎皆需常態性撰寫兩次長篇報告給董事會，是當中較重要者。第一次約在貿易季初期或進行到一半時，信中向董事會告知該年度船隻抵華狀況、商館處理進口貨情形等事項。第二次則大多是貿易季終了時，此次可謂年度貿易報告，篇幅通常更長，有時長達七、八十頁，甚至百餘頁，內容包括該年貿易季商館處理貨物、資金、匯兌、人事管理的詳細情形，亦估計商館下一年度的投資總額、進出口貨物所需種類和數量，供董事會參考。這兩次長信中，商館也回應董事會先前的改善要求、指示命令等，建立雙方常態性的意見交換和信息循環。例如，商館在 1814 年 2 月 22 日貿易季結束時撰寫的年度貿易報告，送抵倫敦時約 1814 年秋季或冬季，董事會經過數個月討論後，一方面就較緊急或重要事務做出裁示，一方面安排規劃既有的人事、船務、財務事宜，接著，1815 年 3 月 29 日發出給商館年度主要的訓令，送達商館時間是 1815 年 9 月或 10 月，之後，開始該年度的中國貿易季，完成訊息的流通與循環。[3]

此外，訊息傳遞和公司船運規劃習習相關，廣州商館和董事會往返信件多數時都靠船隻運送。在以季風為動力的時代，東印度公司來華船隻均有大致船期，一年中不同月份啟航的船隻，也傳遞性質不一的各類信件或帳冊，如每年貿易季最後離華的船隻負責運送商館當年的《日誌》和《會議紀錄簿》等重要文件；最早來華的「直達船」則運送董事會 3、4 月間給商館的主要訓令，因其從倫敦出發的日期最晚，可搭載最新的消息。一些涉及航行路線、人事安排等機密的信件，因較一般信件重要，依例應是由船長隨身攜帶，到廣州後再交給「特選委員會」，1815 年公司秘密委員會給商館「特選委員會」的指示，即交 *Alnwick Castle* 號船長 Peter Rolland (?-?) 保管。[4]

又，非貿易季時，廣州商館如要與董事會或印度總督區聯繫消息，則利

---

[3] IOR/R/10/46, 1815/3/29.

[4] IOR/G/12/194, 1815/9/19, pp. 152-153.

用港腳船隻，或其他國家船隻（和平狀況下）傳遞信件。有時一些重要訊息如開戰、停戰、市場變化等，其傳遞速度快於其他訊息。

當海運不便或緊急狀況時，才利用陸路傳遞。[5] 1802 年，董事會統計過去幾年中英間的通信情況：

> （商館）利用瑞典船和丹麥船傳送信件到此（英國），平均需時約五個月又三星期；利用美國船，平均約六個月又十一天。你們曾兩度從孟買採陸路傳遞信件，第一次花費五個月又二十六天，第二次則是六個月又兩星期。……然而，當無法利用外國船運送時，才使用陸路。因為，陸路經由國外的郵費相當昂貴，在這類信中，你們只需放入最重要的文件即可。[6]

可見就速度來說，海運略快於陸運，以瑞典和丹麥船隻運送又略勝於美國船。雖然，十八世紀以來，一些技術改良如船底鑲銅、流線型設計等，日益提升航隻的航速，但一般來說，董事會和廣州商館得知對方回應仍頗費時，普通信件約需一年至一年半。

(二) 相關改進和革新措施

十八世紀末至十九世紀初，由於前述諸多條件的侷限，董事會和廣州商館之間的訊息傳遞，至少存在數個月的「時間差」，此一差距有時造成公司對華貿易執行時的重大困難，甚至損失。1802 年 2 月，董事會信中告知「特選委員會」，希望該年購進二十萬匹棕色南京布，但商館因未能即時收到訊息，信件抵華之前，卻已先購進三萬匹白色南京布。[7]

訊息接收的延遲和「時間差」是董事會管理中英貿易最感頭痛的主要問

[5] IOR/R/10/37, 1801/5/6, par. 29; Anne Bulley, *The Bombay Country Ships, 1790-1833*, p. 66.

[6] IOR/R/10/37, 1802/12/17, par. 10.

[7] H. B. Morse, *The Chronicles*, vol. 2, pp. 391-392.

題之一，雖然係此時無法克服的困難，但透過許多措施，依然達成一較合理的資訊管理。

首先，在訊息接收的保障和時效的提昇上，1780 年代末，當時每批來華船隊離華前，僅會運送上批離華船隊到此次船隊啟程時間差內，廣州商館所寫的信件。然而，因公司返程船隻抵達倫敦時間不一，有時較早離華的船隻，卻較晚抵達。董事會為提高訊息接收的效率，命令往後商館在每批船隊離華前，也需抄錄上批船隊運送的信件，以防任何遺漏或延遲。[8]

接著，在訊息保護上，為怕機密外洩，公司內部也設計一套密碼系統，以密碼撰寫特別重要的訊息，如船隊啟航的日期、組成、商業機密等，1807 年，「特選委員會」即以公司密碼告知董事會有關美國商人輸入土耳其鴉片來華的情形。[9]

其次，董事會要求廣州商館將中國發生的各種情事寫入《會議紀錄簿》，即使是微不足道的事，且盡可能於最短時間內完成，避免延誤；亦要求將「特選委員會」和行商的交易紀錄、簽發匯票等資訊儘速記錄至商館《日誌》，因此，這兩種文件的內容、細節幾乎達到鉅細靡遺的程度，這些要求的目的，均是為使董事會盡可能地掌握商館在華發生的各種情況。[10]

為查閱方便和效率，公司也陸續革新通信撰寫的形式，亦有助訊息的管理。例如，1770 年代，每年商館貨監寫給董事會的報告並無適當標記，報告冗長時，事後查找十分耗時，1782 年 12 月 29 日，商館給董事會的報告長達 46 頁，竟無任何標記，這種情形約自 1787 年起有所改善，規定往後商館報告或長信裡，需逐段以阿拉伯數字排序註記。[11] 又，1796 年起，董事會革新了信件中議事討論的「呈現」方式，無論是董事會或廣州商館，對於那些需

---

[8] IOR/R/10/34, 1789/3/18, par. 82.

[9] IOR/R/10/44, 1813/3/12, par. 47; IOR/R/10/46, 1815/3/29, par. 173; H. B. Morse, *The Chronicles*, vol. 3, pp. 72-73.

[10] Hoh-cheung Mui and L. H. Mui, *The Management of Monopoly*, p. 72; IOR/R/10/39, 1808/2/26, par. 15.

[11] IOR/G/12/76, 1782/12/29, pp. 184-231.

進一步討論的事項，在回覆信件裡，頁面空間大略分成左右兩邊，左邊附上原先所提事項的摘要，右邊則是相關的回應，如此對於事件來龍去脈較為一目了然，也縮短查找時間。[12]

此外，約自 1796 年起，因商館議事內容日漸龐雜，董事會也要求「特選委員會」於《會議紀錄簿》之前附上簡要目錄。又，信件中，董事會在指示或檢討商館處理各種貨物時，均刻意加大每項貨物的標題。[13] 這些措施皆有利資訊的查找。

除基本的訊息管理之外，董事會遠距監督與管理廣州商館的重點，還著重於人員行為管理、貨物管理、資金管理、船運管理等幾大方面。分別說明如下：

二、人員行為控管

(一) 商館職員

董事會遠距管理的另一個重點是對公司在華或來華人員行為的控管。商館職員方面，如何採取一些機制與規範，使中國職員保持紀律，服從命令，以及維持工作效率，顯得十分重要。如董事會規定商館人員貿易季在廣州時，無論食、宿，均需在同一商館內，不得擅自在外租房，違反規定者立即停職。[14] 有時「特選委員會」的作法與董事會的訓令或一般原則相違背時，亦招致嚴重指責，1800 年「特選委員會」未經董事會同意即雇用 John Edwick (?-?) 擔任書記，抄錄商館貿易信件，董事會獲知消息後極為不滿，認為如此一來，非公司人員將得知公司對華商貿運作，極為不妥，嚴禁以後再發生類

---

[12] Hoh-cheung Mui and L. H. Mui, *The Management of Monopoly*, p. 40.

[13] IOR/R/10/46, 1815/4/7; IOR/R/10/38, 1805/1/16, par. 121.

[14] IOR/R/10/37, 1800/5/7, par. 7, 1801/4/9, par. 77.

似情事。[15]

為維持廣州商館職員的紀律和效率，升遷、薪酬、責任制等皆是董事會採取的機制。陞遷是商館職員在華工作最關心的議題之一，從董事會角度來說，這也是公司控制職員行為的有效機制。商館職員的晉升多以年資做為優先考量因素之一，如 1816 年初，商館大班約翰・益花臣離職回英後，由二班小斯當東接任，雖然他的父親非董事，但因資歷夠深，歷來表現不錯，故依舊能陞任大班。小斯當東之後接任大班的厄姆斯頓和小傅拉索兩人，亦非董事兒子，厄姆斯頓甚至擔任大班長達七年，是 1786-1834 年間歷任商館大班任職最久者。這同時也說明董事會評斷商館職員的晉升具一定程度的公平性，避免其他貨監不服或非議。

若廣州商館職員表現不符董事會期待，亦影響其升遷。1810 年 4 月，董事會事後檢討 1808 年英人攻佔澳門的行動時，認為當時「特選委員會」在沒有事先知會廣東官方情形下，徑自要求印度大總督派遣武力來華，且在佔領澳門數個月期間，亦不顧中國官方屢次告誡，導致清廷極大不滿，認為「特選委員會」的決策是「如此未經授權和不恰當」，造成公司在華利益很大損害，故決議撤換當年「特選委員會」成員仍在任者，僅大班約翰・益花臣獲留任，以示懲戒，其中包括 1810 年的二班巴特爾，他直至下一年度才又進入「特選委員會」，且排序為三班。[16] 又，1815 年「特選委員會」成員裡，巴特爾的資歷較現任大班約翰・益花臣更資深，理應擔任大班，但或受之前英人佔領澳門事件影響，董事會質疑他擔任大班的適任性。[17]

商館貨監的佣金制度也是董事會維持職員工作紀律和效率的方式之一。若商館貨監努力爭取到有利的貨物買賣價格，即可增加該年度公司分給貨監的佣金總額，為增加報酬，貨監均會求取表現。1816 年之前的部份時期裡，公司開放商館職員私自經營代理貿易的作法，或也增加他們努力工作的動機。

[15] IOR/R/10/37, 1801/5/6, par. 26.

[16] IOR/R/10/41, 1810/4/11, par. 53-54; H. B. Morse, *The Chronicles*, vol. 3, pp. 76, 130.

[17] IOR/B/150, 1810/3/14, pp. 1511-1512.

責任制方面，董事會陸續要求負責商館各項工作環節的職員，於相關帳簿上簽名。1780 年代，貨監需在各自負責包裝、檢驗的茶種紀錄上簽名，將來若發生問題，公司將向其求償。1801 年，董事會則要求商館監督船隻裝卸貨物的職員，需在《貨物登記簿》簽名，若事後登載不實，負責人員需賠還，[18] 1815 年，商館《日誌》即見商館秘書小傅拉索、小斯當東等人在《貨物登記簿》簽名的紀錄。[19] 又，1802 年，董事會要求往後商館《包裝簿》(*packing books*)上，除記錄茶箱種類和皮重、茶葉購買價和品級、購買日期等資料外，也需記下負責挑選、秤重和抽檢茶箱貨監的姓名，將來若發生污損、檢驗不實等情形，公司將向負責貨監索賠。[20]

(二) 公司來華海事人員

除了商館職員之外，每年東印度公司來華船隻上的海事人員數目眾多。十九世紀初，一艘 1,200 噸級的公司船隻，包含船長在內，約有 130 名的工作人員，[21] 以 1815 年來華的二十一艘「定期船」計算，即有 2,730 人，這些船上的水手不少是臨時招募，來源複雜，教育程度也較差，素質並不佳。1815 年商館《日誌》登記來廣州的港腳船隻及他國商船各為二十五艘，這類船隻噸位較小，但船上工作人員亦應不少於 20 人，[22] 如再加上澳門葡萄牙的船隻水手，1815 年在華各國海員人數應不下四、五千人。[23] 他們經過數個月遠洋航行後，許多英籍水手在華時每每縱情飲酒歡樂，難以控管，以往即有不少因酗酒所引起的鬥毆鬧事，甚至命案，嚴重的如 1807 年的海神號事件、1810 年的黃亞勝事件等。如何控管這些海事人員在華的行為也是公司管理的重點

---

[18] Hoh-cheung Mui and L. H. Mui, *The Management of Monopoly*, p. 37; IOR/R/10/37, 1801/4/9, par. 59.

[19] IOR/G/12/199, 1815/12/4, 1816/2/28.

[20] IOR/R/10/37, 1802/12/17, par. 86-87.

[21] J. R. Gibson, *Otter Skins, Boston Ships and China Goods*, p. 107.

[22] IOR/G/12/199, pp. 133-134.

[23] J. R. Gibson, *Otter Skins, Boston Ships and China Goods*, pp. 107-108

之一。

對「特選委員會」來說，貿易季時若有英人牽扯進華人命案裡，會帶來極大的緊張和擔憂，因廣東官員為要求商館交出凶犯，往往下令封艙停止貿易，海神號事件使貿易中斷二十餘日，黃亞勝事件則讓公司船隊延遲一個月啟航，可能讓公司需額外支付不少的遲滯費用，這些水手的騷動對貿易的運作帶來不少的困擾及損失。[24]

為有效管理船上人員的行為，董事會和中國官方很早即陸續頒佈許多規範，1756 年，清廷為避免英法兩國水手鬧事，指定黃埔附近的長洲島(Danes island)作為英國海員休憩之用，深井島(French island)則供法國海員休息。1785 年時，或因中英貿易量激增，來華公司船上的水手人數也大增，導致發生很多違紀的行為，有鑑於此，「特選委員會」於 1787 年貿易季開始後不久，也決議賦予公司在華船隊長特別權力，當船隻發生騷動時，每艘公司船需聽從船隊長的命令，調撥一艘小船作為警備船，同時每船派一名管事的幹部，逮捕意圖造事、擾亂秩序的水手。[25]

此後至 1806 年間，中英雙方都陸續做出相關限制，如禁止中國人在岸上賣酒給水手、避免華人和英國水手接觸，在廣州附近指定一小塊地方給水手休息等。[26] 1807 年海神號事件之後，隔年董事會負責船務管理的船運委員會，即提議取消以往給予來華船員任意自由到廣州的優惠，並得到董事會的通過，防止類似騷動再度發生。[27] 實際上，中國方面，廣東官方也禁止往後各國水手船員能任意自由地到廣州。[28]

雖有這些約束規定，但兩年多後，中英之間卻又發生黃亞勝事件。1810

[24] H. B. Morse, *The Chronicles*, vol. 2, pp. 112, 145-146, vol. 3, pp. 123-126; G. T. Staunton, *Miscellaneous Notices Relating to China*, pp. 261-263, 268, 274-275; G. T. Staunton, *Memoirs*, p. 34; J. R. Gibson, *Otter Skins, Boston Ships and China Goods*, pp. 104-106.

[25] H. B. Morse, *The Chronicles*, vol. 2, pp. 37, 145-146.

[26] H. B. Morse, *The Chronicles*, vol. 2, pp. 176, 252.

[27] IOR/B/146, 1807/10/14, pp. 735, 796.

[28] H. B. Morse, *The Chronicles*, vol. 3, p. 70; IOR/G/12/157, 1807/10/11, pp. 167-168.

年 1 月 17 日深夜，廣州太平門外承遠街上的一名鞋舖工人黃亞勝，因細故和外國水手發生鬥毆，傷重身亡，稍後據證人方亞科、周亞德指稱，當時在場的三名水手可能是「英吉利」夷人，廣東官方隨即展開調查，並下令停止發給英船紅牌（按：即船隻離港執照），「俟交出兇手後，始准回國，以免縱逸」。「特選委員會」經過進一步調查後，認為案發當時為深夜，證人又無法清楚說明水手的容貌、衣服等特徵，故不能認定英船水手即是兇手。[29] 當時在廣州的公司船隻和港腳船隻共計十三艘已載貨完成，準備回英或印度，據稱貨物總價高達「九百餘萬兩」，受黃亞勝事件影響，這批船隊延至 2 月底才離華。[30]

消息傳回英國後，1811 年董事會隨即通過更嚴格的規定，往後來華的船隻，如有隨船小艇要去廣州，應快去快回，不得過夜，同時亦需有指揮人員負責管理，否則不能上岸，每艇人數並限制在十三人以下。1815 年董事會也要求「特選委員會」確實監督搭小艇到廣州的水手，並將人員進出紀錄彙整成冊，送回公司存檔備查。[31]

此後從 1815-1834 年為止，公司船隻在華時船上人員和華人仍不時發生爭吵鬥毆的情形，但因此導致中國人死亡的案例極少，或僅有 1820 年時，因管理不周，使公司船隻人員疑似在黃埔射死一名華人。而 1821 年造成兩名華人死亡的 *Topaze* 號事件，因該船為英國海軍戰艦，非公司船隻，「特選委員會」無管轄權力，故廣州商館應不須為此事件負責。回顧上述發展，可見「特選委員會」在監督來華船隻人員的紀律方面，仍具有一定的成效。[32]

除防止船隻人員和華人發生衝突外，維持船隻本身的秩序亦相當重要，1787 年時，公司船隻 *Belvedere* 號的水手曾發生嚴重叛變，若非當時該批船隊的船隊長調度得宜，可能使叛亂蔓延到其他船隻。[33] 當來華船隻的人員發

---

[29] FO/1048/10/6, FO/1048/10/19, FO/1048/10/21.

[30] FO/1048/10/13.

[31] IOR/B/152, 1811/1/2, p. 1191; IOR/G/12/194, 1815/10/4, pp. 164-165.

[32] H. B. Morse, *The Chronicles*, vol. 3, pp. 377-380, vol. 4, pp. 18-19.

[33] H. B. Morse, *The Chronicles*, vol. 2, pp. 146-147.

生嘩變、逃跑、偷竊、鬥毆、命案等違紀不法情事時，「特選委員會」通常下令公司船隊長召開數人的「審訊會議」(court of enquiry) 進行調查，成員包括船隊長和在華的船長。

例如，1815 年度來華公司船隻的秩序大致平穩，商館《會議記錄簿》僅紀錄二起違紀情事，一是港腳船 *Lady Flora* 號的二副 James Ford (?-?)，因行徑乖劣，被該船船長 Thomas Brown (?-?)監禁。[34] 另一起則是公司船 *Bridgewater* 號停泊黃埔時，四名水手逃跑，該船二副 V. J. Munden (?-?)卻逕行搜查當時也在黃埔的荷蘭船 *Aurora* 號。荷蘭駐廣州「代表」J. H. Rabinel (?-?)隨即向「特選委員會」抗議此事，「特選委員會」指示該批船隊的船隊長 John Locke(?-?)組成一個包含三名船長的委員會，詰問當時是誰下令搜查 *Aurora* 號，以及 Munden 的行為有無過當。[35]

除消極的禁止之外，公司對於表現傑出的來華船隊的船隊長，也給予獎勵金。1810 年時，董事會每年從貨監佣金中提撥 500 鎊，獎賞船隻在華貿易期間，維持船隊紀律有功的船隊長，因「特選委員會」最有資格評斷其在華的表現，遂指示從 1812 年起，「特選委員會」每年需特別報告船隊長在華的行為，做為頒發獎金的依據。[36]

為維持貿易正常運作，除了防止船員們在華鬧事或違紀之外，維護船員們的健康也是維持秩序的一種表現。廣州炎熱的天氣，常使船員發生水土不服的情形，1793 年馬戛爾尼使節團時，馬戛爾尼便曾向兩廣總督要求，希望能在長洲島上建立一間海員醫院，[37] 但並未獲得官方同意。此後直到 1825 年時，在董事會指示下，「特選委員會」組成一個八人委員會，成員包括廣州商館秘書、商館醫生和來華船隻的船長，有意將一艘舊船改裝成醫院船，甚

---

[34] IOR/G/12/200, 1815/12/10, pp. 50-51.

[35] IOR/G/12/200, 1815/12/20, pp. 72-73, 1815/12/22, pp. 76-77, 1815/12/28, pp. 91-96. Anthony Farrington, *A Biographical Index of East India Company Maritime Service Officers: 1600-1834*, p. 566.

[36] IOR/R/10/43, 1812/3/20, par. 49.

[37] H. B. Morse, *The Chronicles*, vol. 2, pp. 252-253.

至希望在長洲島上，以向行商租賃的方式，搭蓋房屋作為醫院，但依舊遭到兩廣總督阮元以不符舊例、管理不易等理由拒絕，此後，一直要到 1836 年時，英人希望在華建立船員醫院的想法才落實。[38]

三、貨物管理

作為商業公司，獲利是東印度公司經營中英貿易主要目的，貨物管理是其中重要一環，涉及許多層面，包括市場調查、供需平衡、品質檢驗、庫存控制等議題。

例如，董事會重視貨物供需的平衡，每年定期調查中、英市場供需狀況，原物料價格變化、貨物庫存量等，進一步調整貨物種類及數量，避免庫存不足或供應過多情形發生。理想狀況下，董事會希望廣州商館採購貨物的數量及種類，符合英國市場的需求和喜好，並視情形彈性調整之，如當英國茶葉消費量增加，或來華船隻發生沈沒意外時，便加派船隻來華運茶，每年商館例行報告該年度公司各類商品在華銷售狀況，作為董事會下年度供應時的考量。又如董事會每年定期提供「特選委員會」前幾季公司在倫敦拍賣中國茶葉的售價，要求商館貨監仔細觀察哪些行商或「字號」的茶葉銷售較好，以明瞭市場的消費喜好，做為將來採購時的參考。公司貨物供需是否恰到好處，都需要董事會底下相關委員會、倉儲機構、廣州商館之間有效的溝通和協調。[39] 下文以 1815 年度為例，並溯及以往情形，分商館進口貨及出口貨兩大類，說明董事會對中國貿易各項貨物的供需與品管。

---

[38] 蘇精，〈英國東印度公司與西醫來華〉，頁 62-68。

[39] 如 IOR/R/10/35, 1791/3/20, par. 49; IOR/R/10/46, 1815/9/27, par. 9, 11.

(一) 商館進口貨物

商館進口貨物的產地主要來自英國和印度兩地，亦有部份來自東南亞。英國貨物方面，英國會相關法令規定公司每年需將一定比例英國產品來華銷售，即便這類貨物常有虧損，以產值而言，毛織品為大宗，其次是金屬類貨物。[40]

首先，金屬類商品裡，十八世紀末以來，公司長期以來，主要進口錫、鐵、鉛、銅等金屬。1815 年公司的錫均賣給行商劉德章，銷售總額約 91,989 兩，但發票成本已約 37,700 鎊（113,100 兩），至少虧損 23 %。公司銷華的錫多產自英國 Cornwall 郡，亦有部份來自東南亞的邦加(Banca)，邦加錫的展延性較好，英國錫則適合製成餐具，大致而言，邦加錫較受中國市場歡迎，售價亦略高於英國錫。1810 年代初以來，公司錫在中國市場的賣價皆差，例如，1814 年貿易季進口的錫，「特選委員會」原本預估在該年年底售完，但直到 1815 年 2 月，仍有一半數量滯銷。[41]

接著，1815 年度銷華的鉛分別賣給四位行商，金額方面，據馬士記載，商館進口的鉛，銷售總額約 68,800 兩，但按商館《日誌》所記，應為 51,332 兩，發票成本約 20,922 鎊（62,766 兩），虧損至少 22 %。和中國雲南所產的鉛相比，公司鉛的展延性較好，但因運費和課稅的關係，無法和雲南鉛競爭，以致中國茶產區包裝茶箱時，僅一部份採用公司的鉛。1815 年 2 月，「特選委員會」評估鉛的銷售仍不樂觀，建議董事會明年來華進口鉛的數量以 5,000 擔為限，但董事會認為目前英國鉛的購買成本很低，決定增加進口量至 10,000

---

[40] H. B. Morse, “The Provision of Funds for the East India Company's Trade at Canton during the Eighteenth Century,” *The Journal of the Royal Asiatic Society of Great Britain and Ireland*, vol. 54, no. 2 (1922), p. 231; Kuo-tung Chen, *The Insolvency of the Chinese Hong Merchants, 1760-1843*, Monograph Series, no. 45 (Taipei: Institute of Economics, Academia Sinica, 1990), p. 53.

[41] H. B. Morse, *The Chronicles*, vol. 3, p. 226; John Phipps, *A Guide to the Commerce of Bengal*, p. 287; IOR/G/12/264, 1792/11/3, p. 54; IOR/R/10/46, 1815/3/29, par. 60; IOR/R/10/47, 1816/4/5, par. 73-74.

擔，以結果而論，董事會的判斷和決策是成功的，1816 年，中國市場對公司鉛的需求確有增加，成交價格略微上升。[42]

其次，鐵的販售情形亦不佳，行商表示，他們去年跟公司購進的鐵許多仍無法脫手，董事會本來還期望藉由鐵的獲利彌補鉛和錫的損失。1815 年，因行商黎光遠出價最高，「特選委員會」以每擔 2 兩 3 錢的價格，將鐵全部賣給他，總價約 25,882 兩，但發票成本已約 11,820 鎊（35,460 兩），如再考慮運費、保險等，虧損至少達 37 %。[43] 此外，1813 年時，公司的鐵在運送給行商的過程中，部份大鐵條遭掉包成小的，為避免類似情形再發生，「特選委員會」決定今年鐵的秤重、點交等，直接在船上進行，以免再有爭議。[44]

最後，英國銅在華市場需求相當少，往往處於虧損狀態，故 1815 年商館並無進口銅至中國。[45] 上述金屬類貨物的合併銷售總值約 16,9100 兩，僅佔公司進口貨物總值約 5 %，平均虧損則約 25 %，往年這些金屬貨物的銷售情形，往往已是盈少虧多。過去幾年，董事會亦試圖藉由進口不同型式的金屬產品，刺激中國市場買氣，但效果頗差，如 1810 年運來的銅釘、銅環等，因找不到銷路，最後商館只好將其鎔為銅條，以每擔慘賠約 10 兩售出。[46]

金屬之外，毛料是商館進口來華的主要貨物，十九世紀初以來，每年銷售額幾乎都在二百多萬兩，部份年份甚至達到三百多萬兩，1815 年，毛料約佔商館進口貨物總值約 53 %，可見其重要性。毛料以羽紗(camlets)、長厄爾絨(long ells)、寬幅布(broad cloth)三類為主，其中又以長厄爾絨為大宗、羽紗次之。1815 年，公司毛料銷售情況並不理想，成交總額跌破二百萬兩，這是過去十餘年來首見，以長厄爾絨為例，因原料價格上漲等因素，進口總數約

---

[42] IOR/R/10/47, 1816/4/5, par. 71-72; IOR/R/10/48, 1817/4/2, par. 83-84.

[43] IOR/G/12/199, 1815/12/16, p. 75, pp. 10-15, 26.

[44] IOR/G/12/189, 1814/1/13, pp. 83-84; IOR/G/12/194, 1815/10/23, pp. 192-193; IOR/R/10/46, 1815/3/29, par. 60.

[45] IOR/G/12/264, 1792/11/3, p. 55.

[46] H. B. Morse, *The Chronicles*, vol. 3, p. 138.

135,340 匹，較 1814 年的 192,100 匹銳減約六萬匹，在此之前的進口高峰是 1803 年的 280,620 匹，此後逐年下降。[47] 1810 年以來，羽紗銷售情況亦不理想，1815 年時，同樣因原料價格上漲，董事會大幅減少其數量，「特選委員會」認為中國北方對毛料的需求仍不高，因此建議還要進一步減少來華數量，才有助於獲利。[48]

多年來，董事會已嘗試許多方式，希望改善中國市場對英國毛料需求不振的情形，包括試銷各類新樣式織品，或以低價品吸引中國底層人民購買等方式，但皆不見成效。1815 年後，只好改變銷售策略，逐年減少毛料輸出數量，據統計，1810-1818 年間，公司進口來華的毛料共計約 182 萬匹，但 1819-1827 年間，則僅 158 萬匹，每年平均減少二萬餘匹，1820 年代，公司減少毛料進口的重要原因之一是英國其他商人和美國商人共同合作運銷毛料來華，此部份留待第六章討論公司在華貿易競爭力時再論。[49]

商館進口貨物中亦有來自印度者，其中以棉花為主，亦有檀香木、胡椒等。相較於英國商品在華缺乏市場，中國對印度貨物的需求高出許多，獲利情況亦較佳，但對比於英國貨物，每年商館進口印度貨物的總額略少，1815 年，印度貨物佔進口總值約 42 %。由於商館貨監每年抽取的佣金數額和貨物價值略約成正比，從第三章表 3-6 所列 1793-1810 年間，貨監從各項進出口貨物所抽的佣金，可推測相對貨物規模，十八年裡貨監從印度貨物所抽的佣金最高僅 5,161 鎊（1808 年），相較於英國貨物的一萬至二萬餘鎊佣金，仍有不小差距。

又，商館進口的印度貨，因其原料產地都在印度，就訊息傳播速度、供給和銷售等角度來說，由印度各總督區和廣州商館間直接溝通聯絡，都比透

---

[47] H. V. Bowen, *The East India Company: Trade and Domestic Financial Statistics, 1755-1838* (Swindon: ESRC, 2007), pp. 21-22; Kuo-tung Chen, *The Insolvency of the Chinese Hong Merchants, 1760-1843*, p. 57.

[48] IOR/R/10/46, 1815/3/29, par. 78-86; H. B. Morse, *The Chronicles*, vol. 3, pp. 230-231.

[49] IOR/R/10/37, 1801/4/9, par. 21, 1802/12/17, par. 47; The House of Commons ed., *First Report from the Select Committee on the Affairs of East India Company(China Trade)*, p. 197.

過倫敦來得快速和便利，故董事會對中印之間的區間貿易，採取兩地自行聯繫相關訊息，它僅扮演監督和輔助角色，給予必要協助。但廣州商館和印度各地，仍需紀錄商品交易訊息，寄回倫敦存檔備查，讓公司掌握實際情況。

接著，必須說明的是，公司來華船隻載運的印度貨物，其中許多噸位都登記在船上人員或港腳商人的帳目，而非公司名下。例如，1800 年公司船隻從印度載運棉花總計 90,764 擔，但實際屬於公司者僅 33,035 擔，約 36.3 %。1802 年，公司船隻載運來華的 49,287 擔棉花，甚至完全不屬於公司。公司答應載運的原因來自此時資金的需求，才與港腳商人達成協議，條件是港腳商人自付棉花運費，並將一定比例銷售所得存入廣州商館財庫，用以支付公司購買中國貨物的資金。[50]

印度貨物當中，一般而言，棉花銷售利潤較高，檀香木次之。據董事會統計，1809-1810、1811、1813 四年之間，孟加拉銷華棉花平均獲利約高達 33 %，[51] 又據費普斯書中所記，1815 年孟買棉花的利潤最高，約達 56 %、孟加拉棉花次之，約 40 %，馬德拉斯棉花則僅約 8 %。[52] 至於 1815 年檀香木的銷售，因中國需求減少，處於虧損情形。因董事會和中印貨物的供需較無直接關連，關於棉花和檀香木貿易的詳細情形，將於第五章再論。

由表 4-1 可知，1815 年貿易季商館進口貨物大都處於虧損的狀況，只有印度棉花獲得較高的利潤。實際上，十八世紀末以來，除棉花外，進口貨物大都處於虧損狀況，原因來自中國市場需求不大、從廣州到消費地的運輸成本太高等因素。1820 年代之後，進口貨的銷售壓力更大，印度棉花受到本身成本上漲及中國本土棉花的競爭影響，獲利率大幅下降，甚至虧損；毛料則受到美商和英國非東印度公司商人合作進口來華的影響，更需大幅降價求售。[53]

---

[50] H. B. Morse, *The Chronicles*, vol. 2, pp. 348, 388-389.

[51] IOR/R/10/47, 1816/7/10, par. 15.

[52] John Phipps, *A Practical Treatise on the China and Eastern Trade*, pp. 244-248.

[53] 吳建雍，《十八世紀的中國與世界》，頁 334-339。

表 4-1　1815 年商館進口貨物相關資料

進口貨項目	發票成本（兩）	銷售金額（兩）	盈虧比例	佔進口總值比例
金屬類貨物	211,572	186,873	-11.6 %	5.0 %
毛料	2,135,430	1,957,900	-8.3 %	52.7 %
印度貨物	—	1,570,141	—	42.3 %
總計	—	3,714,914	—	100.0 %

資料來源：H. B. Morse, *The Chronicles*, vol. 3, p. 226-227.

(二) 商館出口貨物

廣州商館出口貨物裡，最大宗為茶葉，也是東印度公司對華貿易主要獲利來源。十八世紀以來，英人飲茶風氣盛行，茶葉幾乎已成為英人生活必需品，故 1784 年〈折抵法案〉規定公司倫敦的茶葉倉庫，必須隨時存有供全國消費一年的庫存量。[54] 茶葉之中，英人較喜好紅茶，計有武夷、功夫、小種、白毫(pekoe)、揀焙(campoi)等，其中功夫茶和武夷茶為中低價位者；對綠茶的需求相對較少，計有熙春、熙春皮、屯溪、松蘿等。

鑒於茶葉對英國和東印度公司的重要性，董事會對茶葉的供需、品管、包裝、倉儲等環節的討論，也較其他貨物更為仔細。為使茶葉總供應量、不同茶種個別採購量等和英人實際需求盡量符合，董事會和商館「特選委員會」雙方都需不斷接收、更新、評估關於茶葉的相關數據，隨時做出調整。在倫敦，董事會每次評估茶葉購買量前，都會綜合英國主要茶葉銷售商的意見，並參考前幾年各茶種的需求變化、廣州商館傳回的茶葉資訊等因素。另一方面，董事會至少每隔半年調查公司茶葉的庫存量，推算未來幾年茶葉可能的消費量，作為「特選委員會」簽訂合約或購買「冬茶」時的參考依據。[55]

---

[54] Yang-chien Tsai, “Trading for Tea,” p. 378.

[55] Hoh-cheung Mui and L. H. Mui, *The Management of Monopoly*, pp. 48-51；IOR/R/10/46, 1815/3/29, par. 37-38, 41.

以 1815 年為例，董事會決定該年度茶葉採購量之前，已於 1814 年 7 月調查過去數年茶葉銷售情形，得知過去七年英人茶葉年平均消費量達 2,450 萬磅，以及 1813 年 12 月至 1814 年 9 月之間，公司從倫敦倉庫運出的茶葉數量估計達 2,800 萬磅，並評估 1815 年公司來華船隻應載運 2,850 萬磅茶葉回英。接著，董事會於 1814 年 12 月和 1815 年 3 月，又分別兩度傳遞倫敦最新的茶葉拍賣數量和消費量估計等訊息來華，最後，該年度廣州商館實際運出數量約 3,167 萬磅，超出約 11 %。[56] 據研究，1786-1833 年間，董事會一直穩定提供英國社會所需的茶葉量，其中在 1797、1804、1809、1816 等年裡，因茶葉稅增加、咖啡稅率較為優惠、過度採購、歐陸戰爭結束等因素，使茶葉銷售量大幅下降，但董事會皆有效地預測市場變化，或提前出售，或減少購買，做出適當的調控。[57]

供需之外，庫存多寡也關乎公司經營成本，存貨太多勢必影響獲利，也反映公司的市場預測不佳。如 1810 年，董事會已注意到廣州商館前幾年茶葉庫存量持續增加，從 1805 年的 7,991 擔，到 1809 年的 44,590 擔（總值約 109 萬兩），暴增約 5.5 倍，庫存數量太多表示資金無法充分利用，也增加倉儲費用，加上茶葉放置過久，味道亦變淡，於是下令商館應減少和「消化」過多庫存（表 4-2），[58] 隔年，茶葉庫存量隨即減少近一半。

但 1810 年代初以來，商館茶葉庫存量又出現偏高情形。1814 年貿易季結束時，庫存量又激增至 63,704 擔，總值達 152 萬兩，「特選委員會」一方面減少採購部份茶種，又運送比預期更多的茶葉回英，隔年貿易季結束時，庫存量隨即減少至一般水準（19,237 擔）。[59]

---

[56] IOR/G/12/202, 1816/2/23, p.2; IOR/R/10/45, 1814/7/22, par.17-22, 1814/12/28, par.25-27; IOR/R/10/46, 1815/3/29, par. 38-42. 東印度公司每年定期在 3、6、9 和 12 月公開拍賣茶葉給英國國內大盤商。

[57] Hoh-cheung Mui and L. H. Mui, *The Management of Monopoly*, pp. 92-94.

[58] IOR/R/10/41, 1810/4/11, par. 80.

[59] Hoh-cheung Mui and L. H. Mui, *The Management of Monopoly*, pp. 51, 95.

表 4-2　1805-1815 年間公司中國茶葉庫存數量和價值

年份	庫存量（擔）	價值（兩）
1804/1805	7,991	222,630
1805/1806	20,277	448,239
1806/1807	28,522	598,276
1807/1808	39,074	970,117
1808/1809	44,590	1,098,931
1809/1810	22,486	516,695
1810/1811	28,559	664,346
1811/1812	32,234	678,421
1812/1813	27,561	634,117
1813/1814	N	498,465
1814/1815	63,704	1,529,405
1815/1816	19,237	440,032

N：表示缺乏資料待查

資料來源：H. B. Morse, *The Chronicles*, vol. 3, pp. 1, 26, 54, 76, 100, 130, 157, 174, 189, 205.

至於個別茶種供需方面，十九世紀初以來，英國社會功夫茶需求持續大幅成長，功夫茶也超越武夷茶，成為英人消費最多的茶種，1815 年從廣州運回英國的功夫茶約 2,367 萬磅，武夷茶僅約 175 萬磅，董事會認為功夫茶需求仍強勁，指示商館盡量採購，尤其是茶葉色澤較黑的 (black-leafed) 高價功夫茶。[60] 其他茶種方面，則提及過去幾年裡，「特選委員會」採購的小種茶品質明顯下降，要求盡力挑選較佳的「字號」，且公司倉庫的庫存量僅剩 86,000 磅，亦需增加採購。[61]

本書第三章已提及，廣州商館向行商購買茶葉的方式，大致分為「合約

[60] IOR/R/10/42, 1811/3/27, par. 22; IOR/R/10/46, 1815/3/29, par. 11.

[61] IOR/R/10/46, 1815/9/27, par. 9, 11.

茶」、「冬茶」和「現貨茶」。因「冬茶」比「合約茶」多存放一年以上，茶味變得更淡，故董事會對採購「合約茶」和「冬茶」的比例大都有明確的規定，1810 年以來，持續要求購買功夫茶「冬茶」時，數量不要超過總額的 40 %。[62]

除茶葉外，商館每年也採購生絲和南京布。生絲方面，種類大致分為南京絲和廣東絲，1810 年之前，公司主要採買南京絲，僅不定時採購廣東絲。[63] 前者品質較佳，主要有「大蠶絲」(Tay Saam silk)和「七里絲」(Tsat Lee silk)，兩種絲均以浙江所產者較佳，「大蠶絲」產地約位於嘉興府；「七里絲」產地則在湖州府一帶。[64]

生絲因為價格高昂，董事會一般給予商館幾種採購選擇，故其購買數量是以中國市場當年的價格而定。如 1815 年 3 月，董事會的訓令裡首先檢討廣州商館先前購買的生絲，認為大部份色澤、觸感皆佳，但包裝仍有問題，部份不同種類生絲遭混在一起。接著，指示該年採購量，由於去年供過於求，公司庫存仍多，故下令不必採購太多，給予幾種價格選擇，當「大蠶絲」價格低於每擔 345 兩時，可買進 500 包；價格介於每擔 345-355 兩時，則購買 300 包；價格若高於 355 兩，即不要採購。該年度在廣州，「特選委員會」分別向伍秉鑒和梁經國採購「大蠶絲」和「七里絲」，伍秉鑒雖表示可供應更大量的生絲，但並未成交，最後「大蠶絲」以每擔 310 兩的價格成交，計 267 包，「七里絲」則計 106 包。[65]

接著，南京布也是商館每年固定採購的出口貨物之一，位於長江三角洲附近的松江府、蘇州府、嘉興府一帶盛產棉花，將其織成棉布，即為西方商人所稱的南京布，主要分為棕色和白色兩種，其中，紫色木棉花製成的棕色

62 IOR/R/10/46, 1815/3/29, par. 4.

63 IOR/R/10/41, 1810/3/30, par. 9-11.

64 吳建雍，《十八世紀的中國與世界》，頁 249-250；徐新吾，《中國近代繅絲工業史》（上海：上海人民出版社，1990），頁 61。

65 IOR/R/10/46, 1815/3/29, par. 70-77; IOR/R/10/48, 1817/4/2, par. 89-92 ; IOR/G/12/200, 1815/12/16, pp. 63-64; IOR/G/12/199, 1815/12/30, p. 90.

南京布（紫花布），特別受到歡迎。1810 年代，公司也以購買棕色南京布為主，每年平均採購量約 20 萬匹，尺寸主要分為七碼(yards)和五碼兩種，長度皆為十五吋(inches)。如 1815 年董事會估計各類尺寸棕色南京布的需求共計 200,100 匹，筆者統計，該年商館購買的南京布多數皆由潘長耀提供，數量達 161,400 匹。[66]

表 4-3　1815 年商館出口貨相關數據

出口貨項目	需求量	運出量	差異百分比
茶	2,850 萬磅	3,167 萬磅[67]	超出約 11 %
生絲（大蠶絲）	500 包	267 包	缺少約 47%
南京布	200,100 匹	161,400 匹	缺少約 19 %

資料來源：IOR/G/12/199, p. 135; IOR/G/12/202, 1816/2/23, p. 2.

數年後，1820 年代初，商館出口生絲和南京布的獲利率下降，且從 1822 年起，購買這兩種貨物的數量銳減，據統計，1823-1833 年的十一年間，商館總共僅從中國出口生絲 597 擔；同時期，南京布總共僅出口 22,000 匹，如此的數量甚至比 1815 年一年的採購量還少，[68] 這是後期公司採購兩種貨物的特徵之一。

---

[66] 吳建雍，《十八世紀的中國與世界》，頁 274; IOR/R/10/45, 1814/2/18, par. 13; IOR/R/10/46, 1815/3/29, par. 67; IOR/R/10/48, 1817/4/2, par. 99; IOR/G/12/199, 1815/11/15, pp. 41-42, 1815/12/8, p. 67, 1815/12/15, p. 87. 1815 年 3 月時，商館《會議記錄簿》曾有向伍秉鑒購買 7 萬匹南京布的紀錄，但未見商館《日誌》，故先未列入計算，參見 IOR/G/12/193, 1815/3/5, p. 65。

[67] 1815 年商館紀錄裡似乎未統計該年茶葉的採購數量，但提及共運出約 3,167 萬磅茶葉。又 1815 年貿易季結束時，商館茶葉庫存量較上一年減少約 592 萬磅，此 592 萬磅可視為之前存貨，故應扣除，依此推算商館實際採買量約 2,575 萬磅。

[68] H. B. Morse, *The Chronicles*, vol. 4, pp. 71, 89, 103, 123, 145, 162, 185, 223, 253, 325, 343; The House of Commons ed., *Report from the Select Committee on the Affairs of East India Company* (London: House of Commons, 1832), vol. 3, p. xxxiii.

(三) 品質控管

貨物管理各環節中，董事會十分重視貨物品質的把關，常見於相關事例，認為攸關公司信譽。例如，1807 年，董事會發現過去兩三年來，公司船船長和船上人員以個人名義採購的茶葉品質太差，由於公司在倫敦茶市拍賣茶葉時，這些「個人貿易」茶和公司茶是一起進行的，擔心如此一來將拖累公司茶的信譽，故一方面訂出罰則，也要求「特選委員會」監督和規勸船隻人員往後不要再購買劣質茶。[69] 另一例是 1815 年時，「特選委員會」向馬德拉斯總督區抱怨，近幾年從該地運到中國的棉花品質頗差，以致不少售價已不敷成本，需注意改善。[70]

訂定有效罰則亦有助貨物品質提升，公司為此陸續制定一些規範，例如，茶葉方面，1814 年度各行商的問題茶葉，包括受損、重量不足、與「樣茶」不合等，總值約 26,000 兩，公司依慣例向行商索賠，其中倪秉發和鄭崇謙(Gnewqua II)兩人因已破產，由其他行商依 1815 年「合約茶」分配的份數，按比例代還。[71] 早期公司事後檢查發現壞茶時，僅要求茶商照原價賠償，但無法遏止壞茶數量的增長，後來規定負責行商除了照原價賠償之外，還需多繳 50 %的賠償金。[72]

其他關於貨物包裝、貯放、秤重等環節，均是董事會每年例行檢查的項目，相關訓令裡，不斷見到各種事前的提醒以及事後的檢討。以茶葉為例，一般規定當茶葉放置於商館倉庫時，需離牆壁三至四呎遠，以免受潮；茶葉不可和香料、薑等貨物放在一起，否則會有異味；上等茶葉在船上的置放地點，需靠近麵包房(bread room)，因其高溫可降低濕度；包裝茶箱的皮重需要

---

[69] IOR/R/10/39, 1807/4/8, par. 73-79.

[70] IOR/G/12/194, 1815/10/27, pp. 206-207.

[71] IOR/G/12/199, 1815/11/20, pp. 46-49.

[72] IOR/G/12/199, 1815/11/20, pp. 46-48.

保持一致；各種茶葉在船上的貯放位置、排列等，需做到「景然有序」。[73] 類似指示亦可見諸其他商品，如棉花需於乾燥氣候下秤重，避免受潮等。

檢查廣州商館相關紀錄和帳冊的記載是否確實也是公司每年例行性工作，如 1813 年，董事會認為商館在編寫《會議紀錄簿》目錄上仍有改進空間，有些重要議事內容並未納入目錄。[74] 1815 年則抱怨去年茶葉紀錄不確實的問題，如同一種「冬茶」，商館《會議紀錄簿》記載為功夫茶，但到了船隻《包裝簿》卻變成小種茶。[75]

四、財務金融管理

(一) 資金流動及集資方式

董事會監督廣州商館各項事務裡，和貨物密切相關的財務管理和資金調度亦是管理重點之一。長期以來，公司因採購中國貨物總值遠大於銷華貨物，故對華貿易逆差嚴重。因此，十八世紀初期，公司來華船隻除裝載貨物外，還需攜帶大量現銀，數額經常佔商館進口貨物總值的 80 %以上，這種貴金屬外流情形受到英國國內重商主義者嚴厲批評。[76]

1760 年代之後，隨著公司在印度東部勢力的大幅擴張，使董事會得以利用印度各種資源填補中英貿易逆差，並陸續發展直接運銀以外其他多種挹注對華貿易資金的方式。

一開始時，公司措施仍是直接從孟加拉運銀來華，但 1768 年後，孟加拉

---

[73] Hoh-cheung Mui and L. H. Mui, *The Management of Monopoly*, pp. 63-64 ; IOR/R/10/37, 1801/4/9, par. 33, 49; IOR/R/10/39, 1807/4/8, par. 49.

[74] IOR/R/10/44, 1813/3/12, par. 66.

[75] IOR/R/10/46, 1815/3/29, par. 29.

[76] Yang-chien Tsai, "Trading for Tea," p. 116.

本身財政困難，無法提供廣州商館更多現銀，此時董事會指示印度總督區盡可能輸出印度貨物來華販售，將所得資金援助廣州商館。另外，也逐漸發展出利用各種中印貿易來平衡中英貿易的方式，港腳商人來華貿易前，和公司達成合作協議，公司提供若干優惠條件，如港腳商人可免費利用公司船隻運送貨物，但條件是需將貿易所得現銀匯入廣州商館財庫，換取商館簽發的匯票，匯票兌現地點分在倫敦和孟加拉兩種，據統計，1770 年代，廣州「特選委員會」簽發的匯票曾一度佔對華所需資金的半數以上。簽發匯票一方面解決公司對華貿易的資金問題，另一方面也替港腳商人省去運送銀元回印度的風險。[77]

1784 年〈折抵法案〉後，中英茶葉貿易量激增，但中國對英國產品的需求並未增加，使得公司在華貿易逆差更形擴大。在儘量減少從英國輸出銀元的大前提下，董事會設想出更多元的管道募集資金，包括港腳貿易、信用交易、來華船隻海事人員的所得、向行商或西班牙公司借款等，分述如下。

港腳貿易方面，印度總督區持續鼓勵港腳商人運送棉花等需求高的商品來華，銷售所得直接存入廣州商館財庫，換取匯票；此外，總督區也以答應港腳商人出口孟加拉米到公司其他地方為條件，換取他們把資金存入商館財庫。有時當中國貿易急需大量現金如 1780 年代末，董事會指示印度總督區先預借現金給缺乏資金的港腳商人，提供他們免費使用公司船隻載運貨物等優惠，條件是港腳商人需將銷售所得現銀，加上借款利息，繳入廣州商館財庫。然而，在這種情形下，港腳商人必須以商館貨監作為貨物「託售人」(consignees)，但其並不喜歡這種安排，因為如果他們和公司販售同類貨物如棉花時，公司將優先考量自身利益，另外，公司也可藉此更瞭解港腳商人的貿易方式和數量，因此由印度總督區主導的借款方式也逐漸減少，仍以港腳商人自運自銷或委託其他港腳商人代銷為主。[78]

---

[77] Yang-chien Tsai, “Trading for Tea,” p. 214.

[78] 陳國棟，《東亞海域一千年》，頁 313-314; S. B. Singh, *European Agency Houses in Bengal, 1783–1833*, pp. 36-40, 44-45.

1780 年代末起，「轉帳票」(transfer)亦是廣州商館因應資金不足的重要方法之一。這是由「特選委員會」簽發倫敦或孟加拉匯票給行商，行商收到匯票後，將來如需付現金給港腳商人或其他商人時，可將商館匯票「視同現金一樣」轉讓給其他人，最後這些匯票可在商人回印度或英國時兌現；行商亦可憑「轉帳票」，向商館購買貨物，透過如此信用的轉讓，可減輕或延緩公司支付現金給行商的壓力。[79]

除簽發匯票、「轉帳票」等管道之外，董事會也利用公司來華船上人員「個人貿易」所得籌集所需資金，人員將貿易所得匯入廣州商館財庫，換取商館簽發的存款單，一般說來，商館每年藉由簽發存款單所得的金額並不大，僅約 10-30 萬元之間。[80] 又，董事會有時亦指示商館派員到馬尼拉協商借款，成立於 1785 年的西班牙「皇家菲律賓公司」(The Royal Phillippines Company)，獲得王室特許經營西班牙和馬尼拉間的直接貿易，也獲特准從南美洲運白銀來亞洲，這些白銀正符合公司在華融通資金的需要，當商館迫切需要現金時，如 1787 年和 1796 年，曾以年息 10-12 %為條件，成功向「皇家菲律賓公司」借款。[81]

中英茶葉貿易激增後不久，董事會雖已利用多種管道籌資，但對華貿易仍存在大幅逆差，只能恢復運送大量銀元來華的措施，據估計 1786-1792 年七年之間，公司運給廣州商館的金額至少達 900 萬兩，[82] 之後，1796-1804 年的九年之間，又陸續運來約 490 萬兩，至 1805-1807 年間，董事會雖規劃運銀給商館，但因印度戰事吃緊，印度大總督下令所有來華途中停靠印度各港口的公司船隻，須將白銀留在印度做為軍費。1808 年以後，受拿破崙戰爭的影響，倫敦金融市場現金短缺，連帶衝擊公司總部提供資金的能力，接下

---

[79] 吳建雍，《十八世紀的中國與世界》，頁 312-314。

[80] H. B. Morse, *The Chronicles*, vol. 2, pp. 348, 358, 401, 416; vol. 3, pp. 1, 27, 55, 59, 76, 101, 131, 158, 175, 190, 205, 227.

[81] 陳國棟，《東亞海域一千年》，頁 322-323; H. B. Morse, *The Chronicles*, vol. 2, p. 280.

[82] Yang-chien Tsai, "Trading for Tea," pp. 152, 395.

來幾年遂未再運送任何現銀給商館，甚至要求商館將多餘資金運回倫敦或印度。直到 1815 年，戰局大致明朗後，才又重新運銀至廣州。[83]

(二) 財務評估和控管

資金評估是財務管理重要的一環。每年 3、4 月公司來華「直達船」啟航後不久，董事會即開始評估下一年度公司購買中國貨物的資金額度，如 1815 年 6 月時，粗估 1816 年廣州商館所需資金分別是：茶葉約 1,794,474 鎊、南京布約 44,000 鎊、生絲約 50,000 鎊，總計約 1,888,774 鎊。[84]

董事會為得知和評估廣州商館實際財務狀況，1791 年之前，即要求商館「特選委員會」每年至少需兩度調查整體收入和支出情形。[85] 首先，每年廣州貿易季結束之際，大約 2、3 月時，「特選委員會」一方面結算商館庫存貨物的價值、財庫剩餘資金等；一方面根據收到的資訊，評估下一季預計採購貨物的總值，製成下一季預期收入和支出的「評估表」。因為商館主要購買貨物是茶葉，故這次的資金調查，通常也和估計下年度購買各類茶葉的數額一起進行，但此次評估仍是較簡略及不確定的，因為諸如公司銷華貨物的數量、董事會財政狀況、商館和行商簽訂「合約茶」數量等，仍可能有許多變數。[86]

接著，每年貿易季期間，「特選委員會」再度評估商館資金情形，作為接下來簽發匯票、存款單的參酌依據，十八世紀末，這樣的資金評估通常在貿易季一開始時（約 9、10 月）進行。計算方式大致是先估計公司來華船隊的貨物價值及運來的現銀數額，加上上一季剩下的銀元和存貨價值，以及預計收取的款項，加總後大致是商館可支配的資金數額，再對照董事會本年度計畫採購貨物的投資金額、商館開銷等，得知支出和收入的概況。但此時進行

---

[83] H. B. Morse, *The Chronicles*, vol. 2, pp. 278, 310, 321, 347, 357, 400, 415; vol. 3, pp. 1, 26-27, 54-56, 76, 228.

[84] IOR/R/10/46, 1815/6/16, par. 18-20.

[85] IOR/R/10/35, 1791/3/23, par. 3.

[86] 廣州商館每年資金收入和支出例行評估，或可以 1813 年為例。參見 IOR/G/12/185, 1813/3/2, pp. 2-3.

評估的缺點是公司對華進口貨物還未販售，故有時估計的金額和實際賣價相差頗大。因此，約 1802 年後，財務評估的時間由貿易季初逐漸往後挪至貿易季中（約 11 月），這時對進口貨物的銷售情形、運來銀元數目等數據皆較為清楚，較能準確推算所需資金缺口，或可用的剩餘資金，以及簽發匯票的額度。[87]「特選委員會」如能合理地推估商館年度財務情形，無疑有利於資金的運用，反之亦然，如 1806 年和 1812 年時，董事會便曾指出「特選委員會」資金調查不準確帶來的困擾。[88]

接著以 1815 年度商館財務評估為例說明，1810 年以來，英國茶葉消費需求強勁，廣州商館購買中國貨物所需資金亦明顯增加，1813 年約需 557 萬兩，1814 年增至 589 萬兩。1815 年年初，商館《會議記錄簿》裡似未記載「特選委員會」年度資金的評估，接著 10 月時，「特選委員會」估計購買中國貨物所需資金約 660 萬兩，此外還加上商館補給好望角和聖赫勒那島兩地的物資、支付來華船隻人員薪水、商館固定開銷等項目共約 18 萬兩，故資金總需求約 678 萬兩。

另一方面，商館進口貨物中，英國貨物總值約 212 萬兩，印度貨物約值 132 萬兩，總計約 344 萬兩。[89] 現銀方面，1815 年 4 月，董事會告知廣州商館，該年度公司來華「直達船」所載白銀不超過 37 萬元，[90] 後來公司船 *Alnwick Castle* 號和 *Warren Hastings* 號共運來約 25 萬兩。1815 年 6 月，拿破崙在滑鐵盧(Waterloo)慘敗，此一決定性勝利或讓董事會對倫敦金融市場的信心大增，決定立即運送白銀來華，7 月時請託英國海軍軍艦 *Horatio* 號代運 73 萬元來華，[91] 另外印度總督區也運送約 50 萬元來華，這些項目總計約 148

---

87 Yang-chien Tsai, “Trading for Tea,” pp. 228-230.

88 IOR/R/10/39, 1807/4/8, par. 66; IOR/R/10/44, 1813/3/12, par. 45-46.

89 H. B. Morse, *The Chronicles*, vol. 3, pp. 190, 206; H. V. Bowen, *The East India Company: Trade and Domestic Financial Statistics, 1755-1838*, p. 60; IOR/G/12/194, 1815/10/27, p. 210.

90 IOR/R/10/46, 1815/4/19, par. 3.

91 IOR/G/12/201, 1816/1/25, pp. 36-37; IOR/G/12/199, 1815/9/15, pp. 14-15. 公司委託英國海軍軍艦代運現銀或護航公司船等，仍需支付費用，1815 年這些相關費用總計約 2 萬元，參見 IOR/G/12/201, 1816/1/17, p. 18. *Horatio* 號抵華時已是 1816 年 1 月。

萬元（106 萬兩）。[92] 上述貨物和現銀總計約 450 萬兩，故仍約需 228 萬兩，才能補足差額。

如前所述，這些不足的資金，公司可透過簽發匯票、存款單、「轉帳票」多種方式籌集，1815 年度廣州商館簽發存款單僅約 3 萬元，印度約定存款 (engagements) 約 42 萬元。[93] 又，1815 年初「特選委員會」擔心當年度資金可能不足，特別派貨監覓加府前往馬尼拉，和菲律賓總督商量在當地簽發孟加拉匯票的可能性，這是公司匯票首度嘗試在廣州和印度以外的地方流通，有其意義，但因此時馬尼拉市場銀元短缺，以及對這種信用交易的擔憂和不瞭解，最後覓加府僅能簽發約 14 萬元的匯票，[94] 上述各種小額資金計達 59 萬元（約 42 萬兩）。

其他不足部份，廣州商館以簽發匯票和「轉帳票」因應，1815 年初因對法戰爭不明朗，董事會擔憂倫敦資金的調度，故指示商館以簽發印度匯票為主。據商館《日誌》記載，「特選委員會」於 1815 年 10 月到 1816 年 2 月間，陸續簽發倫敦匯票 60 張，金額約 39 萬元；簽發孟加拉匯票 109 張，金額約 178 萬元，兩種匯票共約 217 萬元（156 萬兩），所有匯票合計約佔該年對華投資資金總額的 23 %。[95] 又，1815 年貿易季期間，中國行商向「特選委員會」申請「轉帳票」的金額約 131 萬元（94 萬兩），佔對華投資資金總額約 14 %，以伍秉鑒和劉德章兩人申請居多，上述匯票和「轉帳票」合計佔總額的 37 %。[96]

---

[92] H. B. Morse, *The Chronicles*, vol. 3, pp. 226-227.

[93] H. B. Morse, *The Chronicles*, vol. 3, p. 227. 所謂印度約定存款，應是指印度各總督區和印度港腳商人或途經印度來華的公司船船長事先約定，將他們在華買賣印度貨物所得存入商館財庫。

[94] IOR/G/12/194, 1815/4/13, pp. 9-10. W. E. Cheong, "The Beginnings of Credit Finance on the China Coast: The Canton Financial Crisis of 1812-1815," *Business History*, vol. 13, issue 2 (1971), pp. 100-101.

[95] IOR/G/12/199, 1815/10/30, p. 30; 1815/12/4, pp. 60-61; 1816/2/18, pp. 119-120, 1816/2/22, pp. 136-137.

[96] IOR/G/12/199, 1815/12/1, p. 59, 1816/1/5, p. 95, 1816/2/19, p. 121.

此外，值得一提的是，1810 年代前後，商館財務結構的一個明顯現象是行商借貸金額龐大。1805 年以來，已陸續有行商經營不善，週轉不靈而倒閉，其他財務不佳的行商只好向「特選委員會」借錢度過難關（參見表 4-4），1809 年時總數已達 284 萬兩之多。公司經過計算認為並未從中得到太大好處，理由包含廣州商館每年從這些欠款得到的年利率不超過 3.5 %，但公司在印度舉債時，卻要支付 10 %的年利率，其中的利損顯然不符合投資報酬。加上近幾年來，公司不少船隻或遭敵人俘虜，或意外燒毀、沈沒，資金調度產生困難，為度過財務困窘的難關，要求「特選委員會」仔細評估下一年度商館資金需求後，將多餘銀元盡可能地運回英國或印度，並向行商催還積欠的款項。

接下來數年間，公司財政依舊吃緊，因此「特選委員會」逐步進行調整，一方面追討破產行商的欠款，一方面除非必要，減少借錢給行商，至 1815 年時，行商欠款總數僅約 25 萬兩，調整商館財務結構到一較合理和安全的狀態。[97] 有關此時董事會和「特選委員會」如何看待與處理行商債務過高的問題，在第六章有關公司和行商關係時進一步討論。

表 4-4　1805-1815 年間商館庫存白銀和行商欠款表

年份	庫存白銀（兩）	行商欠款（兩）
1805	483,492	323,770
1806	7,200	1,445,964
1807	867,058	1,728,813
1808	7,200	2,340,459
1809	4,530	2,847,652
1810	26,995	2,617,313
1811	261,174	1,516,287

[97] IOR/R/10/40, 1809/1/11, par. 32-34; IOR/R/10/41, 1810/1/5, par. 1-5 ; IOR/R/10/44, 1813/3/12, par. 20; Yang-chien Tsai, "Trading for Tea," pp. 220-222; H. B. Morse, *The Chronicles*, vol. 2, pp. 139-140, vol. 3, p. 223.

年份	庫存白銀（兩）	行商欠款（兩）
1812	223,380	998,276
1813	36,807	880,805
1814	283,310	854,623
1815	847,478	250,323

資料來源：H. B. Morse, *The Chronicles*, vol. 3, pp. 1, 26, 54, 76, 100, 130, 157, 174, 189, 205.

五、船運管理

公司在華之經營管理，除了資金、貨物、人事、訊息等層面外，船運也是重要的一環，包括航線安排、船隊組成方式、保持運輸效能等。每年公司來華船隻肩負多重任務，既傳遞信件，也載運貨物、補給品或金銀，當船隻無法順利往返時，不僅資訊接收受阻，連帶也可能嚴重影響物流調配或財務調度。

十八世紀末以來，因此時英國對外連年征戰以及中國沿海海盜猖獗，使東印度公司董事會相當重視船運的路線規劃與航行安全。1789 年法國發生大革命，1793 年初，法國對支持君權的英國宣戰，在法國大革命戰爭和拿破崙戰爭期間，英法長期交戰，[98] 雙方軍事角力也從歐洲延伸至世界各地。在南中國海，法國海軍或私掠船時常巡邏麻六甲海峽、巽他海峽等要道。與此同時，法國並陸續拉攏或威逼荷蘭、西班牙等國加入反英行列，1796-1808 年的大部份時期，英、西處於敵對狀態，[99] 有時法、西聯合艦隊甚至就在澳門外海「等候」，伺機劫掠英籍船隻。此外，十九世紀初以來，中國東南沿海華人

[98] 以下為行文方便，簡稱法國大革命戰爭和拿破崙戰爭期間為英法長期交戰期間。

[99] Rif Winfield, *British Warships in the Age of Sail, 1793-1817: Design, Construction, Careers and Fates* (London: Chatham Publishing, 2005), pp. xii-xiii.

海盜活動猖獗，加上稍後英、美爆發的 1812 年戰爭，這些都增加公司船和港腳船航經中國附近海域的風險，考驗董事會船運管理的能力，需比平時更費心地籌畫。[100]

公司來華貿易的船隻，大都是專為遠洋貿易所建的巨型商船，造價昂貴，[101] 但其火力並不像英國皇家海軍戰艦般強大，因而成為敵人極欲劫掠的目標。[102] 萬一公司來華船隊大量遭俘或被擊沈，不僅需自負擔鉅額的虧損，也削弱大英帝國在亞洲的威勢。

上述時局的動盪直到 1814 年 12 月英美根特條約(The Treaty of Ghent)及 1815 年 11 月英法巴黎條約後才告一段落，相關消息傳到廣東已是 1816 年。此後，公司對華船運管理也逐漸回復到平時的運作。

除路線規劃與航行安全外，公司也定期討論、監督船隻在華裝卸進出的有序與效率等事項。當發生船難、遭俘、維修、延遲等意外時，董事會和廣州商館也需就個別狀況，緊急做出調度，以保中英貿易的暢通。

下文筆者嘗試從維持安全與效率的角度，嘗試較具體地勾勒董事會和廣州商館在對華船運管理各自扮演的角色與運作機制，分析公司船隻航線的模式與變化，並討論意外狀況或船運受到干擾時，公司採取的補救措施及成效。

(一) 董事會的運籌帷幄

1785 年起，董事會委員會的組織調整中，和對華船運較相關的委員會分別是機密委員會和運輸委員會。[103] 機密委員會通常由十名以上的董事組成，[104]

---

[100] H. B. Morse, *The Chronicles*, vol. 2, pp. 290-293, 319-320.

[101] John Phipps, *A Guide to the Commerce of Bengal*, p. 137.

[102] 據估計，1793-1801 年間公司至少有七艘船隻遭敵人俘擄。又，1806 年時，當英人和港腳商人的各式船隻二十四艘駛出孟加拉時，遭敵軍俘獲或擊沈，損失頗大。參見 Jean Sutton, *Lords of the East*, p. 46; Anne Bulley, *The Bombay Country Ships, 1790-1833*, pp. 60-61; William James, *The Naval History of Great Britain* (London: Richard Bentley, 1837), vol. 1, pp. 46, 196-197, 276.

[103] William Milburn, *Oriental Commerce* (1813), vol. 1, p. cii.

[104] 參見 IOR/R/10/33-66 各卷關於公司機密委員會的董事名單。

資深者佔多數，包括董事長和副董事長。1784 年後，它的職能遭限縮，僅負責船隻航行的安全，規劃公司船隊的航線、停泊地點等。[105] 運輸委員會大致由七到九位新進董事所組成，因此時期公司大多數船隻是向倫敦各造船公司租借的，故該委員會主要工作是和這些船東洽談船隻「租用契約」(charter party)、運費、貨物裝運期限、貨物受損時如何賠償等事宜，也負責處理有關公司船上水手的事務。[106]

1780 年代末起，公司董事會討論對華船運管理時經常必須考慮兩個面向，一是中英貿易量的持續增長，意謂著每年有更多的船隻與人員來到中國，許多管理問題應運而生，如每年要派多少船隻到中國？船隻途中停靠哪些地點較符合經濟效益？船隻發生意外時如何補救？等。

另外則是長年戰爭對中英船運帶來的諸多影響，戰時為避免船隻遭劫掠，董事會需比平時更周詳考慮船隊出發時機、航行路線、船隻改造等事項。又，公司船隻除載運貨物，還不時需支援海軍運送物資、軍隊等任務，這也涉及船隻調度問題。而當船隻安全與貿易效率無法兼顧時，董事會或廣州商館便需要有所取捨。

簡言之，此時期在中英貿易量持續增長的背景下，公司對華船運管理的工作較以往更為繁重，而戰爭的衝擊則讓公司必需衡量情勢，在利弊之間尋求平衡點。下文首先闡述董事會安排中英船運管理的原則、運作模式，以及特殊情況的處置方式，接著則討論廣州當地船運管理的操作情形。

1. 董事會船運管理原則

首先，對公司而言，船隻按時往返中英之間是最基本，或也是最重要的事，為達成此目標，陸續實施許多措施，例如，當船隻抵達廣州後，嚴格要

---

105 1784 年英政府成立印度控制委員會後，負責監督公司在印度的軍事與外交活動，使機密委員會的功能限於規劃船隻路線。Martin Moir, *A General Guide to the India Office Records*, pp. 27-28.

106 1809 年之前，運輸委員會還負責公司印度預備軍官 (Cadet) 和船隻助理醫生的聘僱作業。Martin Moir, *A General Guide to the India Office Records,* p. 28.

求其進出黃埔港的效率：

> 貨物必須依據各船隻抵達的時間，輪流裝上公司船隻。也就是說，先到達（廣州）的船隻必須先離開。某些時候除非（商館）有充分理由可以不從，否則需嚴格遵守該原則，「特選委員會」並將理由記入《會議記錄簿》裡，以便進一步評斷這些處理方式是否恰當。[107]

又因公司和船東一般在「租用契約」裡會規定船隻返回倫敦的時限，或是在某一地的停留時間，若延誤原因來自公司，需按日付遲滯費給船東。故一旦船隻在華停留過久，船東便可向公司索償，也表示廣州商館的安排調度可能有問題，董事會調查後如認定商館貨監需負責，將扣除其每年分得的佣金，用以賠付遲滯費，藉此機制驅使商館貨監努力安排相關事宜，維持船隻的按時返航和貿易的進行。[108]

一個相關例子是 1788 年貿易季時，依照「租用契約」，公司來華船隻 *Deptford* 號最晚應於 1789 年 2 月 15 日啟航返英，廣州商館雖紀錄該船於是日揚帆，但後來該船帳房(purser)指證，他直至 2 月 16 日才收到「特選委員會」的航行指示，董事會調查後證實該帳房所言無誤，遂賠償船東遲滯費，並認為商館貨監怠忽職守，從該年度貨監佣金中扣除 549 鎊。[109]

接著，如前所述，英法長期交戰期間，公司船隻的航行安全變得相當重要，為此，董事會研擬並實施相關措施。航行路線方面，由於公司亞洲貿易網絡相當遼闊，信件往返耗時，加上戰時交通可能受阻。故董事會建立類似「責任區域」的概念，要求公司在各地的總督或代表，需就近蒐集鄰近海域的敵情資訊，用以規劃船隻在某區域的航行路線，如在廣州商館紀錄裡，常可見「特選委員會」命令公司船隊長航行到某地後，需聽從當地長官的指揮，

---

[107] IOR/R/10/36, 1798/4/20, par. 68; IOR/R/10/39, 1807/4/13, par. 68.

[108] IOR/G/12/98, 1790/8/3, pp. 14-20 ; Hoh-cheung Mui and L. H. Mui, *The Management of Monopoly*, p. 71.

[109] IOR/B/114, 1791/11/30, pp. 625-627.

繼續下一段的航程。

船隻部份，由於不少公司船隻和皇家海軍戰艦是在同一船塢，由一樣的包商，用類似的木料所建造，因此兩者在外觀、性能上頗為類似，如公司來華船隻極似皇家海軍三級(third rate)戰艦，[110] 甚至後來部份公司船隻也被改造成戰艦。英人為了混淆敵軍，一方面增加公司船上的火炮，使其更像戰艦，但海軍戰艦卻偽裝成商船誘敵。這種欺敵方法確實有其功效，英法長期交戰期間曾有數個案例，法軍或將公司船隻誤認成戰艦，因而放棄攻擊；或把戰艦當成商船，反而遭俘。[111]

然而，船隻航行的安全，除公司的規劃外，更需憑藉皇家海軍的保護，公司船隊出發時通常有海軍戰艦護航，並由公司支付費用。[112] 戰時英政府亦屢屢搶得海上優勢，1795 年荷蘭遭法國入侵之際，即先佔領極具戰略意義的好望角和麻六甲，此後直到 1815 年戰爭結束前的大部份時期，均牢牢掌控這兩處重要海域，提供英船來往歐、亞、非的基本保障。[113] 隨著英國海軍在幾場關鍵性海戰的獲勝，英人更藉機趁勝佔領東非外海的法屬摩里西斯和東南亞的荷屬巴達維亞，大幅降低英國商船航行的風險。[114]

2. 公司來華船隊組成與航線模式

英法長期交戰期間，董事會的船運規劃在許多方面都和平時不同。首先是戰時船隊陣容較為龐大，如 1794 年初，英法在法國西部海域各自集結大量戰艦，大規模海戰一觸即發，但該年公司預計來華的二十一艘船隻仍在倫敦，為避免船隻遭俘的嚴重損失，5 月 2 日，十八艘公司船隻在皇家海軍保護下，

---

[110] 此時英國海軍戰艦依艦上安砲數目多寡，由高到低大致可分為六級，如安砲一百門以上者為一級(first rate) 戰艦。

[111] Jean Sutton, *Lords of the East*, pp. 42-43, 46-48.

[112] H. B. Morse, *The Chronicles*, vol. 3, p. 82.

[113] 好望角曾於 1803-1806 年間短暫歸還荷蘭。

[114] Nicholas Tarling, *Anglo-Dutch Rivalry in the Malay World, 1780-1824* (Cambridge: Cambridge University Press, 1962), pp. 53, 67.

從英國南部樸資茅斯軍港一起出發。其餘不少年份，來華船隊集體出發的情形亦明顯，船隊龐大的缺點是整體航行速度變慢，但安全性大幅提高。[115]

接著則是途中停泊地的變更。如 1804 年時，北大西洋海域戰情緊繃，該年公司來華一批船隊從英出發時已是 6 月 9 日，而非正常的 3、4 月間，受此延誤，季風和洋流均已不同，或因此使得公司船隊行經大西洋時無法按照一般的路線，只好先到巴西里約熱內盧停靠，再經好望角來亞洲。[116] 又如部份年份廣州商館下達給公司船隊的命令裡，指示如果返航靠近聖赫勒那島海域時遭遇敵軍，可先至巴西沿岸的小島躲避。[117]

航行路線方面，十八世紀末以來，公司來華船隻大致分為「定期船」(regular ship) 和「額外船」(extra ship) 兩類，前者是指「直達船」或類似航線者，以及途中停靠印度的船隻；後者則指來華前先至澳洲或臨時增派的船隻。[118] 此一時期，董事會綜合考量各地的貨物供需、信件傳遞等因素，其船隻來華路線，大致規劃：（一）直達中國；（二）來華前先經聖赫勒那島；（三）途中停靠印度主要港口[119]；（四）來華前先到澳洲等航線。

下文以 1815 年度公司來華船隻的航線為例，說明一般規劃航線的方式。第一種是直達路線，共六艘船，這類船隻也稱為「直達船」，船隻從倫敦出發時，裝載英國出口中國的貨物，途中僅偶而停留東南亞，便來到廣州；回程時，一般僅短暫停靠聖赫勒那島補充淡水或食物，即駛回倫敦。[120] 這類船隻

---

[115] Hoh-cheung Mui and L. H. Mui, *The Management of Monopoly*, p. 63; Anthony Farrington, *Catalogue of East India Company Ships' Journals and Logs, 1600-1834*, passim.

[116] Anthony Farrington, *Catalogue of East India Company Ships' Journals and Logs, 1600-1834*, pp. 17, 31, 115, 143, 472, 502, 575, 641, 665.

[117] IOR/G/12/266, 1796/12/30, pp. 66-67, 1797/12/29, p. 235.

[118] IOR/G/12/194, 1815/10/23, pp. 195-196.

[119] 指孟買、孟加拉、馬德拉斯。

[120] 1815 年公司來華船隻的相關數據，主要參考自 Anthony Farrington, *Catalogue of East India Company Ships' Journals and Logs, 1600-1834*，並和 IOR/G/12 和 IOR/R/10 相互參校。該書中多數船隻離華日期不一，但實際上戰時同一批船隊的船隻從廣州啟航時間應是一致的。

因停靠地點少，故在公司所有中國貿易船裡，從英出發的日期最晚（約每年 3、4 月間），但 9、10 月間便抵華。

第二種船隻來華路線和「直達船」頗相似，1815 年度共三艘船，船隻抵華前僅多停靠聖赫勒那島，因航線雷同，故這類船隻從英出發的時間和「直達船」差不多，但抵華時間稍晚。[121]

第三種路線是船隻途中會停靠印度各港口。這類船隻從倫敦出發後，中途先至印度孟買、馬德拉斯或孟加拉等港口轉載棉花、檀香木等貨物，然後可能再到檳榔嶼、麻六甲等地裝載胡椒、香料，最後才到廣州交易；回程路線則跟「直達船」一樣，不經印度，在聖赫勒那島短暫停留後，回到倫敦。每年公司來華貿易船隻途經印度的比重頗高，1815 年度來華的「定期船」共有二十一艘，經印度者即有十二艘。這類船隻由於途中停留地點較多，故需於每年 1-2 月間，或是更早時就要從倫敦出發，如 1815 年來華的 *Cuffnells* 號和 *Royal George* 號於 1814 年 8 月便啟航，以趕上廣州的貿易季，它們也負責傳遞印度各總督區的信件給廣州商館。

表 4-5　1815 年公司來華貿易船隻分析——「直達船」[122]

船名	船長	噸位	航次	從英出發日	停留中國時期
Warley	John Collins (三度當此船船長)	1,460	9	1815/4/3	1815/9/8 to 1815/12/3
Hope	James Pendergrass (六度當此船船長)	1,471	9	1815/4/3	1815/9/8 to 1815/11/14
Warren Hastings	Richard Rawes	1,200	2	1815/4/27	1815/9/23 to 1816/1/16
Alnwick Castle	Peter Rolland (三度當此船船長)	1,256	7	1815/4/27	1815/9/25 to 1816/1/14

[121] Anthony Farrington, *Catalogue of East India Company Ships' Journals and Logs, 1600-1834*, pp.115, 267, 317; IOR/G/12/271a, 1816/1/18, pp. 96-97; IOR/G/12/271b, 1816/2/23, pp. 1-2.

[122] 航次是指該船實際用於航行貿易的次數。

船名	船長	噸位	航次	從英出發日	停留中國時期
Walmer Castle	David Sutton	1,460	9	1815/4/7	1815/9/5 to 1816/12/6
Princess Amelia	Edward Balston (三度當此船船長)	1,275	4	1815/4/7	1815/9/8 to 1815/11/14

資料來源：Anthony Farrington, *Catalogue of East India Company Ships' Journals and Logs, 1600-1834*, pp.18, 326, 529, 683, 690, 693; IOR/G/12/199, passim.

表 4-6　1815 年公司來華貿易船隻分析——經聖赫勒那島

船名	船長	噸位	航次	從英出發日	停留中國時期
Ceres	Hugh Scott (三度當此船船長)	1,430	9	1815/4/3	1815/10/13 to 1815/11/30
Herefordshire	Charles Le Blanc (二度當此船船長)	1,279	2	1815/2/28	1815/11/17 to 1816/2/23
General Kyd	Alexander Nairne (二度當此船船長)	1,286	2	1815/4/1	1815/11/18 to 1816/2/23

資料來源：Anthony Farrington, *Catalogue of East India Company Ships' Journals and Logs, 1600-1834*, pp.115, 267, 317; IOR/G/12/199, passim.

表 4-7　1815 年公司來華貿易船隻分析——經印度各港口

船名	船長	噸位	航次	從英出發日	停留中國時期
Cuffnells	Robert Wellbank (四度當此船船長)	1,429	8	1814/8/29	1815/7/21 to 1815/11/13
Royal George	C. B. Gribble (四度當此船船長)	1,260	6	1814/8/28	1815/8/20 to 1815/11/07
Essex	Richard Nisbet	1,257	4	1814/11/10	1815/9/22 to 1815/11/27
David Scott	John Locke (四度當此船船長)	1,276	7	1815/1/14	1815/9/23 to 1815/11/27

船名	船長	噸位	航次	從英出發日	停留中國時期
Charles Grant	John Loch (三度當此船船長)	1,274	4	1815/1/14	1815/9/23 to 1815/11/27
Inglis	William Hay	1,298	3	1815/1/14	1815/9/23 to 1815/11/27
Marquis Camden	H. M. Samson	1,261	2	1815/1/14	1815/9/24 to 1816/1/6
Vansittart	R. S. Dalrymple	1,273	2	1815/1/14	1815/9/25 to 1816/1/21
General Harris	George Welstead	1,200	2	1815/2/28	1815/10/13 to 1816/1/15
Lowther Castle	Charles Mortlock	1,427	3	1815/2/28	1815/10/25 to 1816/1/15
Bridgewater	Philips Hughes (二度當此船船長)	1,276	2	1815/2/28	1815/10/29 to 1815/12/24
Atlas	C. O. Mayne (二度當此船船長)	1,267	2	1815/2/28	1815/10/30 to 1815/12/24

資料來源：Anthony Farrington, *Catalogue of East India Company Ships' Journals and Logs, 1600-1834*, passim; IOR/G/12/199, passim.

在途經印度的公司船中，孟買是最主要的轉運點，1815 年途經印度的船隻裡即有半數停靠該地，此或因當時中國對孟買棉花的需求比孟加拉和馬德拉斯都來得強。又此時孟加拉和廣州間的整體貿易規模雖大於孟買，但因公司船隻並不運送孟加拉鴉片來華，也減少停靠該地的需要。

筆者分析 1786-1816 年來華船隻的資料後，發現途中停靠印度船隻的航行模式逐漸改變，先前這些船隻在印度時，一部份會往返當地各港口多次，進行區間貿易，例如，1792 年來華的 *Bridgewater* 號和 *Dublin* 號在印度期間，來回地停靠孟買、馬德拉斯和孟加拉等地。因為停靠的港口多，這些船隻完成中英來回航行的時間更久，*Bridgewater* 號於 1791 年 5 月從英國出發，直到 1792 年 9 月才抵華，返回倫敦時已是 1793 年 4 月，耗時約二年。十九世紀後，來華船隻在途中多點反覆停靠的航行模式日趨少見，[123] 顯示船隻內部份工趨向專業化。

最後一種航線是船隻從倫敦出發後，途中先至澳洲買賣或流放英倫犯人，之後才到廣州；回程路線也跟「直達船」一樣，在聖赫勒那島稍事停留，接著回到倫敦，1815 年度，公司安排經澳洲來華的船隻共二艘（*Marquis of Wellington* 號和 *Northampton* 號）。[124] 一般當評估來華「定期船」總噸位無法滿足未來幾年英國茶葉需求量時，便會加派經澳洲的「額外船」來華，由於這類船隻航程較為遙遠，為配合廣州貿易季，需更早從英出發，和「定期船」相比，這類船隻的噸位通常較少。[125] 又，該年度董事會也特別向加爾各答大代理行帕默爾商行租借 *Lady Flora* 號 (750 噸級)，到廣州運茶回英。[126]

表 4-8　1815 年公司來華貿易船隻分析——經澳洲或其他地方

船名	船長	噸位	航次	從英出發日	停留中國時期
Marquis of Wellington	George Bitham	961	1	1814/9/1	1815/6/4 to 1815/7/12
Northampton	J. A. Tween	547	3	1815/1/1	1816/1/14 to 1816/3/2
Lady Flora	Thomas Brown	756	1	—	1815/10/21 to 1815/12/10

資料來源：IOR/R/10/45, 1814/12/28, par. 32; IOR/G/12/199, p. 133; Anthony Farrington, *Catalogue of East India Company Ships' Journals and Logs, 1600-1834*, pp. 370, 479

[123] Anthony Farrington, *Catalogue of East India Company Ships' Journals and Logs, 1600-1834*, pp. 9, 75-76, 172-173.

[124] IOR/R/10/45, 1814/12/28, par. 32; IOR/G/12/194, 1815/6/14, pp. 39-40; *Northampton* 號從英啟航日期，參見 http://members.iinet.net.au/~perthdps/convicts/confem47.html。

[125] Hoh-cheung Mui and L. H. Mui, The Management of Monopoly, p. 63.

[126] IOR/G/12/194, 1815/10/23, pp. 194-195.

此外，經由整理 1815 年度公司來華船隻船長的經歷、船隻航行次數等數據後可知一些特性。先是不少船長都有豐富的遠洋貿易經驗，*Cuffnells* 號的船長 Robert Wellbank (?-?) 和 *Royal George* 號的船長 C. B. Gribble (?-?)都已是第四度指揮船隻來華。再者，許多船隻長期航行中英之間，如 1400 噸級的 *Cuffnells* 號 1796 年時首航中國，1815 年已是它第八度航行此路線。[127] 可見或有許多船上幹部，其一生在遠航中國船上工作謀生相當長的時間，而不少船隻，從首航到「除役」期間僅專門用來航行中英之間。

另一個常見現象是公司船隻來華前會先到東南亞等地停靠，如 1815 年來華的二十一艘「定期船」，有十四艘途中曾短暫停留檳榔嶼、明古連或麻六甲，比例達 66 %，這些船隻一方面在此補給，也進行區間貿易，運載印度貨物到東南亞販售，再從當地裝載香料、錫、檳榔等來華。從廣州商館《會議記錄簿》裡不時可見「特選委員會」和東南亞各地討論貨物獲利情形，顯見公司想要開拓東南亞商品在華市場的旺盛企圖心，十九世紀初，英人也曾趁機佔據荷人在此區域的多處據點。[128] 1810 年代後期，雖然巴達維亞和麻六甲陸續歸還給荷蘭，董事會也曾一度減少輸出東南亞貨物來華，[129] 但檳榔嶼對外貿易仍持續發展，加上 1819 年開埠的新加坡和後來成立的海峽殖民地，顯見公司和英人插足馬來半島和東南亞的野心。

3. 緊急狀況的應變處置

當公司來華船隻發生船難、被俘，或遭遇颱風、失火等意外時，公司不僅蒙受金錢損失，也意謂著貨物、資金、訊息的傳送有所延遲，甚至中斷。因此，如何針對情況做出補救考驗著危機處理的能力。

---

[127] Anthony Farrington, *A Biographical Index of East India Company Maritime Service Officers: 1600-1834*, pp. 327, 836; Anthony Farrington, *Catalogue of East India Company Ships' Journals and Logs, 1600-1834*, pp. 142-143.

[128] 游博清，〈經營管理與商業競爭力——1815 年前後的英國東印度公司廣州商館〉，頁 108。

[129] IOR/G/12/190, 1814/9/3, pp. 89-91, 1814/11/1, pp. 137-138; IOR/G/12/193, 1815/3/25, pp. 75-77; IOR/G/12/202, 1816/4/10, p. 45.

表 4-9 統計 1786-1816 年間公司來華船隻遭俘或船難的情形，被敵軍虜獲者五艘，船難沈沒者十一艘，失火毀損者則有二艘，共計十八艘，分散於各年份中。同一時期，公司來華各式船隻的航次總計約 580 艘，因意外無法執行任務的比率僅約 3 %，可謂相當低。

表 4-9　1786-1816 年間公司船隻遭俘或船難紀錄

船名	噸位	從英出發日	意外原因	約略時間	地點
Mars	696	1786/4/26	船難沈沒	1787/12/9	倫敦附近
Vansittart	829	1789/3/25	船難沈沒	1789/8/23	Strait of Gaspar[130]
Princess Royal	805	1793/4/5	遭　　俘	1793/9/27	南中國海
Ocean	1189	1796/5/17	船難沈沒	1797/2/1	Amboina 附近
Sylph	420	待考	遭　　俘	1797	待考
Henry Addington	1432	1798/12/4	船難沈沒	1799/12/4	St. Helena 附近
Earl Talbot	1428	1800/1/7	船難沈沒	1800/10/22	南中國海
Hindostan	1463	1803/1/2	船難沈沒	1803/1/11	倫敦附近
Earl of Abergavenny	1200	1805/2/1	船難沈沒	1805/2/5	英國 Weymouth
Brunswick	1244	1804/5/20	遭　　俘	1805/7/11	南非外海
Experiment	500	待考	遭　　俘	1805/9/11	南非外海
Warren	1276	1805/2/17	遭　　俘	1806/6/21	東非外海

130 Strait of Gaspar 位於印尼附近。

船名	噸位	從英出發日	意外原因	約略時間	地點
Hastings					
Ganges	1502	1805/4/25	船難沈沒	1807/5/29	南非外海
Britannia	1273	1809/1/24	船難沈沒	1809/1/25	倫敦附近
True Briton	1209	1809/2/24	船難沈沒	1809/10/19	南中國海
Ocean	1200	待考	船難沈沒	1810/9/3	南中國海
Elphinstone	1274	1816/2/26	失　　火	1816/2/17	黃埔
Queen	801	1800/5/3	失　　火	1816/7/9	San Salvadore

資料來源：Anthony Farrington, *Catalogue of East India Company Ships' Journals and Logs, 1600-1834*, pp. 442, 539, 487, 312, 215, 324, 201, 241, 85, 692, 261, 83, 665, 226, 547, 676; Terence Grocott, *Shipwrecks of the Revolutionary & Napoleonic Eras* (Pennsylvania: Stackpole books, 1998), pp. 139, 198; The House of Commons ed., *First Report from the Select Committee on the Affairs of East India Company (China Trade)*, appendix, pp. 112-115; IOR/R/10/42, 1811/4/24, par. 10.

一些突發情況仍可能影響船隻運輸的既定規劃，例如，1797 年 6 月，從廣州返英船隊剛航行到珠江口時即遭遇颱風，迫使三艘公司船返回黃埔大修，等到年底或更晚才能再度啟航。[131] 加上其他狀況，該年度共有五艘對華貿易船不能按照時程回國。遠在倫敦的董事會直到隔年 4 月前，都未能掌握這些船隻的確切情形，又因每年 4 月已是對華年度運輸規劃的最後期限，遂調整相關事項，如將這些船隻原先所運的茶葉量加入 1798 年度的茶葉估算裡，並加派船隻。[132]

又，當董事會急需補充不足的運量時，通常辦法是跟印度港腳商人借調船隻，彌補缺額。1795 年，公司預估有三艘公司船延誤來華時間，連帶影響回倫敦的日期，遂給予廣州商館如下指示：

---

[131] H. B. Morse, *The Chronicles*, vol. 2, pp. 295-297, 304-309.

[132] IOR/R/10/36, 1798/4/2, par. 65.

> *Exeter* 號、*Brunswick* 號及 *Bombay Castle* 號出發日太晚，……保持（茶葉）進口順暢是最要緊的事，當商館收到此信時，需立即採取有效措施，讓港腳船隻幫忙運送 2,500 噸的茶回歐洲，減少前述船隻未能即時返抵帶來的不便。[133]

此外，1810 年代前期，英國對華茶葉需求量處於高峰，加上船隻發生失火、擱淺等意外，此時亦可見公司跟港腳商人租船的記錄，1815 年，分別以每噸運費 24 鎊和 22 鎊的條件，借港腳船運茶回英。[134]

茶葉之外，公司偶爾也會運用港腳船裝載棉花來華。1811 年 9 月，孟加拉總督區行文商館告知它已和當地港腳船商簽立契約，租借三艘船，運一萬包棉花到中國販售。[135] 同年，商館呈給馬德拉斯總督區的信裡指出，當地如有品質佳的棉花，但公司船來不及裝貨或船艙已無空間時，建議可租借港腳船運棉來華。[136]

(二) 廣州商館對來華船隻的安排調度

當公司船隊抵華後，董事會因無法親自監管，故授權廣州商館高層較大的權限，就近判斷、執行、監督和協調船隻相關事務，當遇特殊情況時，「特選委員會」亦需做出緊急處置。以下闡述「特選委員會」在廣州當地如何安排船運進行。

1. 協調保護船隻進出

1780 年代後期，廣州商館《會議紀錄簿》裡記載每年商館有專門安排船隻進出、停泊等事務的職員，依慣例不必再兼任其他工作。[137] 如 1790 年 10

---

[133] IOR/R/10/35, 1795/5/15.

[134] IOR/R/10/48, 1817/4/2, par. 4-6; IOR/G/12/191, 1815/1/10, pp. 107-108.

[135] IOR/G/12/178, 1811/9/28, pp. 11-13.

[136] IOR/G/12/178, 1811/12/16, p. 142.

[137] IOR/G/12/96, 1789/10/23, p. 71, 1789/12/4, p. 100.

月,「特選委員會」指派資深貨監皮古(C. E. Pigou, ?-?)負責該年度的船隻業務,並告知公司船船長,要求他們服從皮古的指揮,如同收到委員會的命令一樣。[138] 此後,1793-1815 年間戰事頻仍,由相關案例可知,商館船運的調度應是由「特選委員會」合議決定之。

關於船隻進出原則,首先,如前所述,較早抵達黃埔卸貨的公司船隻,也較早裝貨離華。1789 年即有相關記載:「在此地(廣州),依照已有慣例,船隻輪流離華的順序是依據它抵達黃埔日期而定」。[139] 戰時為了安全考量,船隻通常結伴離華,故有時會拖延一些時間,但大致上仍維持「早進早出」的慣例。再者,前已提及,當「特選委員會」安排不當導致船隻在華停留過久時,董事會便會扣減貨監的佣金,用以賠償遲滯的費用,故商館均努力排除困難,讓船隻按時進出廣州。

此外,十八世紀下半葉以來,航海技術更加進步,船隻航速的提昇讓「特選委員會」安排船運更具彈性與選擇。如 1787 年 3 月,當時廣州商館倉庫尚有 120 包高級絲綢未能及時裝上返英船隻,商館利用鑲銅的 *Belvedere* 號運送,彌補耽誤的時間。[140]

然而,有時海軍戰艦護航、公司船隻結伴同行、儘快離華等條件無法兼備,迫使「特選委員會」必須有所取捨,如當來華船隻準備返航時,卻無同行的船隻,但延遲出發又需賠償遲滯費用。1808 年,公司「定期船」*Surat Castle* 號遲於 5 月 26 日才抵華,與一般船隻秋、冬來華相左,商館為避免繳納遲滯費,安排該船於 7 月 25 日單獨返航,董事會得知後,雖肯定「特選委員會」替公司節省開銷的作法,但也告誡讓該船單獨返航的風險太高,萬一遭敵人擄獲,付出的代價更大。[141]

又,清嘉慶年間,中國東南沿海海盜猖獗,據估計海盜勢力最盛時擁有

---

[138] IOR/G/12/98, 1790/10/4, p. 56.

[139] IOR/G/12/96, 1789/10/6, p. 47.

[140] H. B. Morse, *The Chronicles*, vol. 2, p. 145.

[141] IOR/R/10/41, 1810/4/11, par. 94-96.

2,000 艘帆船，人數約五萬至七萬之眾，[142] 故保障船隻進出珠江三角洲的順暢亦是此時商館船運工作重點之一，其中一項重要作法是「特選委員會」指揮調度公司「孟買海軍」打擊海盜。[143]「孟買海軍」原主要巡邏印度西岸和波斯灣一帶海域，打擊當地海盜。十九世紀初以來，鑑於中國海盜勢力的蔓延，董事會遂指示孟買總督區派遣「孟買海軍」來華協助保護船隻的進出。[144] 和皇家海軍的巨艦相比，「孟買海軍」船體顯得短小，但普遍仍裝有約二十門的火炮，適合近海的防禦或驅逐任務，偶而也保護公司和港腳船隻返航。[145]

此一時期，雖時而傳出英籍船隻被挾持、人員遭綁架的消息，廣州商館為此付出不少贖金，[146] 但商館透過和海盜達成協議、幫助廣東官方擊退盜匪等各種手段，[147] 整體而言，絕大部份英人船隻仍能安全進出廣州、澳門一帶。

2. 規劃船隊返英方式和路線

每年公司來華船隊從英國出發時，由董事會負責規劃航線；當船隊從中國返航時，則由商館「特選委員會」下達船隊長和船長航行命令，若有港腳船結伴同行，港腳船船長亦需遵守商館指示。

1786-1792 年間歐洲國際局勢平和，且中國沿海海盜活動不多，「特選委員會」可較無顧慮地安排船隻返航路線，故此時船隊規模不大，少則二至三艘，多則四至五艘。當 1793 年英法開戰後，中國鄰近海域均不平靜，這種情況下，每當公司船隊準備從廣州返英時，「特選委員會」均慎重地決定路線，一方面徵詢公司船長們的意見，也不時和英國海軍負責巡邏印度到中國海域

---

142 D. H. Murray, *Pirates of the South China Coast, 1790-1810* (Stanford: Stanford University Press, 1987), pp. 1-2.

143 如 IOR/G/12/156, 1807/3/4, pp. 1-2; IOR/G/12/168, 1809/11/12, p. 104; IOR/G/12/185, 1813/3/5, p. 7.

144 H. B. Morse, *The Chronicles*, vol. 3, pp. 85, 144-145; Peter Auber, *Supplement to an Analysis of the Constitution of the East India Company*, pp. 51-53; William Milburn, *Oriental Commerce* (1813), vol. 1, p. 270.

145 IOR/G/12/174, 1810/11/11, pp. 79-81; IOR/G/12/181, 1812/11/24, pp. 32-33.

146 IOR/G/12/156, 1807/3/5, pp. 3-4; IOR/G/12/168, 1809/11/12, pp. 104-105.

147 D. H. Murray, *Pirates of the South China Coast, 1790-1810*, pp. 132-133, 141-142.

的艦隊長聯繫，蒐集敵情，判斷各種傳聞的真實性。[148]

戰時船隊返航路線屬高度機密，故原本平時公開的路線安排，也轉由「特選委員會」秘密討論，並需將會議過程和給船長的指示抄入商館《秘密會議簿》。[149]

「特選委員會」負責返航船隊的「責任區域」，大致是廣州到聖赫勒那島之間，包括南中國海、印度洋、好望角外海等地。當有皇家海軍戰艦護航公司船隊時，「特選委員會」尊重其專業，由海軍負責路線。[150] 若無，則由委員會指示船隊長應走的路線和停泊地點。規劃返航路線時，「特選委員會」需綜合考量許多情勢，一方面要顧慮敵軍巡邏的海域，西屬馬尼拉、荷屬巴達維亞、法屬摩里西斯附近都是危險區域，此外亦考慮風向、洋流等條件。1780 年代起，公司設有專門的水文部門，時常調查亞洲各海域資料，提供最新洋流、淺灘、暗礁等資訊給商館和船長參考。[151]

公司來華船隻通常於冬季 (12 月至隔年 3 月) 離華，此時中國東南沿海吹東北季風，船隻較易順風抵達東南亞。路線方面，隨著戰局演變，「特選委員會」的選擇亦不同，如 1811 年英人攻佔巴達維亞後，英籍船隻通過巽它海峽已無疑慮，因此往後數年，可見大都指示返航船隊儘速地到達巽它海峽，然後進入印度洋。[152] 又如 1803-1806 年間荷蘭曾短暫地佔有好望角，加上東非外海有法屬摩里西斯，所以多要求船隊行經附近時需小心謹慎：

---

[148] H. B. Morse, *The Chronicles*, vol. 2, pp. 290-293, 295-296, 319-320; FO/233/189, pp. 151-152.

[149] IOR/G/12/265, 1793/12/22, pp. 341-347.

[150] 這種情形下，「特選委員會」仍會下達指令給公司船隊長。

[151] Alexander Dalrymple (1737-1808)和 James Horsburgh (1762-1838)都是長期在公司服務的知名海洋水文專家，前後出版關於南中國海資訊的專書，如 James Horsburgh, *Memoirs: Comprising the Navigation to and from China by the China Sea* (London: Blacks and Parry, 1805). 十九世紀初，「孟買海軍」調查南中國海的成果，參見 Stephen Davies, "American Ships, Macao, and the Bombay Marine, 1806–1817: Delicate Lines for a Junior Officer to Tread—the Role of Daniel Ross in the Charting of the China Seas," in P. A. Van Dyke ed., *Americans and Macao: Trade, Smuggling, and Diplomacy on the South China Coast* (Hong Kong: Hong Kong University, 2012), pp. 33-48.

[152] 參見 IOR/G/12/270、IOR/G/12/271 相關記載。

……你們儘快地抵達聖赫勒那島，為確保（船隊）安全，當經過法國島（按：即摩里西斯）的經線時，此地法軍時常巡弋，需避開常走的航道。（船隊）和好望角之間需至少保持五十里格 (leagues) 的距離。[153]

不久，隨著英人接續攻佔好望角和摩里西斯，「特選委員會」不必再擔心航經此地的危險，給船隊的命令裡亦略去上述的指示。

若公司船隊於 4-8 月間離華，此時盛吹西南季風，需不同路線才利船隻南下通過東南亞海域。十八世紀下半葉，歐洲各國陸續發現即使逆風時仍有數條航道可供往返中國和東南亞之間，如「東路航道」(Eastern Passage)、[154]「澳門—馬尼拉航道」(Manila-Macao Leg)、「太平洋航道」(Pacific Route) 等，戰時這些新航道有利於路線的選擇。[155] 另一方面，此時期公司亦日益熟悉摩鹿加群島、婆羅洲、新幾內亞島(New Guinea)等海域的水文知識，有助於「特選委員會」安排船隊南下和躲避敵軍的劫掠。

筆者統計非貿易季時公司船隊的返航路線，得知廣州商館大多指示行走「東路航道」，即船隊先繞經菲律賓東岸，接著進入摩鹿加群島和新幾內亞島間的海域，最後從爪哇島東部附近進入印度洋，此安排用意除考慮風向外，或也希望避開馬尼拉和巴達維亞。[156]

---

[153] IOR/G/12/268, 1804/12/30, pp. 614-615. 一里格等於三海浬。

[154] 此航線也稱「匹特航道」(Pitt's Passage)，是以最早航行此路線的船隻 *Pitt* 號命名，1758 年，該船因在馬德拉斯裝卸貨物過久，延誤來華時間，船長 William Wilson 藉由他在逆風季節航行印度東西岸的經驗，巧妙利用南半球季風和北半球不同的特性，成功發現航行到廣州的新路線。參見 H. B. Morse, *The Chronicles*, vol. 2, p. 349; vol. 5, pp. 74, 85; H. T. Fry, "Alexander Dalrymple and New Guinea," *The Journal of Pacific History*, vol. 4, issue1 (1969), pp. 83-104.

[155] P. A. Van Dyke, "New Sea Routes to Canton in the 18th Century and the Decline of China's Control over Trade," 收入李慶新主編，《海洋史研究（第一輯）》（北京：社會科學文獻出版社，2010），頁 57-73、106-107，特別是頁 106-107 的路線比較。

[156] IOR/G/12/266, 1797/6/6, p. 180; IOR/G/12/267, 1798/5/4, p. 5, 1800/5/26, p. 395, 1800/8/8, pp. 414-415; IOR/G/12/269, 1807/4/29, p. 150.

為明瞭「特選委員會」一般如何規劃船隻返航路線，下文以 1815 年貿易季為例說明：

1815 年 2 月 1 日，董事會秘密委員會給「特選委員會」的指示提到：「今年來華船隻返航時，商館視情況（將船隊）分成兩到三組 (divisions) 離開」。[157] 該年公司評估英國茶葉消費量仍有強勁需求，故派出多達二十三艘船隻來華，接著，10 月廣州貿易季剛開始時，「特選委員會」討論後決定將該年公司來華船隻分成三組離華，第一組包括六艘船、第二組為八或十艘船、第三組則視 *Herefordshire* 號和 *General Kyd* 號來華時間而定，希望所有船隻於 1816 年 2 月第一個星期前離華。[158] 實際上，該年貿易季最後一組船隊離華日期是 1816 年 2 月 22 日，與季初估計日期相距不遠。[159]

第一組返英船隊共計六艘，於 1815 年 12 月 5 日啟航，由 *Princess Amelia* 號船長 Edward Balston (?-?) 擔任船隊長，其他船長皆聽其指揮，「特選委員會」指示船隊先航至巽他海峽附近的北島(North island)和海軍戰艦 *Owen Glendower* 號會合，接著由其護航進入印度洋。[160] 若至 12 月 20 日時仍未見 *Owen Glendower* 號，船隊即受 Balston 指揮，航向好望角，抵達該地後，再聽從公司駐好望角代表 John Pringle (?-?) 的進一步指示，萬一船隊遭遇敵軍或天候不佳等因素無法進入好望角，則直接駛向聖赫勒那島。[161]

接著，第二組返英船隊的陣容龐大，共有十三艘公司船隻結出發，超過該年來華船隻的半數，於 1816 年 1 月 12 日啟航，由 *David Scott* 號船長 John Locke 擔任船隊長，並沒有英國海軍戰艦護航，「特選委員會」指示船隊盡快

---

157 IOR/G/12/271a, 1815/10/22, p. 56.

158 IOR/G/12/271a, 1815/10/22, pp. 56-57.

159 IOR/G/12/271b, 1816/2/22, pp. 3-4.

160 當皇家海軍護航時，公司船隊均聽其指揮。至於公司內部指揮層級，「孟買海軍」和公司商船的階級，由高到低，分別是「孟買海軍」艦隊長 (commodore of the Bombay marine)、公司「定期船」船隊長、「孟買海軍」船長、公司「額外船」船長、「孟買海軍」船艦副官(lieutenant)。參見 William Milburn, *Oriental Commerce* (1813), vol. 1, p. 271.

161 IOR/G/12/200, 1815/12/5, p. 43; IOR/G/12/271, 1815/12/6.

通過巽他海峽，之後直接航向好望角，若無法接近好望角，亦航向聖赫勒那島。[162]

最後一組船隊則由 *Herefordshire* 號和 *General Kyd* 號結伴離華，其收到訓令如下，可作為相關航行指示的範例：[163]

> 船長 Le Blanc 敬啟：
>
> 一、在東印度公司董事會秘密委員會授權下，給予船隊以下命令與指示，……。
>
> 二、貴船和公司船 *General Kyd* 號結伴同行，回程途中，無論任何理由都不能脫離船隊，……擅自脫隊將會使董事會震怒。
>
> 三、*General Kyd* 號受你指揮，已告知該船船長 Nairne 務必服從命令，……。
>
> 四、船隊盡可能快速地穿越巽他海峽，然後航向聖赫勒那島，在那裡會得到進一步航向英國的指示。
>
> ……
>
> 六、回程途中，如遇到任何公司的船隻，你們必須結伴航行，相互保護（除非你們已得知歐洲恢復和平的消息）。如果遇到皇家海軍戰艦，在情況允許下，必須請求它為船隊護航。
>
> 七、在航向聖赫勒那島途中，公司請貴船傳遞的秘密信件，除非遇到敵人，否則不得擅自打開。
>
> 祝你們一帆風順。[164]

---

[162] IOR/G/12/271a, 1816/1/12.

[163] 廣州商館記錄顯示這兩艘船是 2 月 23 日離華，但 Anthony Farrington 書中卻記載為 1 月 17 日，依商館紀錄為準。

[164] IOR/G/12/271b, 1816/2/22, pp. 3-4.

此外，1815 年度公司還有三艘「額外船」來廣州貿易，分別因船期不同、航速較慢等因素，無法和「定期船」一起返航，「特選委員會」只好安排它們獨自離華。[165]

又，英籍港腳船因噸位較少，武裝較差，單獨遭遇敵人時被俘機率也較高，故如情況許可，「特選委員會」通常也會讓其跟隨公司船隊出發，或是由英國海軍護航。[166] 1796 年曾有港腳船來華時不聽公司船隊長號令的情形，董事會之後便要求港腳船船東需預先繳交一筆「保證金」，否則不提供護航。[167]

英法長期交戰期間，公司船隊自華返航時也曾數度遇到敵軍，最驚險的一次遭遇是 1804 年 2 月的 Pulo Auro 戰役。該年 1 月，在廣州等待返航的船隊約二十餘艘，貨物總價約 70 萬鎊（210 萬兩），此時因歐洲戰爭再起與加劇，皇家海軍無法即時來華護航，加上通信受阻，「特選委員會」無法確知護航艦隊的位置及敵軍的部署，在此膠著之際，萬一出發的船隊途中被敵軍劫掠一空，對公司和英國都將是沈重打擊。「特選委員會」對此感到非常不安，因此向船長們徵詢是否將船隊分成兩組？何時出發？該走哪條航道等問題，經過相關考慮，決定採取「立即出發、集體航行、前往麻六甲」的策略。[168] 但不料公司船隊在越南南部 Pulo Auro 附近，[169] 遭遇由 Charles-Alexandre D. Linois (1761-1848)指揮的五艘法國海軍艦隊。

和法國海軍相比，公司船隊的整體火力居於劣勢，但船隊長 Nathaniel Dance (1748-1827)大膽採用主動攻擊、佯裝船隻為戰艦等策略，讓 Linois 誤

---

[165] IOR/G/12/271b, 1816/2/22, p. 4; IOR/G/12/194, 1815/7/14, pp. 56, 58; IOR/G/12/200, 1815/12/12, pp. 61-62.

[166] H. B. Morse, *The Chronicles*, vol. 2, pp. 422-423.

[167] IOR/R/10/36, 1798/4/2, par. 85-86.

[168] 決定採取該策略的理由包括：英國佔有麻六甲和檳榔嶼，較容易得知進一步消息、該季節前往麻六甲較為容易與迅速、預期皇家海軍在麻六甲附近應會部署戰艦、船隊集結可壯大聲勢等。IOR/G/12/268, 1813/1/12, pp. 262-271, 1813/1/13, pp. 271-276, 1813/1/16, pp. 284-285.

[169] Pulo Auro 是此時船隻航經南中國海時幾乎必經地點之一。參見 P. A. Van Dyke, "New Sea Routes to Canton in the 18th Century and the Decline of China's Control over Trade," 頁 59。

以為該船隊有英海軍護航，因而雙方僅短暫交火，公司船隊也順利脫險。之後，董事會和船公司均特別表揚和獎勵船隊長 Dance 的英勇表現，使龐大船隊得以安全返航。[170]

據統計，英法長期交戰期間，由廣州出發返航的公司船和港腳船，航經南中國海鄰近海域時，在數百次航程裡僅有極少數船隻遭俘。如此的成效，除了英國海軍、「孟買海軍」的護航保護之外，「特選委員會」對路線的有效判斷與規劃亦是重要因素之一，也維護公司對華貿易的龐大利益。

3. 執行運補任務

此一時期，廣州商館和公司其他據點都肩負補給他地物資的任務，如每年商館的酒、辦公文具等皆來自於歐洲。商館本身則主要負責採購好望角和聖赫勒那島所需的物資如瓷器、棉布、糖、西穀米(sago)等，有時甚至還協調轉運兵士，故運補這兩地也成為商館船運規劃的例行性工作。[171]

由前文對公司船隊航線模式的分析可知，來華船隊返航時均固定到聖赫勒那島停留，故對該地的補給不成問題。而好望角因非固定停泊點，運作上較為複雜，1812 年董事會指示提到：

> 當廣州商館補給好望角的物資準備運去孟加拉時，若運費高於每噸六鎊（按：亦即太貴），但此時正好有一艘經植物灣（澳洲）的船到中國載貨回英，且該船可跟隨公司「定期船」於 4 月底前到達好望角，那麼商館可把補給物資裝上這類船隻。[172]

由此可知，商館補給好望角的物資或多先運到孟加拉後，再轉運該地。

---

[170] Jean Sutton, *Lords of the East*, pp. 113-115; R. St. J. Gillespie, "Sir Nathaniel Dance's Battle off Pulo Auro," *Mariner's Mirror*, vol, 21, no. 2 (1935), pp. 172-186.

[171] IOR/G/12/116, 1797/4/24, pp. 213-215; IOR/G/12/118, 1797/12/3, p. 236; IOR/G/12/126, 1799/6/3, p. 95.

[172] IOR/R/10/43, 1812/3/20, par. 48.

若運費太高時，則可考慮用途經澳洲的「額外船」運送。

1813 年，商館曾一度安排「定期船」船隊運送物資到好望角，董事會得知後不表贊同，因為如此將延誤船隊回英的日期，也可能產生船隻單獨脫隊的情形，增加遭遇敵人的風險。[173]

除上述職責外，公司來華船隻不時有失火、漏水等意外狀況，或是購買華人水手、更換船員等需求，這些都考驗「特選委員會」臨時應變的能力。董事會事後皆檢討事件經過，若商館處理不當，亦懲處相關負責人員。[174]

綜言之，1786-1816 年間公司對華的船運管理頗為積極主動，公司透過一些有效的機制和方法，達到預定目標。無論是倫敦或廣州方面，大部份時期公司的舉措和判斷少有重大疏失。當發生意外或緊急情況時，相關部門的當下處置和事後檢討也有其效果，不讓傷害繼續擴大，影響後續的營運佈局。

十八世紀末至十九世紀初的西歐是一戰亂紛擾的時代，英、法、荷、西等國間的戰火也隨著其殖民貿易網絡蔓延到世界其他區域，而各國國內政經局勢和對外貿易之間亦相互牽連。一個明顯例子是第四次英荷戰爭期間，英國藉由皇家海軍有效地封鎖各海域要道，使荷蘭東印度公司在亞洲各地貿易的船隻無法回到母國，造成荷蘭東印度公司財政的嚴重損失，不久後，1795 年荷蘭共和國 (Dutch Republic, 1581-1795) 被法國強佔，亦嚴重衝擊荷蘭東印度公司的經營，均成為 1799 年其宣告破產的因素之一。[175]

同樣地，東印度公司此時作為英國在亞洲最大的商業組織，戰時其對華船運管理的成敗與否，某種程度上對公司和英國來說均有著重要的歷史意義，若公司中國船隊遭到毀滅性破壞，這對英國經濟、社會及其遠東商貿佈局造成的影響不容小覷。公司商船隊正常往返歐亞之間，既維持公司的穩定

---

173 IOR/R/10/45, 1814/4/1, par. 91.

174 IOR/G/12/178, 1812/1/6, p. 192; IOR/G/12/139, 1802/5/30, pp. 10-13.

175 Liu Yong, *The Dutch East India Company's Tea Trade with China, 1757-1781* (Leiden: Brill, 2008), pp. 149-150.

和成長，對華貿易的利潤和稅收也有助於戰時英國經濟的維繫；[176] 對大英帝國而言，公司船運的成效也有利於戰後它繼續取得在中國商貿市場的地位和優勢。

六、小結

綜上所述，廣州商館和公司內部組織關係裡，倫敦董事會負責統籌、指示、監督商館的運作和調度，包括訊息傳遞、簿記方式、資金調度、貨物檢驗、財務評估、船運安排、人員管理等大小事務。然而，受限於中英兩地遙遠的距離，董事會無法同步得知商館情勢，為達到遠距監督和管理，公司陸續設計和改善各方面的機制，盡可能地和快速地獲知廣州當地實際狀況。另一方面，公司授權「特選委員會」就近執行董事會每年的訓令，其責任重大，處理事務繁多，它和董事會在中英貿易管理上有各自的分工與角色。尤其，1793-1816 年間，戰爭幾乎對公司中國貿易各項運作皆造成影響，也使董事會採取的管理措施和平時不同。

例如，訊息傳遞方面，董事會制定每年公司不同類型船隻運送中國貿易信件的時機、訊息的分類和撰寫、商館撰寫廣州當地商貿資訊的格式、遭遇敵軍時的處理方式等；每年貿易季期間，「特選委員會」需撰寫長篇報告回英，告知董事會中國貿易的情勢，內容幾乎到達鉅細靡遺的程度。

貨物方面，董事會注意許多環節，包含市場消費品味調查、供需平衡、品質檢驗、庫存控制等，對於重要商品如茶葉，更是投入許多心力，也陸續設計相關機制維護品質，包含發現廢茶時，罰金加罰百分之五十、茶葉儲放位置十分講究等。至於商館方面，因採購貨物的良窳和價格高低，攸關貨監

[176] 例如拿破崙於 1806-1814 年間對英國實施大陸封鎖(Continental System)政策，試圖斷絕歐陸與英國的貿易往來，孤立英國的經濟。這種情形下，英國和世界其他區域的商業活動應對其國家經濟發展更顯重要。

的佣金，是故，商館貨監注重貨物的議價和品質。

財務方面，董事會每年定期評估商館資金的需求和缺口，以及資助的方式，戰爭也考驗著資金調度的能力；「特選委員會」每年也需數度評估廣州商館資金流動情形，作為接下來簽發匯票、存款單額度的參酌依據，準確的評估有利資金的合宜運用。

船運方面，此一時期戰爭的頻仍，以及中國東南沿海海盜猖獗，使公司需比平時更費心地籌畫船運事務。董事會負責運籌帷幄，安排船隻來華路線、船隊組成方式、船隻進出廣州的原則、船隻遭遇敵軍的處置等；「特選委員會」則是研判廣州當地情勢，安排船隻返英的方式和路線，以及執行運補公司一些重要據點的任務。本章分析相關事例後，認為大部份時候，董事會和「特選委員會」總能在短時間內，針對實際狀況做出適當處置，降低對公司的傷害。

從本章相關討論可知，1786-1816 年之間，董事會管理商館的訊息、貨物、資金、船運等各項事務並無太大問題，僅在茶葉庫存量太多、借貸行商金額過高等事項上反應處理稍嫌緩慢。

第五章　廣州商館與印度的橫向聯繫

十八世紀下半葉以來，隨著貿易和殖民開拓，公司在印度勢力取得長足進展，尤其是印度東部孟加拉地區，隨之而來，印度亦扮演支援、轉運和帶動亞洲其他區域發展的重要樞紐角色。印度作為公司亞洲貿易的重心，因資源豐富及和中國距離較近等因素，提供就近支援廣州商館投資所需資金、匯票匯兌、船隻護航等重要功能。故商館除了倫敦以外，和印度三大總督區之間，亦有各種往來，本章討論它們在各方面各自扮演的角色，包括船運、資金互助、管理港腳商人、商情傳遞、護航或軍事支援等。此外，商館每年和檳榔嶼總督區、好望角、聖赫勒那島等地亦有往來，但因貿易量相對較小，並不專門闡述，僅視情況需要納入討論。

另一方面，廣州商館與印度各總督區之間，在部分事務的處理模式上，都和中英貿易頗為不同，反映貿易情勢和公司內部分工等，值得關注。例如，人事方面，商館的人事升遷由倫敦董事會直接任命，印度大總督並無權過問、至於來華貿易的港腳商人，印度方面亦需負責就近管控。貨物方面，公司享有毛料和茶葉等中國貿易貨物的壟斷權，但從印度輸入中國的棉花、檀香木等商品則無，需和港腳商人競爭。訊息傳遞上，又公司來華船隻返航時一般並不停靠印度各港口，顯示中國並無出口貨物到印度，而商館寫給印度各總督區的信件，一般也由港腳船隻傳遞，而非公司船隻。又，此時公司在印度所屬的「孟買海軍」，因戰事、水文調查等需求，也不時來華。以下分別以若干事例論述廣州商館和三大總督區間的各種接觸和聯繫。

一、孟加拉總督區

(一) 貿易安排

孟加拉總督區是公司統治印度首要之區，亦由印度大總督直接管轄，它和廣州商館的各種往來也較孟買和馬德拉斯更為密切和頻繁。然而，就商業規模而言，十八世紀末時，孟買總督區因輸出大量棉花來華，其和中國的貿易量，反而較孟加拉總督區高。十九世紀初，隨著孟加拉亦輸出棉花來華，加上孟加拉鴉片銷華數量的成長，使其對華貿易總值才逐漸超越孟買總督區。[1] 孟加拉總督區對華貿易相關事務是由貿易部主導，該部和賦稅部都是總督區為加速處理貿易和賦稅事務特別設立的，孟買和馬德拉斯總督區對華貿易的主導機構亦同樣是貿易部。[2]

棉花是公司從印度銷華主要商品，十八世紀末中英茶葉貿易大增後，為填補購買茶葉的資金缺口，公司除了本身經營棉花貿易之外，也鼓勵港腳商人運棉來華銷售。十八世紀末至十九世紀初，印度棉花獲利率高，1770-1798 年之間，每擔平均售價達 14 兩，一般而言，孟加拉棉花的品質不及孟買者，但優於馬德拉斯。或由於印度棉花大量銷華，1810 年代廣州市場棉花利潤較以往略有下降，但此時中國棉花尚未大規模加入競爭，印度棉花利潤仍舊不錯，如前所述，1809-1810、1811、1813 四年間，孟加拉棉花的獲利平均可達 33 %。[3] 1815 年廣州棉花市場景氣較前幾年略有回升，商館「進口貨監督」莫洛尼報告，該年 *Cuffnells* 號和 *Royal George* 號上的孟加拉棉花，扣除成本

---

1 John Phipps, *A Practical Treatise on the China and Eastern Trade*, pp. 243-245, 250-251.

2 貿易部最早設立於 1774 年，參見 B. B. Misra, *The Central Administration of the East India Company*, p. 74.

3 IOR/R/10/47, 1816/7/10, par. 15.

後，每擔獲利 3 兩 6 錢。[4]

此時從孟加拉總督區輸入中國另一項主要商品是鴉片，且往後其貿易規模日益擴大。十八世紀以來，公司享有印度鴉片的壟斷權，鴉片的種植、製作、加工等均需公司同意，但囿於勢力，公司僅於孟加拉地區種植鴉片，視印度西岸來華的麻瓦 (Malwa) 鴉片（中文常稱白皮土）為「走私」。[5] 公司顧及清廷嚴禁鴉片的態度，每年在加爾各答公開販售鴉片給港腳商人，由其運送來華銷售。另一方面，十九世紀初以來，葡萄牙和美國商人亦陸續發展從印度西岸及土耳其運輸鴉片來華的網絡，為掌握葡、美兩國商人在華鴉片貿易情形，商館需不時匯整情報回報給董事會和孟加拉總督區瞭解，以便採取進一步防範或抵制措施。

如 1804 年，當「特選委員會」得知來自孟買的港腳船 *Lowjee Family* 號「非法」夾帶麻瓦鴉片來華後，立即回報情形給孟加拉總督區，1807 年，「特選委員會」也報告這幾年美商進口土耳其鴉片的情形，並做初步分析。[6] 1820 年代，當中國鴉片需求持續增長時，「特選委員會」更不時傳遞廣州、澳門一帶鴉片貿易各種商情給孟加拉總督區參考。

此外，每年公司來華船隻途中停泊孟加拉總督區期間，均再檢查船身狀況，如船隻前後吃水深度等，若無問題，由「船務總管」出具證明，其他兩個總督區的作法亦同。[7]

(二) 供應廣州商館所需資金

十八世紀下半葉以來，孟加拉總督區每年在供應廣州商館資金上扮演一重要的角色，它可說是董事會之外，商館最重要的財政援助者，1810 年代初期，當董事會資金調度發生困難時，它挹注商館所需資金的比例更往上升，

4　IOR/G/12/194, 1815/8/29, pp. 99-101.

5　Malwa 位於現今印度中部 Madhya Pradesh 附近。

6　H. B. Morse, *The Chronicles*, vol. 2, pp. 429-430, vol. 3, pp. 72-73.

7　IOR/G/12/185, 1813/8/28, p. 162.

如 1810 年，「特選委員會」簽發倫敦匯票的金額僅約 4 萬元，簽發孟加拉匯票卻多達 159 萬元。[8] 孟加拉總督區資助商館的方式，直接方式是將印度貨物進口來華銷售，或將現銀運來中國，其他方式也有在印度預借現金給港腳商人、藉由代運貨物收取運費，但大部份仍是以授權「特選委員會」簽發孟加拉匯票為主。

每年董事會綜合英、印財務情形，指示廣州商館簽發孟加拉匯票的額度、匯率等。另一方面，「特選委員會」和孟加拉總督區間，亦就商館所需資金、匯票匯率、簽發匯票時機等措施交換意見，若狀況特殊，「特選委員會」也可能先調整董事會的指示，再回傳報告。

孟加拉總督區下屬的貿易部財務長(accountant general)是負責評估、供應商館資金的主要人物，為配合廣州貿易季，每年大約 6、7 月，財務長綜合印度財務情形、商館年度資金需求等因素，向印度大總督建議「特選委員會」簽發孟加拉匯票的數量與匯率；又，「特選委員會」每年亦事先估算印度方面支援商館資金的額度。正確合理的估算，可減少雙方面不必要的擔憂，1813 年 7 月，「特選委員會」預估需要孟加拉總督區支援 320 萬兩，但事後檢討發現，實際上該年僅需 200 萬兩，董事會認為之所以出現如此大的落差，主要是商館估算財務狀況時，竟漏列印度貨物成本、每年簽發孟加拉匯票的數量等項目，要求往後不要再發生類似離譜的錯誤。[9]

每年廣州商館簽發孟加拉匯票通常有一定時期，過早或過晚均有不利之處，據貿易部財務長 William Egerton(?-?)所述，1810 年之前，商館通常是每年 11 月 1 日起至隔年 2 月中旬簽發孟加拉匯票。1810 年貿易季時，因為董事會急需商館從中國運白銀回倫敦，如此一來，商館本身現金存量可能不足，故印度大總督特別授權「特選委員會」全年度皆可簽發孟加拉匯票，但此措施的缺點是那些過了廣州貿易季後才收入商館財庫的銀元，將有數個月到一

---

[8] H. B. Morse, *The Chronicles*, vol. 3, p. 131.

[9] IOR/G/12/190, 1814/7/22, par. 6.

年的閒置期，期間衍生的利差，需由公司自行吸收，[10] 故該年「特選委員會」全年度簽發孟加拉匯票的措施，是特殊情形下才採取的方案。因而當 1813 年印度大總督得知「特選委員會」於 5 月就簽發孟加拉匯票後，抱怨去年印度已支援商館約 300 萬兩孟加拉匯票，今年商館簽發匯票太早，對印度財政造成嚴重困擾。此外，約 1814 年時，「特選委員會」希望商館每年提前於 10 月 1 日開始簽發孟加拉匯票，董事會指示孟加拉方面回覆商館意見。1815 年 12 月，William Egerton 表示，只要廣州方面不是全年度簽發孟加拉匯票，提早至 10 月 1 日並無問題，此時簽發的匯票，其到期日約在 12 月底，印度已徵收年度的土地稅，有能力給付港腳商人帶回的匯票。[11]

又，每年決定孟加拉匯票匯率亦頗重要，銀元兌換盧比的匯率如太高，將增加公司的支出；匯率若太低，則對港腳商人不利，不願接受公司簽發的匯票，商館可能無法獲得足夠資金，因此需要尋求一合理平衡點。但決定匯率不是一件容易的事，每每需要綜合考量許多因素以及繁複的計算，如廣州商館年度的資金需求、運費與保費、各種貨幣的價值、貨物的銷售情形、其他種類匯票的競爭等，隨著不同時期市場的變化，這些因素的比重亦不同，有時商館還需進一步調整匯率，才能使港腳商人接受。如 1819 年 10 月，「特選委員會」決定孟加拉匯票的匯率為 100 元兌換 197 西加盧比(sicca rupee)，但或因條件太差，過了一個月，竟沒有任何港腳商人願意接受孟加拉匯票，商館只好再將匯率調高至 200 西加盧比。[12]

1815 年前後，中國紋銀價格是決定孟加拉匯票匯率重要因素之一，當時外商購買紋銀時，往往得到相當大的折扣，加上他們往往以賄賂官員的方式，從澳門等地偷運紋銀出境，由於紋銀純度原本就比西班牙銀元高約 8 %，再加上紋銀的折扣，使兩種貨幣的價差更大。1815 年，市場購買紋銀可得約 7 % 的折扣，如此一來，其和西班牙銀元的價差高達 15 %，對港腳商人來說，如

---

[10] IOR/G/12/185, 1813/5/25, pp. 41-43.

[11] IOR/G/12/186, 1813/10/23, pp. 118-119; IOR/G/12/202, 1816/6/6, pp. 84-85.

[12] IOR/G/12/216, 1819/10/3, pp. 127-133; IOR/G/12/217, 1819/11/1, pp. 18-25.

將紋銀運回印度，再轉鑄成銀元，扣除運費、保險費、鎔鑄等費用後，仍然有利可圖。據 William Egerton 估計，港腳商人將紋銀運回孟加拉鎔鑄成盧比後，仍有 8-10 %的高額利潤。[13] 這種情形下，「特選委員會」勢必需以更優惠的匯率，才能吸引港腳商人接受孟加拉匯票。

此時決定匯率另一個重要因素是鴉片銷售情形，由於鴉片買賣多以現銀交易，加上鴉片在華需求日益增長，每年「港腳商人」主要將販售鴉片所得現銀繳入商館財庫，換取孟加拉或倫敦匯票。因此，廣州商館雖然不經手鴉片在華銷售，仍需注意鴉片買賣情形，若鴉片滯銷或價格大幅下跌，意謂著港腳商人接受孟加拉匯票能力減弱，連帶影響商館資金的供應。[14]

接著以 1815 年度為例，說明公司各部門決定匯率相關考量。該年 7 月，貿易部財務長 William Egerton 經過計算後，認為該年廣州商館簽發的孟加拉匯票，匯率應和去年一樣，以 41 元兌換 100 通用盧比(current rupee)為宜，認為對港腳商人較具吸引力。他列舉幾項理由，其中重要一項是 1814 年港腳商人經營從中國到孟加拉貿易的營收報告，當匯率是 42 元兌換 100 通用盧比時，在 1,224 萬西加盧比總貿易量裡，約有 689 萬西加盧比用於購買貨物或將紋銀等貨幣運回印度，較孟加拉匯票總額多出約 154 萬西加盧比，表示港腳商人認為把紋銀運到加爾各答鑄幣局鎔鑄，仍然比接受商館簽發的匯票划算。1815 年貿易季，「特選委員會」資金需求更大，故應該再調降匯率，從 42 元降至 41 元，才能增加港腳商人接受匯票的意願。[15] 後來，「特選委員會」即採用此匯率簽發孟加拉匯票。

---

[13] IOR/G/12/194, 1815/11/15, p. 237; IOR/G/12/202, 1816/8/11, p. 156.

[14] H. B. Morse, *The Chronicles*, vol. 2, p. 393; vol. 3, p. 208.

[15] IOR/G/12/194, 1815/11/15, pp. 237-239. 孟加拉當地記帳方式以通用盧比為單位，但孟加拉總督區則以西加盧比為單位。1799 年之前 1 通用盧比約等於 2 先令 6 便士，之後則約 2 先令; 1799 年之前 1 西加盧比約等於 2 先令 6 便士，之後則約 2 先令 3 便士。1816 年之前，廣州商館簽發孟加拉匯票匯率，都以銀元和通用盧比間的比率為基準，此後改為用銀元和西加盧比間的比率為準。參見 Joseph Blunt, *The Shipmaster's Assistant, and Commercial Digest* (New York: E. & G. W. Blunt, 1837), pp. 369-371.

除孟加拉匯票外，有時印度大總督也授權廣州商館簽發孟買和馬德拉斯匯票，如 1800-1804 五年間，商館曾簽發馬德拉斯匯票，以 1802 年為例，額度為 10 萬金星塔(star pagoda)，急需時，最多可簽發 20 萬金星塔。1822-1823 年間，董事會亦曾短暫授權「特選委員會」簽發孟買匯票。[16]

(三) 管理港腳商人

十八世紀末以來，每年港腳商人從印度來華貿易的人數日增，公司特許狀規定，這些在公司勢力範圍內的印度港腳船隻和港腳商人，來華前均需先獲得公司「許可證」(license)才能啟程，但他們在華期間並不需服從廣州商館的管理，當時港腳船長或商人發生不少糾紛或衝突，為商館帶來許多困擾，甚至阻礙公司本身貿易的進行。1780 年，一個知名個案是孟加拉港腳船隻 *Dadoloy* 號在華時，該船船長 John McClary (?-?)劫掠外國船隻，甚至強行將搶奪船隻駛出虎門，惹出許多事端。[17]

經此事件後，接下來數年裡，董事會持續檢討如何管理港腳貿易，1786 年，公司從國會取得授權，頒佈十項管理規範，適用於所有向公司申請「許可證」到印度、東南亞和廣州等地貿易的港腳商人和船隻，第一至五項涉及港腳商人船隻買賣、貨物運送販售、船上人員雇用等，不得圖利外國商人的條款，第六至十項則和廣州貿易較直接相關。

第六項規定當港腳船隻抵達廣州時，船長需確實造冊船上工作人員的姓名、職稱以及乘客名單，供商館貨監檢查，當船隻無法提供相關清單時，「特選委員會」可拒絕船隻卸貨；第七項規定港腳船隻人員和商人發生商業或其他糾紛時，無論是港腳船隻彼此之間、港腳船隻和中國政府、港腳船隻和澳

---

[16] H. B. Morse, *The Chronicles*, vol. 2, pp. 347, 358, 388, 394, 401, 416; vol. 4, pp. 53, 70. 1 金星塔約等於 8 先令。

[17] H. B. Morse, *The Chronicles*, vol. 2, pp. 63-65.《英國東印度公司對華貿易編年史》中譯本對此的翻譯有誤，將 John McClary 的行為 (acts)，誤翻成 McClary 法令，見 H. B. Morse 著，區宗華譯，《東印度公司對華貿易編年史》（廣州：中山大學出版社，1991），卷 3，頁 250。

門葡人、行商等，都必須聽從「特選委員會」指示；第八項則是此後來華港腳商人和船上人員，一般情況下最遲須於貿易季結束後返回印度；第九項規定港腳船隻人員在華時，因不服從紀律冒犯船長或中國政府，從而導致公司在華貿易受損，該船船主需負起賠償責任；第十項則是港腳船隻離港時，應向負責管理機構（在廣州時是「特選委員會」），填寫「付款協議」(deed of covenants)，保證船隻人員沒有任何違紀不法行為，如有不實，將支付高額罰金，負責機構收到「付款協議」後，也需簽發證明單據。[18] 經此規範後，港腳船隻人員在華期間，無論廣州或澳門，「特選委員會」均有管轄的正當權力。

當遇特殊情況，無法處理港腳商人貿易糾紛時，「特選委員會」回報事件給董事會裁決。1801 年，港腳船 *Mysore* 號船長 George Seton (?-?)向商館控訴行商潘長耀拒絕清付貨款，「特選委員會」成員間對此事意見相當分歧，決定讓董事會做最後處置。[19]

1813 年後，英國實施印度貿易自由化，從英國各地到印度經商的人數大增，他們著眼於棉花、鴉片、絲綢等貨物的高投資報酬率，亦陸續將資金投入對華貿易，使中印貿易規模持續擴大，明顯反映在印度來華港腳船隻數目的增長，1808 至 1812 年間，計 120 艘港腳船隻來華，但 1814-1818 年間達 159 艘，成長約 33 %，1819 年後的成長更為明顯。[20] 港腳船隻數目的增加，一方面意味著港腳商人勢力的擴張，另一方面也表示這些人員在華發生衝突的可能性提高，因此如何有效地管理港腳商人成為「特選委員會」和印度方面主要討論重點之一。

公司失去英印貿易壟斷權後，更極欲保護它在中英貿易特有的利益，下令「特選委員會」於貿易季結束時，需確實「驅逐」未獲在華居留權的港腳

---

[18] H. B. Morse, *The Chronicles*, vol. 3, p. 252; IOR/G/202, 1816/6/6, pp. 87-90, 95-98; Michael Greenberg, *British Trade and the Opening of China, 1800-42,* p. 22.

[19] H. B. Morse, *The Chronicles*, vol. 2, pp. 366, 403.

[20] H. B. Morse, *The Chronicles*, vol. 3, pp. 77, 101, 131, 158, 175, 206, 228, 243, 308, 331.

商人，防止他們逗留經商對公司帶來的競爭壓力。[21] 但這項禁令對那些已從其他國家取得在華外交「代表」的港腳商人來說，沒有任何約束效力。

本章主要討論印度方面和廣州商館管理來華港腳商人的相關措施，至於1813年後，公司管理港腳貿易陸續遭遇的各種問題，港腳商人在華勢力的發展及其對公司在華貿易的影響等，將留待第六章再論。

二、孟買總督區

(一) 貿易安排

十八世紀末以來，公司為提供對華茶葉貿易所需資金，考量中國對印度棉花的需求，鼓勵大量棉花銷華，使廣州逐漸成為孟買對外貿易的重要據點，據統計，1800-1813年間，孟買總督區登記註冊的船隻共約129艘，其中33艘（約26 %）用於和中國的貿易，可見其重要性。孟買銷華商品裡，棉花是最主要貨物，品質普遍亦最佳。印度西岸棉花主要產於孟買北方的古扎拉特 (Gujarat) 附近，運到孟買加工包裝後，再轉運來華，孟買總督區則從中課徵棉花稅獲利。由於孟買並非棉花產地，加上公司在印度西北部勢力有限，十八世紀末至十九世紀初，公司本身並不積極參與棉花貿易，或出租船隻噸位給港腳商人運棉，或是和港腳商人合作購買棉花。[22]

約1803年起，董事會曾一度擬擴大公司參與孟買棉花貿易的程度，陸續採取增加棉花採購量、自行建造用於印度貿易的船隻、從英國引進新設備機器、在孟買附近試種棉花等措施，但收到的效果和利潤，似乎不如預期。[23]

---

[21] H. B. Morse, *The Chronicles*, vol. 3, p. 252.

[22] Anne Bulley, *The Bombay Country Ships, 1790-1833*, pp. 101-104; The House of Commons ed., *First Report from the Select Committee on State of Affairs of East India Company (China Trade)*, p. 141.

[23] Anne Bulley, *The Bombay Country Ships, 1790-1833*, pp. 115-122.

1814 年，廣州棉花市場景氣不佳，孟買棉花雖然品質頗佳，但每擔最高成交價僅約 13 兩 3 錢，[24] 1815 年，孟買棉花品質亦不錯，加上市場需求回升，每擔可賣至 14 兩 4 錢，獲利不差。[25] 1820 年代，隨著印度貿易自由化，英國棉花充斥印度，以及中國棉花的競爭，孟買棉花利潤大幅下降，盛況不再。除棉花外，印度西岸也盛產香料等，孟買總督區不定時裝運這些貨物來華，但佔來華貨物的比重不高。

孟買作為印度重要船運中心之一，有時董事會也指示公司孟買總督區支援對華貿易船運，1811 年 4 月，公司聽聞先前來華的船隻 *Ocean* 號在南中國海海域遭遇颱風沈沒的消息，在未確定事實之前，決定從印度增派兩艘船隻來華支援載貨的工作。其中一艘是公司剛在孟買建造的 *Earl of Balcarras* 號（1400 噸級），該船原先預定到加爾各答裝載當地貨物回英，現在則改為來華裝載茶葉返英。[26]

(二) 人員管控

和孟加拉總督區一樣，孟買總督區也有許多港腳商人經營中印貿易，1810 年代，它在印度對華貿易規模裡，僅次於孟加拉總督區。孟買港腳商人的組成結構和孟加拉不太相同，大致分為孟買當地商人和英籍商人，又以前者居多。孟買當地商人中有許多是巴斯人，其他少數則為印度教徒(Hindu)和穆斯林，其中巴斯商人和英人相當友好，公司將其視為「英王陛下的臣民」，他們當中許多是船主、貨監或帳房等，或自行來華經商，或在中國接受他人委託販售貨物，抽取佣金。[27]

如同孟加拉港腳商人，來華貿易的孟買港腳商人若無特別情事，亦不得在華居留，為有效管理，孟買總督區每年皆須將來華港腳船隻名冊、船上人

---

[24] IOR/R/10/47, 1816/4/5, par. 81-84; IOR/G/12/190, 1814/8/21, pp. 76-77.

[25] IOR/G/12/194, 1815/10/27, pp. 206-207.

[26] IOR/R/10/42, 1811/4/24, par. 16-17. 董事會信裡簡稱 *Earl of Balcarras* 號為 *Balcarras* 號。

[27] 郭德焱，《清代廣州的巴斯商人》，頁 29、43。

員名單，隨船送到廣州商館，船上若有其他乘客，亦需附上證明，由「特選委員會」按冊核實，確實管制。1809 年 4 月，「特選委員會」進行例行性人口調查時，發現一名英國商人山克(Alexander Shank, ?-?)和幾名巴斯商人在華「非法」逗留，促其儘速離去，但這些港腳商人卻以各種理由搪塞，申請多停留一個月、一季、甚至更久。孟買總督區得知此事後表示驚訝與關切，往後並實施反制措施，若港腳船船隻擅自搭載未經許可的人員來華，每多載一人，課以 400 盧比罰金，船主亦需擔保來華人員行為，否則處以相當的罰金。[28]

雖然有這些措施，但 1810 年代後期，由於前述英印貿易自由化及中國貿易利潤可期的影響，孟買港腳商人來華經商的動機和人數大增，每年貿易季結束時，仍常發現許多人以生意未完等理由在華停留，雖三令五申促其離開，但效果不彰。[29]

港腳商人之外，每年孟買總督區亦有許多職員前來中國休假或工作，當這些人員臨時有急事或因病需要返回歐洲時，「特選委員會」視情形便宜行事，先行批准，事後再行文告知孟買方面。1816 年 9 月，「孟買海軍」發現號(The *Discovery*)的船醫 William Weir (?-?)來華執行任務，因身體不適，向商館請求回英修養獲准，廣州商館並隨即知會孟買當局此事。[30] 又如 1825 年 10 月，「孟買海軍」下屬船長 Thomas Blast (?-?)因病從孟買搭乘公司船 *Inglis* 號來廣州，他原先向印度方面請假一年，但來華途中病情加劇，經過公司在華船隊兩位船醫和商館助理醫生李文斯頓的檢查，均認為他急需回英調養身體。「特選委員會」雖向來避免干涉印度軍方相關規定，但事態緊急，遂先批准其回英申請，[31] 商館處理其他兩個總督區人員來華時請假的作法雷同。

---

[28] IOR/G/12/203, 1816/9/30, p. 64; H. B. Morse, *The Chronicles*, vol. 3, pp. 103-104.

[29] IOR/G/12/207, 1816/4/21, pp. 31-33; H. B. Morse, *The Chronicles*, vol. 3, pp. 375-376.

[30] IOR/G/12/168, 1809/10/16, pp. 20-22; Anne Bulley, *The Bombay Country Ships, 1790-1833*, pp. 51-52.

[31] IOR/G/12/233, 1825/10/13, pp. 266-268.

(三)「孟買海軍」

除貿易外，孟買總督區和廣州商館另一個重要關連是它所屬的「孟買海軍」船艦也定期來華執行任務。十九世紀初，孟買當地擁有完整的各式船塢設備，和孟加拉是公司在印度兩大造船和維修港口，也是「孟買海軍」的基地。[32]「孟買海軍」的組織建制約分為岸上和船艦兩部份，岸上負責人員裡，層級最高的是「孟買海軍」監督(superintendant of the marine)，他也是其中最高長官、其次則為「船務總管」；船艦部份，依軍階高低為資深船長、資淺船長、船長、船艦第一副官(first lieutenant)、船艦第二副官等，[33] 其建軍目的包括：戰爭時抵抗敵軍，保護公司貿易；運送軍隊；從事海洋探測；運送信件往返紅海(Red Sea)、波斯灣(Persian Gulf) 等地。[34]

「孟買海軍」原本較常巡弋印度西岸、波斯灣等地區，如前所述，十九世紀初以來，它定期來廣東沿海巡弋，或驅逐海盜，或執行保護公司和港腳船隻返航。[35] 部份船長如羅斯(Daniel Ross, 1780-1849)、馬漢和克勞佛(John Crawford, ?-?)等人均服役頗久，表現傑出。

此外，「孟買海軍」船艦來華同時，也負責量測、探勘珠江口和南中國海的任務，確認重點海域的險礁、暗灘，描繪海圖，送回董事會水文部門，作為規劃中國航線的參考。「孟買海軍」在華時，一年出航工作約五個月，董事會和商館皆認為「其工作對往來中國海域的人員相當重要」，多次表示讚許。

---

[32] Anne Bulley, *The Bombay Country Ships, 1790-1833*, pp. 15, 24, 31, 115-117; A. W. Mason, J. S. Kingston and George Owen ed., *The East India Register and Directory, for 1816*, p. 312; Franklin Bakhala, "Indian Opium and Sino-Indian Trade Relations, 1801-1858" (Ph. D. thesis, London: University of London, 1985), p. 201.

[33] A. W. Mason, J. S. Kingston and George Owen ed., *The East India Register and Directory, for 1816*, pp. 312-316.

[34] William Milburn, *Oriental Commerce* (1813), vol. 1, p. 270.

[35] IOR/G/12/174, 1810/11/11, pp. 79-81; IOR/G/12/181, 1812/11/24, pp. 32-33; H. B. Morse, *The Chronicles*, vol. 3, pp. 144-145.

1811 年，羅斯和馬漢要求支付過去幾年兩人出海期間的額外津貼，亦獲得同意。[36] 1816 年阿美士德使節團時，發現號等船隻也隨著使節團北上，探勘東海、黃海、韓國等地海域。

「孟買海軍」雖隸屬孟買總督區，但其船艦在中國海域活動時，關於船隻修補、人員招募調換、勘查路線規劃等事項，仍需接受「特選委員會」監督及安排。[37] 有時商館和孟買總督區之間，因一些特殊狀況導致雙方管理的爭議。如 1815 年 2 月，在華的調查者號(The *Investigator*)船長馬漢曾以身體不適為由，強烈請求卸除指揮權並返回孟買，「特選委員會」很快同意並任命克勞佛代替其職缺。但馬漢很快康復，1816 年初，發現號船長羅斯調查中國海域時，因該船一名助手前往歐洲，羅斯向商館申請讓馬漢到發現號任職，「特選委員會」同意馬漢擔任探測助理(assistant surveyor)，並支付其薪資。[38]

但孟買總督區獲知消息後頗為不快，認為「孟買海軍」下屬人員出缺時，孟買當局擁有決定遞補人選的權力，商館不應受理船長羅斯提出的請求。「孟買海軍」監督 Henry Meriton (1763-1826)也質疑馬漢生重病的說辭，認為他不太可能在短時間內從重病到康復，認為羅斯、馬漢和克勞佛三人間可能已預先做好安排，讓克勞佛不必經孟買當局同意來華工作。對此，「特選委員會」回應，當初考量羅斯身體情況不佳，所以才答應由馬漢擔任羅斯的助手，萬一羅斯過世時，發現號才有適合的指揮人選，在此特殊情形下，其決定安排是有根據的。[39] 後來董事會似乎並未究責馬漢的行為，他依舊在發現號擔任探測助理。[40]

約 1816 年後，中國福建、廣東沿海的海盜活動式微，但直到 1820 年代

---

[36] A. W. Mason, J. S. Kingston and George Owen ed., *The East India Register and Directory, for 1816*, p. 312; IOR/G/12/189, 1813/12/26, p. 40; IOR/R/10/43, 1812/3/20, par. 28-29.

[37] IOR/G/12/185, 1813/3/5, p. 7; IOR/G/12/186, 1813/10/20, pp. 77-78.

[38] IOR/G/12/202, 1816/7/12, pp. 129-131.

[39] IOR/G/12/202, 1816/7/12, pp. 132-133.

[40] IOR/G/12/216, 1819/5/27, pp. 52-53, 1819/9/3, pp. 113-114.

初，「孟買海軍」船艦仍定期來華執行護航和探勘海域等任務，前後達十五年。[41] 此後相關船艦返回孟買，轉往西亞海域活動。

三、馬德拉斯總督區

位於印度東南的馬德拉斯總督區，其主要政治、軍事中心是聖喬治堡(Fort St. George)，該地雖缺乏天然良好的港灣，但因每年 4-9 月間，它正處於西南季風帶中，有利於船隻順風來華，成為英國海軍東印度艦隊(East Indies station)夏季在印度主要停泊地。[42]

十八世紀中葉，馬德拉斯曾是公司來華船隊主要停靠點之一，筆者統計，1775 年來華的五艘公司船隻，三艘途經印度時，僅停靠馬德拉斯；1776 的比例為八分之五；1777 年的比例更高，達九分之八；1778 年則為七分之六。[43] 此或因 1780 年代以前來華的船隻，皆隨船攜帶大量白銀，而馬德拉斯有利的地理位置，正適合船隻途中停靠補給，以及東印度艦隊護航來華。

十八世紀末起，中印棉花貿易以及後來鴉片貿易陸續興起，馬德拉斯總督區因非兩項貨物主要產地，使它和中國的貿易接觸，較孟加拉和孟買兩總督區為少。但憑藉船隻來華時間短，以及擁有數量龐大的陸軍部隊等優勢，使它在船艦護航、軍事援華等方面仍扮演重要的角色。

從馬德拉斯輸入中國的主要貨物是棉花和檀香木。首先，印度檀香木主

---

[41] The House of Commons ed., *Second and Third Reports from the Select Committee Appointed to Consider of the Means of Improving and Maintaining the Foreign Trade of the Country, East Indies and China*, p. 245.

[42] Peter Ward, "Admiral Peter Rainier and the Command of the East Indies Station 1794-1805" (Ph. D. thesis, London: University of London, 1985), p. 111.

[43] 1775-1778 年各年來華船隻，參見 H. B. Morse, *The Chronicles*, vol. 2, pp. 436-437。至於各船來華途中停靠點，參考自 Anthony Farrington, *Catalogue of East India Company Ships' Journals and Logs, 1600-1834*。

要產於南部邊索沃附近，經由馬德拉斯運出來華，多用於製成寺廟祭祀的檀香和精緻家俱，有時港腳商人也借用公司來華船隻載運檀香木，故真正屬於公司帳目下的檀香木僅有一部份。馬德拉斯檀香木主要競爭者來自太平洋地區，每年美商從太平洋夏威夷群島、斐濟(Fiji)等地運送大量檀香木來廣州，一般而言，馬德拉斯檀香木的品質較佳。[44] 1815 年，董事會統計銷華檀香木總值約 39,421 兩，僅佔商館進口貨物總值約 1 %，全賣給行商盧文錦。雖然品質不錯，但因中國市場需求疲軟，截至該年 12 月 16 日，仍有 3,032 擔無法售出，每擔僅能賣到 13 兩，事後分析或因中國北方寺廟對上等檀香木的需求大減所致。[45]

十九世紀初以來，棉花成為馬德拉斯銷華主要商品，產地分佈於錫蘭的 Tinnevelly 和 Ceded Districts 兩地，馬德拉斯貿易部並在一些區域試種新品種。[46] 1810 年初，Tinnevelly 的棉花品質頗佳，亦受中國市場歡迎，每擔賣至 15 兩，但約從 1814 年開始，「特選委員會」反映其棉花品質大幅下降，1815 年貿易季的售價約 8 兩 7 錢至 11 兩 5 錢不等，部份棉花已是賠本售出，1816 年度最高也僅能賣到 11 兩 7 錢。故「特選委員會」建議，往後品質太差的棉花就不要運來華，否則只會造成虧損。[47]

對馬德拉斯總督區而言，廣州商館也同樣扮演提供商情的角色，每年藉由返印的港腳船隻，回報檀香木和棉花在華售價和需求情形，供來年調整供應量時參考。

---

[44] J. R. Gibson, *Otter Skins, Boston Ships and China Goods*, pp. 253-262; 夏威夷之前曾被稱為檀香山島; IOR/G/12/200, 1815/12/4, p. 38.

[45] IOR/R/10/48, 1817/4/2, par. 84.

[46] IOR/G/12/186, 1813/10/22, pp. 88-92.

[47] IOR/G/12/178, 1811/12/16, p. 142; IOR/G/12/191, 1814/12/15, p. 32; IOR/G/12/193, 1815/1/17, p. 6; IOR/G/12/194, 1815/10/27, pp. 206-207; IOR/R/10/48, 1817/4/2, par. 85.

四、小結

印度做為公司亞洲貿易主要基地和樞紐，由於和中國距離較倫敦近、資源豐富等因素，使它扮演就近支援廣州商館的重要角色，包括貨物、資金、軍事、船運等方面。在三大總督區裡，以印度大總督所在的孟加拉總督區和廣州商館的接觸最為頻繁與重要，由於孟加拉總督區位階較高，它亦需掌握、協調其他兩個總督區和廣州商館的重大事務。

印度三大總督區和廣州商館的聯繫運作，不少方面頗為類似和一致，它們對華貿易事務都由貿易部統籌，皆有棉花來華銷售，及管理來華港腳商人等。但各總督區亦分別負責獨特事項，其中，孟加拉總督區評估、統籌每年印度供應商館所需資金，包括供應的方式、數量、匯率等細節，以及是否授權其他兩總督區簽發匯票等。孟買總督區下屬「孟買海軍」專責船隻護航、驅逐海盜、調查中國沿海水文等任務。

十八世紀末以來，中印鴉片貿易的擴張及其帶來的相關影響頗值得注意。1810 年代，鴉片在中印貿易比重日益成長，加上其買賣多採用現銀的特性，成為供應廣州商館所需資金重要來源之一，連帶使印度當局和「特選委員會」決定孟加拉匯票的匯率、數量、簽發時機等方面，皆需考量鴉片買賣情形。又，董事會受制於清廷嚴禁鴉片的政策，為避免損及茶葉龐大利益，只好放棄在華直接經營鴉片生意，1820 年代，隨著中國鴉片需求的驚人成長，一方面有助港腳商人整體貿易勢力的壯大，也使他們和「特選委員會」之間的緊張和矛盾日益浮現。亦即，鴉片買賣也涉及匯率制定、港腳商人在華勢力等議題。

另一方面，對比於十九世紀初，1813 年後，隨著英、印情勢的變化，數年間，廣州對外貿易的發展方向、貿易環境等明顯不同。對公司來說，1813 年英印貿易的開放是一大衝擊，一方面預期競爭對手的增加，公司印度貿易獲利將大減，董事會很快調整經營策略，持續減少英國和印度間的貿易量，更加重視經營中英貿易。[48]

英國商人和港腳商人著眼於棉花、鴉片、絲綢等貨物的高投資報酬率，藉由印度貿易開放之便，亦紛紛將資金投入對華貿易，助長中印貿易規模的持續擴大，1810 年代後期來華港腳商人的數目和貿易量大幅增長，反映了這種趨勢，其中許多商人在廣州貿易季結束後，以做生意等理由不肯離華，增加「特選委員會」的管理難度。

1813 年英印貿易的開放及鴉片在華需求的成長，和公司對華貿易雖無直接關連，但一定程度上均連帶使公司在華貿易競爭力下降，此部份將於下一章進一步論述。

---

[48] 參見本書第二章。

第六章　挑戰與困境

本章闡述廣州商館在華貿易時和中國官員以及主要商人團體間的關係，並從中討論公司在華貿易競爭力。首先關於清朝官方，論及公司與中國官方來往時，抱持的態度和立場以及採用的方式，公司對廣東貿易環境又有哪些不滿與訴求。

其次，分別探討「特選委員會」和行商、港腳商人、美國商人、葡萄牙商人等群體間的商業競爭與合作關係，分析公司在華具有的各種優勢和劣勢，評估 1810 年代英印貿易自由化和鴉片貿易興起等重大改變對公司的影響，進而評估商館的競爭力與面臨的挑戰。

先是討論公司和中國行商貿易時採取的原則和遭遇的問題，以及採取的應對策略是否有其成效。接著，闡述公司和港腳商人的競合關係，1813 年後，中印貿易日益擴張，尤其是鴉片貿易，使港腳商人規模勢力大增，並更加組織化，而鴉片買賣的特性，不時造成雙方關係緊張，這些發展對於「特選委員會」的管理帶來何種衝擊和不便。

接著討論廣州商館和美商間的競爭，以最重要的貨物茶葉為例，分析雙方貿易方式的種種差異，尤其，討論美商和印度港腳商人、英國商人在金融和貨運方面的合作，對公司中國貿易造成的嚴重損害。最後，則是「特選委員會」和澳門葡人間的關係，闡述葡人如何憑藉印度西岸政經勢力和澳門的優勢，維持自身商業利益，並分析鴉片交易地點改變和麻瓦鴉片銷售的增加，如何導致雙方利益的衝突及其影響。

一、清朝官員

(一) 董事會對中國官方的態度和立場

鴉片戰爭前，中國官方在管理對外貿易方面，無論是制訂關稅、司法裁決權、船隻進出等，毫無疑問地具有主導權，故董事會頗重視和相關主管官員保持良好關係，以利貿易正常運作。當廣州貿易季時，兩廣總督和粵海關監督直接管理對外貿易相關運作，至於非貿易季英人在澳門時，澳門海防軍民同知與香山縣丞則是負責管理在澳「外夷」的官員。[1]

上述官員裡，董事會尤其注重和兩廣總督及粵海關監督的互動。1803 年，公司打算送兩組價值不斐的枝形吊燈 (chandelier) 給清廷時提到：「送它們（指枝形吊燈）的目地很明顯是為了從中國政府官員裡獲得好處，特別是兩廣總督和粵海關監督。」[2]

在董事會訓令裡，也不時提醒廣州商館「特選委員會」需盡可能和中國官方保持和諧關係，即使雙方見解差異相當大時。1813 年，清廷因商館前任大班羅伯賜個人的商務糾紛，下令禁止他再來華經商，對董事會而言，這項措施可說是嚴重干涉公司人事任命權，理應積極抗爭，然其在批示「特選委員會」報告時，雖滿意商館採取的抗議行動，信末仍提到「此後，如非絕對必要，你們應盡可能避免與中國政府產生任何爭議衝突。」[3] 又，1815 年 3 月，董事會考量到當時拿破崙戰爭大局底定，以及英美 1812 年戰爭也露出和平跡象，均意謂著歐陸各國與美國即將陸續恢復和中國的貿易，可能不利公

---

[1] 當中外發生民事或刑事糾紛時，若發生地在廣州商館，歸南海縣知縣管轄；若在黃埔，則歸番禺縣知縣管轄；如在澳門，則由香山縣知縣管轄。參見 H. B. Morse, *The Chronicles*, vol. 2, p. 340; vol. 3, pp. 47-49.

[2] IOR/R/10/37, 1803/4/12, par. 3.

[3] IOR/R/10/45, 1814/8/3, par. 7-9.

司在華的競爭力，因此要求商館和中國官方接觸時，盡量避免產生爭議。[4]

另一個例子則是阿美士德使節團任務失敗後，「特選委員會」原打算採取一些反制措施向清廷抗議，但董事會並不贊成，仍希望用「最謙恭和克制」的態度，和中國政府進行相關討論。[5] 實際上，廣州商館作為一個商業代表機構，「特選委員會」並未取得代表英政府的權力，故其態度顯得較為保守和低調。但或也因此，使它在和廣州官方交涉時，增加一些模糊和彈性運用的緩衝空間，避免觸動敏感的國家平等和國家尊嚴等問題。

商館為和廣東官員保持和諧政商關係，作了許多努力，餽贈禮物即是一種重要表現。1815 年商館《秘密會議簿》記錄送給「左堂」(Tso Tang)（按：指香山縣丞）衣服、美酒、香水等禮物；同樣數額的禮物也送給「游府」(Yeu foo)（按：應指游擊）和軍民府 (Kuen-ming foo)（按：指澳門海防軍民同知）。此外，也給予軍民府和左堂底下差役各 50 元和 7 元。[6] 購買這些禮品的花費大都由商館買辦帳目下的「特別費」支出，有時金額不少，1810 年購買官員禮物全部費用高達 4,000 元（約 2,900 兩）。[7]

透過軍事和經濟支援互助等方式，商館也和廣州當地官員建立良性互動。十九世紀初以來，中國東南沿海海盜活動猖獗，1809-1810 年間，「特選委員會」亦曾數度居間協調英國海軍戰艦和公司「孟買海軍」，希望他們在華時幫助廣東水師共同打擊海盜。[8] 同樣地，此時廣東一帶發生嚴重飢荒，兩廣總督希望以免船鈔的優惠條件，吸引港腳商人輸出孟加拉等地大米來華，「特選委員會」也很快地轉達此消息給印度大總督知悉，[9] 上述都是雙方良

---

[4] IOR/R/10/46, 1815/3/29, par. 153.

[5] 吳義雄，《條約口岸體制的醞釀》，頁 432。

[6] IOR/G/12/271, 1816/5/6, p. 80.

[7] H. B. Morse, *The Chronicles*, vol. 3, p. 147. 嘉慶十四年 (1809)，兩廣總督百齡為加強廣東香山縣附近防務，建議在當地設立游擊一員，參見梁廷枏編，《粵海關志》，《續修四庫全書》景印道光年間刊本，卷 20，頁 10-11。

[8] IOR/G/12/168, 1809/10/29, pp. 53-54; IOR/G/12/172, 1810/9/16, pp. 104-108.

[9] H. B. Morse, *The Chronicles*, vol. 3, pp. 104-105.

性互動的案例。

雖然和中國官員保持良好互動是董事會的理想目標，但中英雙方對文明的認知、國情的差異、商業的規範、法律審判的原則等觀念和作法有許多歧異之處，使得十八世紀末以來，「特選委員會」仍無法避免和廣東官員產生衝突。一個明顯例子是 1807 年的海神號事件，當時中英之間便因法律認知的不同，因而在審判地點、審問方式上多所爭議，連帶影響貿易進展。[10] 又，「特選委員會」和部份中國官員的相處常處於緊張狀態，他們對於不循慣例，以各種名目徵收行用或私利的官員，往往以「貪婪」(rapacious)、「專橫」(overbearing) 等詞語形容之，如十八世紀末時，對粵海關監督常福（1797-1799 年任）和佶山（1799-1801 年任）的評價皆差。1800 年，佶山在未掌握充分證據的情形下，便認定潘長耀走私 48 匹羽紗，需繳納罰金，且罰金不是慣例的「罰倍銀」（比關稅多一倍的金額），而是高達原關稅的一百倍之多！另外，佶山甚至也下令擴大貨物徵收行用的範圍，原先只有利潤較高的棉花、茶葉等貨物才需繳納，現在連本來就無利潤可言的毛料也徵收。[11]

但另一方面，「特選委員會」對於某些官員給予不錯的評價，雙方關係也較為融洽。嘉慶十六年 (1811) 松筠出任兩廣總督，由於他曾接待馬戛爾尼使節團，當廣州商館得知此消息，即期望或能藉此機會有效促進雙方關係，獲得商貿的改善或通融，松筠在總督任內也數度特別接見前次使團時已認識的小斯當東，這在當時象徵極高的禮遇和尊重，小斯當東代表商館提出幾點要求，松筠表示會盡力通融，但在一些重大議題上如釋放長期擔任商館商場耳目的華人吳亞成時，便以天朝體制和傳統慣例等理由婉拒。[12]

---

[10] G. T. Staunton, *Miscellaneous Notices Relating to China*, pp. 275-277; H. B. Morse, *The Chronicles*, vol. 3, pp. 43-45.

[11] H. B. Morse, *The Chronicles*, vol. 2, pp. 353-355; 潘剛兒、黃啟臣、陳國棟等著，《廣州十三行之一》，頁 106、114-115。

[12] H. B. Morse, *The Chronicles*, vol. 3, pp. 169-170, 173; IOR/G/12/176, 1811/5/28, pp. 126-135; IOR/R/10/44, 1813/3/12, par. 23-24.

(二) 改善商貿環境訴求

1780 年代以來，中英貿易規模的擴張帶來各種相關管理問題，公司不斷透過各種機會，向清廷或廣東官員提出改善中國商貿環境的訴求，如馬戛爾尼使節團來華提出在黃埔籌設船員醫院、英人如已繳納稅額即不應重複徵收、英國如有貨物未能售出，希望清廷能提供處所暫放等建議。[13]

1810 年代初期，「特選委員會」因戰艦停泊、通事被捕、徵收行用等問題和廣州官方進行多次協商和抗議，我們或可從中看出雙方見解和立場的差異，以及長期以來公司對於廣州商貿環境有何不滿和訴求。

此時管理廣州貿易的首要官員是兩廣總督蔣攸銛，其字穎芳，號礪堂，遼東襄平人，隸漢軍鑲紅旗，乾隆四十九年進士。他於嘉慶十六年至二十二年間 (1811-1817) 出任兩廣總督，此前曾任雲南布政使、江蘇布政使、江蘇巡撫、浙江巡撫、兩浙鹽政等職，在其任內，廣東巡撫和粵海關監督曾短暫出缺，蔣攸銛依慣例兼管之，直到繼任人選上任。[14]

接著，嘉慶十九年至二十二年間 (1814-1817) 的廣東巡撫為董教增，字益甫，江蘇上元人，乾隆五十一年進士，出任廣東巡撫前，曾任四川按察使、安徽巡撫等職。[15]

至於粵海關監督則是祥紹，曾任奉宸苑卿、長蘆鹽政，以及數個關稅津口，他自嘉慶十八年 (1813) 七月上任，直至嘉慶二十三年 (1818) 止，相較於其他監督，其任期已頗長。乾隆末年以來，中國國內長距離貿易處於衰退狀態，絕大多數關津的稅收不足，粵海關受益於中外貿易成長，是各稅津關

---

13 H. B. Morse, *The Chronicles*, vol. 2, pp. 237, 252-23.

14 http://archive.ihp.sinica.edu.tw/ttscgi/v2/ttsweb?@@884931899; 趙爾巽等撰，楊家駱校，《清史稿》（臺北：鼎文出版社，1981），頁 600、610。蔣攸銛、董教增、祥紹三人資料均參考自中央研究院歷史語言研究所人名權威資料查詢系統。

15 http://archive.ihp.sinica.edu.tw/ttscgi/v2/ttsweb?@@884931899; 趙爾巽等撰，楊家駱校，《清史稿》，頁 11334-11335。

口中少見貿易量增加者，故其監督幾乎是公認的肥缺，監督多出身內務府包衣，深得皇帝寵信。[16] 祥紹上任之初，「特選委員會」頗不認同其堅持限期行商繳清關稅欠款等措施，迫使部份乏商借高利貸還清欠稅，導致最後走上破產，此時因戰爭因素，「特選委員會」資金較困乏，也需向殷商借款，幫助乏商度過難關，再加上其他強制性規定，相對前任海關監督監督德慶處事的「仁慈」與「公正」，「特選委員會」形容祥紹的性格為「貪婪」和「專制」。[17]

1. 1814 年「特選委員會」和廣東官方的爭執

1810 年代初期公司和廣東官員往來中，又以 1814 年時雙方產生較多摩擦糾紛。該年「特選委員會」因英國海軍戰艦多立號(The *Doris*)數度俘虜美國船隻、通事李耀被捕等問題，和廣州官方有許多爭執和角力，期間並因「特選委員會」罕見地主動暫停中英貿易達六週之久，導致港腳商人的不滿與抗議。藉由進一步討論多立號和李耀兩事件，將可瞭解面對同一事件，中英雙方、公司和港腳商人之間，如何因見解和立場的差異而有不同的表述。

以往有關上述兩事件的記載，以《英國東印度公司對華貿易編年史》討論較詳細，但馬士僅參考 IOR/G/12 系列檔案，亦未利用中文文獻；中文史料方面則多以《清代外交史料（嘉慶朝）》、《葡萄牙東波塔檔案館藏清代澳門中文檔案彙編》、《粵海關志》等書為主，但數量零星。[18] 值得提及的是英國國家檔案館編號 FO/1048 文獻裡對於兩事件留下數十件官方文書和私人通信，其他如小斯當東的家書和文集、IOR/R/10 系列檔案，均有助事件的理解與融通。[19]

---

[16] 中央研究院歷史語言研究所內閣大庫檔案，第 108581 號；胡平生，〈粵海關志初探〉，《史原》，第 8 期 (1978)，頁 208。1815 年的澳門海防軍民同知是劉星渠，香山縣丞則是潘世綸，參見劉芳輯、章文欽校，《葡萄牙東波塔檔案館藏清代澳門中文檔案彙編》，頁 133。

[17] H. B. Morse, *The Chronicles*, vol. 3, pp. 195-198.

[18] 上述書籍提及相關檔案僅有三件，分別為代理澳門同知香山知縣馬德滋、廣東布政使曾燠會、廣州知府陳鎮三人發佈的管理夷人規定。

[19] 近年來，王宏志先生利用上述相關檔案，頗為詳細地梳理李耀事件來龍去脈，也從中看待此時中、英、美之間的政治角力和商業糾紛，以及該事件與當時一些重大措施如公行設立之間的關聯，文中除徵引其說法，亦略為補充。參見王宏志，〈1814 年「阿耀事件」〉一文。

首先是多立號事件，該船是英國海軍第五級戰艦，原由公司建造，名為 *Pitt* 號，1807 年英國海軍購入後改裝成戰艦，安砲三十六門，1813 年 9 月，多立號護送公司船隊來華，之後停泊於澳門雞頸洋面附近，船長為 Robert O'Brien (?-?)。[20] 1814 年 2 月，多立號護航公司船隊離華，護航一段距離後又返回澳門海域，3 月初，多立號在七洲洋面(seven isalnds)發現數艘美國船隻趁此空檔離華，當時英美 1812 戰爭仍未結束，多立號隨即擄獲其中一艘美船 *Hunter* 號，此是多立號該年度第一次抓獲美船。廣東官方得知後，認為「貨船已經回國，何得復留兵船在外洋滋事」，要求多立號釋放 *Hunter* 號，且儘速開行回國，確實回報啟航日期。但另一方面，「特選委員會」表示廣州商館並無管轄英國海軍的權力，也認為 *Hunter* 號被擄地點，已超出清廷管轄範圍，故這次多立號的行動是合法的，並提及英國戰艦在中國附近停泊有其嚇阻作用，可保護英人在華貿易及避免其他國家搗亂，[21] 在雙方各持己見沒有共識情形下，廣東官方似乎也未大動作深究此事。

但接著 5 月初，多立號所屬武裝小艇在澳門附近巡邏時，又發現美船 *Russell* 號，隨即追逐，意欲俘虜，*Russell* 號為求自保，等不及引水人上船，直接駛入黃埔，尋求其他美船保護。這種情況下，多立號不顧中國禁令，派出約百餘名水兵，分乘三艘武裝小艇，進入內河追逐，期間並佔領另一艘美船 *Sphynx* 號，打算將該船拖出內河，但卻在沙尾附近擱淺，此為多立號第二次擄獲美船。廣東各級官員獲知消息後，對於多立號的行徑，態度及語氣更為不滿和強硬：[22]

如該兩國另有構釁之事，亦應在國中自行清理，其貨船既到內地

---

[20] Rif Winfield, *British Warships in the Age of Sail, 1793-1817: Design, Construction, Careers and Fates*, p. 158.

[21] IOR/G/12/185, 1813/9/2, p. 182; IOR/G/12/190, 1814/4/4, pp. 16-17, 1814/4/28, pp. 24-26; FO/1048/14/5.

[22] H. B. Morse, *The Chronicles*, vol. 3, pp. 215-218; L. L. Spivey, "Sir George Thomas Staunton," p. 110.

洋面，即不許稍啟爭端，故違禁令。今米利堅貨船進口，而英吉利三板船進入，欲行扯回，是何意見？試思英吉利船到口，若別國夷船追入牽回，可乎？……該大班即便遵照，速即嚴飭該國罷孖盡仁巡船（按：即多立號）刻日開行回國……[23]

根據行商說法，「特選委員會」對三板船擅闖內河一事表示歉意，但也表達多立號在華停留有其需要，因為港腳船隻仍不時來華，目前還有數艘港腳船在黃埔，「恐將來出口，又被米利堅國搶奪，故該夷船仍在澳外洋面灣泊，以防不虞，並無別故等情」。[24] 廣東官方認為此說法僅是推諉之辭，並一度減少英國在華戰艦日常供給，作為薄懲，但多立號仍舊在中國海域附近活動。[25]

9 月中旬，多立號再度在澳門附近擄獲一艘「美船」*Arabella* 號，但實際上這艘被俘船隻原屬於孟加拉英籍港腳船，它遭美國私掠船 *Rambler* 號俘虜來華，此是多立號該年第三次擄獲「美船」。兩廣總督蔣攸銛起先聽聞多立號再度劫掠美國船隻，大為震怒，決定採取更強硬的措施，9 月 24 日，下令所有在華英、美船隻「全行封艙，毋得擅動，聽候查辦」，並斷絕船隻食物補給，後來查明事實，中國官方於十八日後，才又讓兩國船隻開艙恢復貿易。[26]

多立號三次抓捕美國船隻的行動中，廣州商館和廣東官方面對相同事件，卻有各自解讀與反應，可看出中西方對國際法認知、處事原則的差異。多立號第一次擄獲美船時，「特選委員會」堅持事發地點位於老萬山西南方，依據當時國際法的規定，已超出中國管轄權之外，因此完全合法，但廣東官方卻認為多立號行動已違背天朝禁令，是「恃蠻滋事」。[27] 其次，多立號第

---

[23] FO/1048/14/17. 罷孖盡仁三字原加有口字邊。

[24] FO/1048/14/10, 20-21.

[25] FO/1048/14/28.

[26] H. B. Morse, *The Chronicles*, vol. 3, pp. 218-219; FO/1048/14/43.

[27] H. B. Morse, *The Chronicles*, vol. 3, pp. 215-216; FO/1048/14/3.

二次行動明顯逾矩，廣東官員雖嚴飭其行動外，也僅以減少英國戰船日常補給作為處罰，顯示官方雖不滿，仍保留一些情理餘地，直到官方誤認多立號再度破壞禁令後，才大動作的封艙停止貿易。又，多立號事件也凸顯「特選委員會」在華權限不足的問題，無法節制英國海軍，在往後 1821 年的 *Topaze* 號事件裡，再度出現類似問題。

多立號俘虜美國船隻事件告一段落後不久，又發生通事李耀被捕的問題。李耀約生於乾隆四十八年 (1783)，南海縣人，妻為舒氏，擔任通事多年，1814 年 10 月初，他在廣州附近沙面時，突然遭南海縣差役以「替夷人服役」的理由逮補。[28] 李耀和商館的關係交情匪淺，「特選委員會」為避免行商哄抬貨物價格，常請李耀觀察報告市場上茶葉、生絲的時價，以利議價時的談判。1810 年，李耀以李懷遠之名報捐從九品職銜，1813 年又進京加捐中書科中書，同時也替「特選委員會」帶禮物到北京給前任兩廣總督松筠，或因李耀熟知商館買賣貨物相關資訊，是公司在華貿易重要中間人，故當他被捕時，「特選委員會」十分重視。

據蔣攸銛所奏，李耀曾替公司來華船隻船長工作，嘉慶十四年 (1809) 開始做通事林廣的助手，因生意往來，李耀和商館大班約翰・益花臣（1811-1816 年任）相熟，多次向其借貸銀兩。但根據李耀在獄中私下托人帶給「特選委員會」的書信所述，官方所稱他替船長工作、向大班約翰・益花臣借錢等說法，都是被逼畫押的，他認為或因近幾年替商館做生意時，得罪和美商生意往來密切的行商伍秉鑒及通事蔡江，以及前幾年和商館有糾紛的行商劉德章 (Chunqua I)，才使他遭到誣陷下獄。[29] 不過，據研究，伍秉鑑當時在行商地位崇高，評價十分正面，似乎無必要為了區區生意，蓄意謀害李耀。至於劉德章，雖然他和公司關係不佳，但本身亦曾表達退休意願，與李耀所稱意欲謀倒其他行商，多做生意，有所出入。[30]

---

[28] FO/1048/14/46.

[29] FO/1048/14/60, 68.

[30] 王宏志，〈1814 年「阿耀事件」〉，頁 229-230。

1814 年 10 月初，廣東官方雖然已同意恢復貿易，但「特選委員會」認為「還有數件事，未得先言明，則不能復辦貿易」，禁止已在黃埔的公司和港腳船隻繼續貿易，尚未前往黃埔者則停在珠江口外，先前由廣州商館主動提出暫停貿易的先例極少，上一次發生類似情況已是 1728 年。[31] 10 月 16 日，「特選委員會」草擬陳情信裡，向廣東官員列出幾項請求，大部份是經過 1814 年雙方一系列交涉過程中提交的問題，實際上也是商館長期以來想要爭取的權益，約可分為二類。首先是文書翻譯及稱謂的問題，因官員、行商、通事都不識「夷字」，所以「用夷字稟事，則免不得常常譯錯誤事」，因此請求往後英人自行用中文書寫「稟帖」。又，「特選委員會」認為中國官方文書裡使用的「蠻夷」等字，帶有侮辱之意，希望加以避免。其次則希望清朝官方給予商館更多尊重及商貿的方便，分別是：地方官員或差役進入商館前，事先知會公司；准許商館雇用華人為挑夫、看門、送茶等雜役；停泊虎門外的英國海軍戰艦和黃埔的公司船隻之間，有時需用三板往來溝通訊息，希望中國官方不必攔截查驗。[32] 值得注意的是，此時李耀被捕尚未成為英方訴求的事項之一。[33]

10 月 19 日，因「特選委員會」仍在澳門，遂派三班小斯當東為代表，由覓加府及德庇時兩人陪同，前往廣州陳情，蔣攸銛則指派廣州府知府楊建、佛岡同知福蔭長、南海縣令龔鯤等官員協商，雙方並展開新一波談判角力。廣東官方先是強硬表態，要求英方盡快開艙貿易，威脅若不遵行，即處死李耀，他成為官方談判的籌碼。小斯當東除重述先前要求外，亦替李耀求情，認為其過錯「在捐官而已」，官方判決太重，蔣攸銛則回應李耀被捕與他先前替商館送禮物給松筠無關，亦無傷英國名聲，告誡商館「爾等再有稟瀆，則竟是李耀交通作弊，即當加重治罪」。11 月 6 日，小斯當東認為「交通作弊」等字句帶有侮辱英國之意，需將其刪除，也希望總督再委派官員到商館協商，

---

[31] G. T. Staunton, *Miscellaneous Notices Relating to China*, p. 290.

[32] FO/1048/14/55-56.

[33] 王宏志，〈1814 年「阿耀事件」〉，頁 224。

另一方面則草擬到北京告御狀的內容。[34] 告御狀此一舉動亦是希望向蔣攸銛施加壓力，在先前的洪任輝事件中，粵海關監督即因此事遭到解職。[35]

此後雙方協商陷入僵局。11 月 8 日，蔣攸銛認為官方已兩度「訓誡」明白，英人不應遲疑觀望，故不再派官員協商，並下達最後期限，若三日內，小斯當東不回澳門，英人不開艙貿易，官方即停止貿易，「奏明請旨，將李耀先行王法」，想藉此迫使商館就範。[36] 隔日，小斯當東認為蔣攸銛既不委派官員進行協商，又不接受廣州商館所寫的稟帖，則「下情如何上達，此事為遠人甚為難」，並再度告知蔣攸銛和祥紹，公司將上京告御狀。[37]

廣東官方規定恢復貿易期限的前夕，小斯當東為表示抗議決心，採取更激烈的行動，下令自 11 月 10 日起，所有在廣州的英人，以及公司和港腳商人的船隊駛離黃埔，同時請祥紹代英方向嘉慶帝陳情。小斯當東的舉動可能出乎官方盤算，據李耀所述，祥紹既擔憂各船駛去，亦擔心商館告御狀，但這項舉動或僅作為談判策略，並未真的實行。接著，中國官方態度有所轉變，一方面派福蔭長等官員再度進行協商，並同意接受「特選委員會」稟帖，考慮其內容，約 11 月 24 日，英方才解除禁令，恢復貿易。[38] 小斯當東之所以敢於採取如此強烈的抗爭手段，除表示決心外，或也考量到此時該年度貿易季才開始不久，短時間暫停貿易仍在可接受範圍內，才會以此作為談判籌碼而主動停止貿易，如再拖延數週下去，即延誤到整體貿易的進行，若屆時雙方仍陷僵局，小斯當東的態度應有所不同。

廣東官方和「特選委員會」數度對英人陳情事項進行搓商，調整修訂部份條款，[39] 如關於廣州商館大班書寫漢字部份，原先准許「英吉利公司之人，

---

[34] FO/1048/14/79, 82, 96.

[35] 王宏志，〈1814 年「阿耀事件」〉，頁 219。

[36] FO/1048/14/87.

[37] FO/1048/14/88.

[38] IOR/G/12/190, 1814/10/19, p. 119; IOR/G/12/191, 1814/11/24, p. 6; FO/1048/14/62-63, 65-66, 92, 97; H. B. Morse, *The Chronicles*, vol. 3, pp. 220-221.

[39] FO/1048/14/95-96, 105.

准令代大班書寫，仍出大班名字具稟，蓋用公司圖章」，但後來似改為「如該大班能寫漢字，准其自書。若本不諳習，仍用夷字，免致狡混而杜弊端」。其他廣東官方考量過後的相關條款則：

> ……地方官如有公事，前赴洋行查辦，本非秘密，原可預先通知，以示推誠布公之道，應如該府等所議辦理。……查挑夫、守門人等，若一概禁止，該夷人來粵貿易，未免不能熟悉，自應仍准雇用。惟省城十三行及澳門公司館，每處需用若干名，應請移知粵海關，酌定名數，飭行遵照，俾易稽核。其沙文名目，仍應嚴行禁止……兵船灣泊，例祇准在外洋地方，不得逼近內洋。自應仍照舊章，一俟祖家貨船貿易事竣回國，即應普同護送回帆，不得逗留，亦不准再給買辦。……嗣後英吉利貨船進口後，如有送信三板往來，……驗明並無軍械、私貨，由稅館給與照票，知會附近師船、礮臺准予放行。[40]

上述「沙文」應是英文 servant 的音譯，指的是商館職員雇用的中國僕人，回顧 1814 年中英間的各種衝突與角力，可看出廣東官方處理回覆商館要求時，只要不與體制產生重大衝突，實際上在許多方面已盡量給予英人方便。

回到李耀的議題，蔣攸銛最後依「交結外國買賣、借貸、誆騙財物，發邊遠充軍」的前例，判決他發配伊黎充軍。[41] 李耀於 1815 年 6 月 21 日出發，在這期間，「特選委員會」先後資助他路費 7,115 兩、幫銀 1,437 兩、買屋銀 707 兩等費用，供其安家和打點官員所需。董事會事後並未反對「特選委員會」的作法，若以公司一貫要求廣州商館盡量節省開銷的原則判斷，李耀若非提供商館生意上許多有用資訊和幫助，實無可能資助他如此大筆的金額。[42]

早於李耀事件前幾年，1810 年，另一名擔任商館幫辦多年的吳亞成，亦

---

[40] 劉芳編輯、章文欽校，《葡萄牙東波塔檔案館藏清代澳門中文檔案彙編》，頁 724-725。

[41] 故宮博物院輯，《清代外交史料（嘉慶朝）》（臺北：成文出版社，1968），頁 397-400。

[42] FO/1048/15/5, 6, 9; IOR/R/10/47, 1816/7/10, par. 6.

遭判發配伊黎，每當公司和清廷產生爭執時，這些與公司往來密切的華人，往往成為廣東官方迫使外商讓步的手段之一，1823 年，吳氏流放邊疆十餘年後回鄉，「特選委員會」仍同意他藉用行商之名，每年經手買賣 1,800 箱的茶葉，以其利潤維持生計。[43]

2. 爭取經商有利條件

「特選委員會」為爭取更有利商貿環境，對於一些影響公司獲利的重要議題如公行、行用等，透過協商、抗議等方式，希望廣東官方取消或改善。首先是避免行商籌組公行，對董事會而言，公行的出現意味著行商貨物議價能力大為增加，公司獲利自然減少。因此，每當行商打算成立公行，試圖操作市場價格時，「特選委員會」往往以激烈方式抗議。十八世紀幾次行商成立公行的舉動，最後皆未成功。1809 年，當時許多行商財務狀況困窘，甚至破產，行商們認為這樣的結果起因於巴斯人和亞美尼亞人惡意的操弄和鑽營，因而向廣東官方要求成立公行，專門用於處理港腳商人的生意，「特選委員會」隨即表達嚴重關切和反對，不久，嘉慶帝下旨取消這次成立公行的舉動。[44] 不久後，1813 年另一次籌設公行的舉動，亦招致公司強烈抗議，並可能導致前述通事李耀被捕，捲入中英政治角力。[45]

接著，公司時常抱怨的另一個問題是粵海關的稅費制度，十八世紀以來一再向官員陳情稅費不明和濫收的問題，例如，1761 年，一封或由行商代筆寫給兩廣總督的商館陳情信稱：

> ……第一件：一千九百五十兩規例銀，不在丈量船鈔數內，此項例銀，寔（實）出無因，今行商說同量船頭鈔銀一總歸公，但此項皇上從前並無徵收，海關大人並行商併（並）無言及，後不知如何纔（才）

[43] H. B. Morse, *The Chronicles*, vol. 4, p. 83.

[44] H. B. Morse, *The Chronicles*, vol. 3, pp. 110-112.

[45] 王宏志，〈1814 年「阿耀事件」〉，頁 227。

> 有此項？乞為奏明皇上，必肯恩免。第二件：貨物輸稅外，尚有六分頭，又火耗補平二分頭，此兩項實在難為，夷等起初到廣，並無此宗費用。……[46]

上述「六分頭」應是指 6 %的稅，「火耗補平二分頭」則是指所有上繳粵海關監督的銀兩，需另繳交 2 %的折耗。但中國官方回覆則認為這三項稅收是「歷久載入則例，應徵之項」，這些名目繁多、額外加徵的稅目長期困擾在華貿易的外商。[47]

粵海關稅費大致分為船鈔、港鈔、雜鈔、關稅四類。船鈔是按船隻大小收取的費用；港鈔是以船為單位征收，如「進口規禮」(enter port fee)、「出口規禮」(port clearance fee)、「糧道捐」等；雜鈔則是指粵海關各級人員、甚至親屬等，為牟取私利，在船鈔和港鈔外，其他向外商收取的各種稅收項目，如「免查艙底銀」、「冬至新年例銀」等；關稅則是徵收進出口貨物的各項稅率。[48]

英人大致從自身對海關稅收的理解來判斷粵海關稅費是否合理。對於繳入清朝國庫的「正稅」項目如船鈔、貨稅，並無太多意見，[49] 但對於一些重複性、地方性的額外徵收稅目，如行用、擔頭銀等，則多表不滿，認為受到「敲詐勒索」，也抱怨官方不公佈明確稅率表，因而時常引起爭執。[50]

在各種名目稅鈔中，行用是公司最反對的徵稅方式之一，行用一詞最早約出現於 1780 年代，當時裕源行的張天球和泰和行的顏時瑛積欠外商債務高達 200 萬兩，宣告破產，為償還兩行商積欠的龐大債務，官方對一些利潤較

---

[46] FO/233/189/12.

[47] FO/233/189/14; 吳義雄，《條約口岸體制的醞釀》，頁 146。

[48] 吳義雄，《條約口岸體制的醞釀》，頁 153-154、157、160-161、171-172。

[49] 關於鴉片戰爭前東南各海關稅則的前後變化，參見黃國盛，《鴉片戰爭前的東南四省海關》（福州：福建人民出版社，2000），頁 219-244。

[50] 吳義雄，《條約口岸體制的醞釀》，頁 153、161、178-180。

高的商品如茶葉、棉花，在既有稅率上，再加徵約 3 %的附加稅。

起初，這些額外加收的稅款，的確專門用於清償行商債務，對「特選委員會」來說，行商債務竟然變相地用加稅方式解決，等於由外商代為還債，本已極不合理。接著，行用的「莫名」徵收和數額愈來愈大，持續引起董事會關切，數度下令「特選委員會」調查清楚行用實際徵收範圍、稅率和用途。商館統計 1793、1796、1805-1816 年等十四年之間的行用支出和用途，發現僅其中一部份是真正用於替行商還債，其他部份已被挪用作為軍需、河工、祝賀購禮等和商業無關事項，廣東官員甚至不時提高稅率和擴大徵收的項目，如 1810 年，棉花行用稅率從 3 %提高到 14 %，茶葉則是升高到 10 %，原僅向獲利率較高的貨物徵收行用，但後來對薄利甚至虧損的毛料亦徵收。[51]

這種情形之下，「特選委員會」藉各種方式、場合，經常向廣東官員抗議，但稅率不明確、重複徵收、中飽私囊等問題和疑慮依舊持續存在，後來中國海關的稅費制度，也成為中英簽訂《南京條約》時英方主要訴求重點之一。[52]

二、廣州行商

(一) 行商類型與財務狀況

約乾隆五十七年起，清廷限制西洋各國對華貿易於廣州後，公司來華買賣大多數貨物，主要皆和廣州十三行行商進行。其中除幾家大行商之外，大部份行商都處於重覆性的財務困境，行商約可分為殷商和乏商兩類，前者是

---

[51] H. B. Morse, *The Chronicles*, vol. 2, pp. 355, 361, vol. 3, pp. 61-63, 146, 193, 309-311; IOR/R/10/44, 1813/3/12, par. 80; 吳義雄，《條約口岸體制的醞釀》，頁 183-191；潘剛兒、黃啟臣、陳國棟等著，《廣州十三行之一》，頁 98。

[52] 吳義雄，《條約口岸體制的醞釀》，頁 214、219。

指資本雄厚、財力穩健、信用度高的行商，通常他們也負責協調溝通官方和外商間的歧見；乏商則是指資金規模不大，經常處於財務危機的行商。

行商經營中外貿易的貨物，雖有利可圖，但乏商的資金規模不足，當他們急需財務周轉時，為獲得現金，只好依賴一些應急的作法，如：(一)以高額利息為借貸條件，向其他商人借錢，但每年支付的利息甚至高達本金的 40-60 %，1813 年，部份缺乏資金周轉的乏商，為依照官方期限繳納貨物的關稅，只好先借年息 40 %的高利貸款。(二)搶購商館進口貨，加以賤賣，以求獲取現金，應付燃眉之急。(三)當時外國船隻向官方繳納的進出口貨物稅銀都由行商代繳，行商從收到公司稅銀到上繳官府之間，有數個月到一年的時間差，不少乏商以較高的價格向其他行商「購買」這些應繳的稅銀來周轉。港腳商人和美商亦表示喜歡和乏商做生意，因為往往得到較佳的價錢。然而，乏商的這些作法僅能暫時地解決債務問題，無法實質性獲利，長期下來便是財務的惡性循環，無疑是「引鴆止渴」。又，清廷從未提供行商一有利的商業環境，只是重視收稅和貿易的穩定性，但卻有著各種名義的苛徵雜稅，這些都使乏商難逃破產的命運。[53]

另一方面，資本雄厚的殷商通常也較堅持貨物品質，強調穩健的經營方式，由行商和公司最大宗交易商品茶葉可見一般。表 6-1 是 1815 年雙方議定主要茶種的「合約茶」價格，從中反映出殷商議價能力較強，以最大宗功夫茶為例，潘有度和伍秉鑒所賣最低價格是每擔 26 兩，比起其他大部份乏商均高出 1-2 兩；在綠茶最高價格方面，潘、伍兩家的價格也較高，顯示兩人茶葉品質較佳。強調茶葉品質的行商，遭公司退還茶葉的數量亦較低，如 1795-1797 年間時，潘有度和商館簽訂的茶葉份額佔總量的 25 %，但 1800 年，

---

[53] Kuo-tung Chen, *The Insolvency of the Chinese Hong Merchants, 1760-1843*, pp. 167-177, 251-258 ; H. B. Morse, The Chronicles, vol. 3, pp. 195-197; The House of Lords ed., *Report from Select Committee of House of Lords Appointed to Inquire into the Present State of the Affairs of East India Company, and into the Trade between Great Britian, East Indies and China*, pp. 456-457; 陳國棟，《東亞海域一千年》，頁 384-392。

他被退的茶葉卻僅佔全部「廢茶」約 8.6 %。[54]

表 6-1　1815 年公司與行商議定主要茶種「合約茶」價格

	紅茶				綠茶		
	武夷	功夫	小種	白毫	屯溪	熙春	熙春皮
潘有度	N	26-30	40-42	N	26-28	48-58	27-34
伍秉鑒	N	26-30	40	N	25-32	48-60	24-34
盧文錦	N	26-30	N	N	26-28	52-60	25-33
麥覲廷	14.5	24-30	44	N	25-28	44	28-33
李協發	N	26-30	40	N	26-28	48-54	N
梁經國	N	25-29	N	N	26	42-54	24-30
黎光遠	N	25-29	40	N	26-28	44-64	24-32
謝慶泰	14.5	24-30	38	N	25-27	42-65	24-32
潘長耀	14-14.5	25-29	38-42	48-60	24-29	42-48	24
關成發	N	24-29	N	N	22-28	42-48	24-26
劉德章	14	27-30	40	N	25-28	42-56	24-30

代號說明：N 表示沒有交易

資料來源：IOR/G/12/199, passim.

1810 年代初期正是許多行商疲弊之時，1815 年初，十家行商裡稱得上殷商的僅有伍秉鑒、劉德章、盧文錦三人，其餘七家行商合計積欠大筆債務，陷入嚴重財務困境。這種情形下，退休多年的重要行商潘有度再度復出，他於 1807 年隱退，但因這幾年許多乏商財務吃緊，在兩廣總督蔣攸銛勸說下答應重新出任行商。他為新立行號取名同孚行，以別於之前的同文行，1815 年 3 月，行商們獲知潘有度將重任洋商，並與伍秉鑒同為「總商」。

「特選委員會」過去對潘有度的評價正面，1806 年，當時大班多林文認

[54] 潘剛兒、黃啟臣、陳國棟等著，《廣州十三行之一》，頁 114。

為潘氏提供的貨物品質較好且穩定，商譽頗佳，也比其他行商懂得官場上的往來，送禮的時機適宜，也肯定潘有度再度復出的決定，他過去曾阻止一些不利廣州商館的措施，當需和廣東官員交涉時，潘氏堅定的性格也有助於溝通。[55]

(二) 廣州商館和行商貿易原則與策略

董事會時常要求和提醒「特選委員會」與行商貿易時，需注意幾項大原則。首先，或也是最重要的，是避免行商壟斷或哄抬價格，這項原則反映在許多方面，如堅決反對行商成立公行，因為意味著他們貨物議價能力大為增加，相對地衝擊公司獲利。又，「特選委員會」資助財力困難乏商的主要考量也是避免少數股商藉機哄抬貨物價格。

十九世紀初以來，行商債務問題日益嚴重，成為「特選委員會」最關注的問題之一。1809-1810 年間，行商周信昭(Lyqua)、沐士方(Fonqua)、鄭崇謙(Gnewqua II)、倪秉發、鄧兆祥(Inqua)等五家破產，其中鄭崇謙和倪秉發兩人負債至少達 200 萬元，至於剩下的十家行商，亦僅有三家財務狀況健全，據統計，1813 年其他七家行商的負債至少達 400 萬元，加上已破產的鄭、倪兩家，行商界的欠款已達 600 萬元，在此之前，似乎還未見過在短短數年間，就有數目如此之大的商欠金額，已比 1810 年廣州商館全年購買茶葉所需資金還要來得多!

1812 年，「特選委員會」通盤考量乏商狀況和各種利弊後，認為若不資助這七家乏商，公司損失將更大，因此仍持續提供乏商必要的資金度過難關，如 1816 年表示「我們認為幫助有困難的行商繼續經營下去是最重要的事」，[56]

---

[55] 潘剛兒、黃啟臣、陳國棟等著，《廣州十三行之一》，頁 109-112； IOR/G/12/193, 1815/3/3, p. 64;「總商」設於 1813 年，該年粵海關監督德慶建議「於各行商中，擇其身家殷實，居心公正者一、二人，飭令總理洋行事務」，參見故宮博物院輯，《清代外交史料（嘉慶朝）》，頁 368-370。

[56] The House of Commons ed., *Appendix to the Report on the Affairs of the East India Company, II China Papers (London: House of Commons, 1831)*, p. 66.

這項決策也得到董事會支持，一直持續到1820年代。[57]

乏商幾項重大支出約可分為償還欠債、定期繳納行用和關稅、應付官員勒索等，為幫助乏商，廣州商館採取相關措施，債務方面，決定對既有欠債不另外收取利息，甚至給予乏商更大份額的茶葉合約，從行號每年的「生意餘羨銀兩，陸續撥出」還債，據廣東官方統計，1812-1814年間，七家乏商已清償約130萬兩，尚欠約106萬兩。[58] 至於官府各種名目的勒索、捐納，因乏商現金有限，又不能遲繳官方稅收，常需向「特選委員會」借錢度過難關，1810年代初期，受戰爭影響，公司在倫敦和印度的資金調度相當吃緊，因此當商館資金充裕時，尚可直接幫助乏商，如1816年1月初，「特選委員會」收到董事會運來的約 60 萬元後陸續資助乏商必要的援助。[59] 若資金不足，則向財力穩健的殷商借款周轉，以年息為條件。

但1810年代東印度公司支持乏商度過財務危機的干預措施，或不符合市場自然競爭淘汰的原則，從長期來看，或僅是讓這些商人的財務問題更加嚴重，如果1810年代初期讓這些乏商破產，他們最後在1820年代累積的負債還不會如此的多。[60]

除維持行商數目外，公司也重視商人信譽和降低交易風險，追求穩健獲利的經營方式。通常，「特選委員會」喜歡和資金充裕、重視貨物品質、講求信用的行商交易，每年商館分配給行商的茶葉份額，少數殷商往往佔了大部份比例，1807年，三家殷商獲得全部份數59 %，其餘七家行商僅有41 %。[61]

---

[57] H. B. Morse, *The Chronicles*, vol. 3, pp. 131, 166; Kuo-tung Chen, *The Insolvency of the Chinese Hong Merchants, 1760-1843*, pp. 241-244; IOR/G/12/170, 1810/2/25, pp. 77-78; Robert Inglis, *The Chinese Security Merchants in Canton and Their Debts* (London: J. M. Richardson, 1838), p. 15. Inglis 書中記載七家乏商裡，五家欠債金額已達396萬元，故全部商欠至少應達400萬元。

[58] H. B. Morse, *The Chronicles*, vol. 3, p. 197; IOR/G/12/194, 1815/9/20, p. 156. 相關中文原件，參見FO/1048/15/11。

[59] IOR/G/12/199, 1816/1/25, p. 101; IOR/G/12/201, 1816/1/27, p. 40.

[60] Kuo-tung Chen, *The Insolvency of the Chinese Hong Merchants, 1760-1843*, pp. 241-250.

[61] H. B. Morse, *The Chronicles*, vol. 3, p. 60.

但有時商場上的爾虞我詐，為了商業利益和相關考量，「特選委員會」只好和行商形成「策略」上的伙伴，1815 年商館討論該年度分配給各行商茶葉的份額時，雖然對劉德章近幾年做出損害公司利益的行為十分不滿，本應終止和他所有生意往來作為報復，但考量對剛復出的潘有度仍無法完全放心，只好策略性(politic)的分配給劉德章不變的份數。[62]

另一個例子是 1809 年商館賣錫給港腳商人巴布姆的交易，受到 1808 年英軍佔領澳門影響，該年商館各項買賣均延遲數個月，其中，錫直到 3 月才賣給巴布姆，受限中國法令，這筆交易表面上賣給行商潘長耀，實際上潘氏只是代理人兼保證人，當時「特選委員會」討論這筆買賣時，巴特爾持反對意見，認為潘長耀已積欠近 50 萬兩債務，將來若發生問題，由其當保證人風險太高，但「特選委員會」仍以多數決通過這筆生意。最後雙方約定最遲六個月後，在澳門以紋銀加貼水 7 %付清所有款項，但巴布姆或因鴉片投資生意不順利，1809 年 10 月仍無法付清餘款，但商館認為不必急著催討，直到 1811 年 3 月，巴布姆仍積欠約八萬兩。董事會得知消息後對此表示驚訝，並認為「特選委員會」處理此事過於寬大和缺乏警覺心，認為實際上巴布姆有財力早點付清款項。等到 1813 年 1 月，「特選委員會」報告董事會巴布姆已宣告破產，商館只能將其負債轉移到潘長耀帳目下。[63]

董事會亦重視資金的掌握和靈活運用，如 1815 年時，「特選委員會」決定用現銀支付乏商的茶葉，董事會認為當茶葉價格夠低時，這項作法還可以接受，但價格高時，在「機會成本」(opportunity cost)考量下即不太明智，因為過早將現金脫手，但同樣現金用於借貸時可得到更大的利潤。[64]

此外，公司每年分配給各行商茶葉和毛料的份額原是公開透明的資訊，

---

[62] The House of Commons ed., *Appendix to the Report on the Affairs of the East India Company, II China Papers*, p. 65.

[63] IOR/G/12/168, 1809/10/31, pp. 57-60; IOR/G/12/184, 1813/1/1, par. 266; IOR/R/10/43, 1812/3/20, par. 23-25; H. B. Morse, *The Chronicles*, vol. 3, pp. 106-107.

[64] IOR/R/10/46, 1815/3/29, par. 7.

但 1810 年，商館重要幫辦吳亞成和行商鄭崇謙陸續受到廣東官方抓捕。商館調查後，認為係劉德章暗中操弄所致，動機應出於欲獲得更多茶葉份額，於是決議往後每年行商的茶葉份額，由「特選委員會」秘密協商，記載於《秘密會議簿》，不再公開，結果個別私下通知行商，避免發生類似情事。[65]

綜上所述，「特選委員會」和行商貿易時，在議定價格、決定貨物分配數量等方面仍具極大優勢。另一方面，也慎選交易對象，和信用佳、財力穩的殷商交易，保障貨物品質，亦不隨便增加乏商供貨額度。又，為維持行商數目，避免殷商壟斷哄抬價格，不得不支持乏商的存在，但為降低風險，商館僅提供最必需的財務資助。[66]

三、商館和港腳商人的競合關係

(一) 港腳商人類型

十八世紀末以來，從事中印貿易的港腳商人，如依在華停留期間，大致分為常駐和隨船來回兩類。首先，隨船來華貿易者主要來自孟買和孟加拉兩總督區，如前所述，孟買港腳商人大致又分為印籍和英籍商人，印籍商人以巴斯人為主，其他少數則為印度教徒和穆斯林。[67] 以 1815 年為例，來華港腳船隻約二十五艘，主要來自孟加拉和孟買，船隻噸位大致介於 300-900 噸之間，船體小於公司來華船隻。[68]

---

[65] IOR/G/12/269, 1810/11/29.

[66] IOR/R/10/45, 1814/4/1, par. 52.

[67] 郭德焱，《清代廣州的巴斯商人》，頁 43; A. W. Mason, J. S. Kingston and George Owen ed., *The East India Register and Directory, for 1816,* pp. 126-130, 321-322。

[68] IOR/G/12/199, p. 133. 然據馬士所記，1815 年來華港腳船隻為 23 艘，參見 H. B. Morse, *The Chronicles*, vol. 3, p. 228.

接著，另一類則是常年在華的港腳商人，他們以代理行的組織形式從事中印貿易，因有時印度貨物無法即時賣出，或是船主等委託人打算等待商情好時才售出，故他們在廣州需人代理幫忙處理貨物，十八世紀末以來，隨著中國對印度貨物需求的持續成長，這些港腳商人代理行的業務量隨之增加，成為公司在華貿易主要競爭對手之一，長年在華者除來自英國的港腳商人外，亦有巴斯人、亞美尼亞人開設的代理行。[69] 這些港腳商人代理人常駐廣州代表的功能和意義，類似公司為因應中英貿易大增，因而在廣州商館派遣常駐人員的情形。

(二) 港腳商人對華貿易規模的成長

十九世紀初，無論是隨船來華或是長年在華港腳商人，其經手貨物和經營模式較為單純，資金規模亦較小，「特選委員會」容易制約規範這些港腳商人。1813 年後，隨著中印貿易規模的持續擴張，港腳商人手中掌握的資金更加龐大，加上他們經營的業務種類更為多元，和倫敦及印度代理行，乃至外國商人的合作聯繫更趨緊密頻繁等因素，均使港腳商人的勢力和影響力漸次成長。

1813 年，英國東方貿易政策有一項重大轉變，國會通過法令，首度全面性開放印度和東南亞的貿易給非公司及倫敦以外的商人經營，此後英國地方城市商人，只要貿易船隻噸位達 350 噸，均可自由經營印度和東南亞的貿易，一方面象徵著英國地區城市商人政治和經濟勢力的抬頭，也預告英國亞洲貿易結構的巨變。過去兩百多年來，英人在這兩個區域的貿易利益，幾乎由代表倫敦商人勢力的東印度公司獨享，但 1813 年後，公司亞洲貿易僅存中國仍享有壟斷權。[70] 在此大架構下，英國商人或印度港腳商人在東方經商變得更

---

[69] Michael Greenberg, *British Trade and the Opening of China, 1800-42,* p. 145.

[70] Anthony Webster, "The Political Economy of Trade Liberalization," p. 404; 1813 年之前，英國非東印度公司商人僅享有一些經營印度貿易的額度，1793 年公司特許狀通過時，公司同意在英印之間，

為方便自由，利物浦、格拉斯哥(Glasgow)等地商人，紛紛和印度及東南亞各大代理行建立合作伙伴關係，而印度港腳商人也藉此延伸生意至英國和東南亞等地。[71]

隨著英印間的自由貿易，大量資金湧入印度，反映在印度代理行數目的大幅成長，1814 年印度貿易剛開放時，孟加拉有 18 家代理行，孟買則有 11 家。但六年後（1820 年），孟加拉代理行已增長至 32 家，孟買則是 19 家。[72] 這些印度代理行除大量代理或投資英印間的商品市場外，部份行號也將資金投入具有前景的中國市場。[73]

據研究，1813 年之前，廣州港腳商人代理行的委託生意規模仍有限，但 1820 年代初，至少六家港腳商人代理行號已在華「站穩」腳步，其中三家分別隸屬於巴斯人 Framjee Muncherjee、Merwanjee Manockjee 和 Cursetjee Framjee，二家是英人代理行 Magniac & Co.和 Dent & Co，另外一家則是 1821 年西班牙人 Xavier Yrisarri (?-1826)開設的 Yrisarri & Co，這六家代理行每年大量購買「特選委員會」簽發的孟加拉和倫敦的匯票，此一現象也可看出廣州商館和港腳商人間彼此勢力的消長。[74]

每年分配 3,000 噸貿易額給公司以外商人團體經營，1801 年更增加至 8,000 噸。參見 Anthony Webster, *The Twilight of the East India Company*, pp. 42-51。

[71] Anthony Webster, *The Richest East India Merchant*, pp. 113-115.

[72] A. W. Mason, J. S. Kingston and George Owen ed., *The East India Register and Directory, for 1815* (London: Cox and Baylis, 1815), pp. 117, 249; A. W. Mason, J. S. Kingston and George Owen ed., *The East India Register and Directory, for 1820* (London: Cox and Baylis, 1820), pp. 129, 337. 《英國貿易與中國的開放，1800-1842》裡曾引用 *The East India Register and Directory, for 1815* 一書關於 1815 年孟加拉和孟買代理行的數據，但該書封面統計是修正到 1814 年 11 月，故實際上 Michael Greenberg 引用的應該是 1814 年的資料。

[73] Michael Greenberg, *British Trade and the Opening of China, 1800-42,* p. 85; Anthony Webster, *The Twilight of the East India Company*, pp. 71-73.

[74] Alain Le Pichon ed., *China Trade and Empire: Jardine, Matheson & Co. and the Origins of British Rule in Hong Kong, 1827-1843*(Oxford: Oxford University Press, 2007), p. 12; W. E. Cheong, *Mandarins and Merchants: Jardine, Matheson, & Co., A China Agency of the Early Nineteenth Century* (London:

表 6-2 1810-1820 年間公司和港腳商人相關經濟數據比較[75]

	船隻總噸位		進口棉花總數		資金缺口(兩)
年份	A	B	A	B	A
1811	25,066	—	139,440	146,110	1,455,876
1812	22,250	—	144,881	95,130	2,469,136
1813	23,971	—	132,815	110,415	1,269,715
1814	29,231	—	91,177	225,845	2,224,933
1815	27,002	—	126,711	129,606	1,941,683
1816	21,348	—	130,106	333,704	329,808
1817	22,570	24,000	83,530	354,867	968,622
1818	28,518	27,500	68,808	323,842	1,031,118
1819	28,279	13,000	95,772	138,174	2,813,951
1820	30,600	21,600	84,627	97,785	551,984

代號說明：A 是指東印度公司廣州商館；B 是指港腳商人

資料來源：John Phipps, *A Practical Treatise on the China and Eastern Trade*, p. 196; 吳建雍，《十八世紀的中國與世界》，頁 111-112、331；Yang-chien Tsai, "Trading for Tea," p. 153.

又，1835 年，費普斯《論中國和東方貿易》書中，列出 1814-1826 年間公司和港腳商人參與中印貿易的程度（表 6-3），其中，1815 年公司貿易量僅是港腳商人的 15 %，往後數年，最高亦僅達 26 %。可見在中印貿易裡，港腳商人勢力已居於主導地位，超越公司許多。[76]

Curzon Press, 1979), pp. 97, 101. 張榮洋先生書中 Framjee Muncherjee、Merwanjee Manockjee 和 Cursetjee Framjee 三人姓名寫法和廣州商館檔案紀錄似乎正好相反。

[75] 表中所列東印度公司進口棉花數量，實際上有許多屬港腳商人向公司租借船上的噸位，真正屬於公司帳目的數量可能僅三分之一。

[76] 費普斯書中有時重複統計中印貿易規模，如他指出 1817 年和 1818 年港腳船隻來華貿易總額為 1108 萬元(約 369 萬鎊)和 1199 萬元(約 399 萬鎊)，略大於表 6-3 的數字。參見 John Phipps, *A Practical Treatise on the China and Eastern Trade*, pp. 250-251.

表 6-3 1814-1826 年間公司和港腳商人參與中印貿易規模

年份	港腳商人（£）	公司（£）	公司佔港腳商人的比例
1814	2,573,940	221,589	8.6 %
1815	2,379,026	356,470	14.9 %
1816	3,034,031	230,083	7.5 %
1817	3,327,770	710,100	21.0 %
1818	3,516,332	364,543	10.3 %
1819	2,190,137	334,807	15.2 %
1820	3,328,039	602,994	18.1 %
1821	3,011,010	469,657	15.5 %
1822	3,047,792	189,304	6.2 %
1823	2,734,509	721,425	26.3 %
1824	2,832,191	326,591	11.5 %
1825	3,943,729	291,603	7.3 %
1826	3,764,404	362,405	9.6 %

資料來源： John Phipps, *A Practical Treatise on the China and Eastern Trade*, p. 185.

(三) 港腳商人對華貿易貨物和結構的變化

1. 鴉片貿易的擴張

印度港腳商人在華貿易貨物種類有其限制，無法買賣茶葉、毛料、金屬等公司享有壟斷權的貨物。十九世紀初以來，印度銷華商品裡，棉花是最大宗貨物，其次則是鴉片。十八世紀末時，棉花的利潤頗佳，但 1810 年代後期毛利已逐漸下滑。對港腳商人來說，棉花之外，隨著華人鴉片需求量的增長，鴉片日益成為一項熱門的投資生意，有時其利潤高得驚人，如 1816 年銷華的部份麻瓦鴉片，成本是 200-250 元，但利潤竟可達 400-500 元，幾乎達 100 %，這或也可解釋為何港腳商人對此買賣「趨之若鶩」的現象。[77]

《英國貿易與中國的開放，1800-1842》曾稱 1823 年之前，印度棉花在華銷售總值均超過鴉片。但根據英國國會 1859 年報告統計，1814 年，鴉片進口的總值達 71 萬餘鎊，已超過棉花的 69 萬餘鎊，接著在 1818-1820 三年內，鴉片在華銷售總值均已較棉花多，1820 年甚至超過 34 萬鎊，因此，或許在 1810 年代後期，鴉片即已成為中印貿易的主要商品。[78]

鴉片戰爭前在華銷售的鴉片主要有三種，先是孟加拉鴉片（中文稱公班土），主要有 Patna 和 Benares 兩類品種（兩地均位於印度東北），前者品質較純，價格較高。[79] 十八世紀末，公司取得在印度種植、販售鴉片的壟斷權，當時公司勢力範圍所及的鴉片僅限於孟加拉鴉片，並在加爾各答定期拍賣鴉片給港腳商人，藉以收取鴉片稅。

其次是印度中部馬拉薩土邦產的麻瓦鴉片，這類鴉片經由印度西岸公司所轄的孟買，或葡人所轄的果阿、達曼等港運出。十九世紀初，其品質較差，進口來華數量遠低於孟加拉鴉片，售價亦較低，但 1810 年代後期，品質明顯改善提升，銷量亦大幅增加。[80]

最後一種則是土耳其鴉片（中文常稱金花土），主要由美國商人進口來華，美商受制於公司勢力，無法將印度鴉片銷華，只好另想途徑。約 1804 年時，費城(*Philadelphia*)商人 James Wilcocks (?-?)和 B. C. Wilcocks (?-?)兄弟首先發展出從土耳其 Smyrna 輸出鴉片來華的路線，早期土耳其鴉片品質和麻瓦鴉片差不多，等到後者品質改善後，其品質變為最差，進口來華數量亦

---

77 H. B. Morse, *The Chronicles*, vol. 3, p. 250.

78 Michael Greenberg, *British Trade and the Opening of China, 1800-42,* p. 81; Franklin Bakhala, "Indian Opium and Sino-Indian Trade Relations, 1801-1858," pp. 54-55; The House of Commons ed., *Returns Relating to the Trade of India and China, From 1814-1858* (London: House of Commons, 1859), p. 11.

79 John Phipps, *A Guide to the Commerce of Bengal*, p. 284.

80 John Phipps, *A Practical Treatise on the China and Eastern Trade*, pp. 225, 233; Amar Farooqui, *Smuggling as Subversion: Colonialism, Indian Merchants, and the Politics of Opium, 1790-1843* (Lanham: Lexington Books, 2005), p. 35.

最少。[81]

格林堡曾區分 1840 年前鴉片在華貿易為三個時期，第一個時期是 1800-1820 年間，此時期鴉片生意多由亞美尼亞人操控，如 1799 年，巴布姆向「特選委員會」提出一個三年合約計畫，試圖壟斷公司銷華所有孟加拉鴉片，雖未獲同意，或反映他參與鴉片貿易程度頗深。比爾和馬格尼克(Charles Magniac, 1776-1824)也固定代售亞美尼亞商人委託的鴉片，賺取佣金，此外亦有少數巴斯人參與競爭。[82]

中國方面，清廷雖大力查緝鴉片走私，但此時地方貪污賄賂風氣盛行，並無成效，可由美商地爾登私人日誌略知一二，他是美船 *Canton* 號的貨監，船長則是 Isaac Hinckley (1783-1819)。該船 1815 年 9 月初抵達黃埔，伍秉鑑為保商，[83] Old Tom（按：據考證為蔡懋）為買辦，地爾登起初隱瞞船上載有鴉片，但伍氏隨即透過管道得知此事，並要求他給予解釋。出乎地爾登意料的是，不久買辦蔡懋竟主動私下告知他認識某鴉片販子，有意購買鴉片，並願意先付定金。地爾登和船長商議後，決定出售並將鴉片裝上小船，蔡懋知會他們的小船至江面時，會有「接應之人」告知下一步行動，當小船等待之時，竟有一艘官艇靠近，並有四名兵士登船檢查，情勢頗為緊張。然而，更出乎意料的是，該官艇上的兵士竟然就是蔡懋口中的「接應之人」！地爾登猜測「鴉片販子一定已先知會粵海關官員此船載有鴉片，……秘密地行賄所有相關官員。」[84] 由此事可知，此時部份買辦、粵海關官員皆成為鴉片走

---

[81] J. M. Downs, "American Merchants and the China Opium Trade, 1800-1840," *The Business History Review*, vol. 42, no. 4 (1968), pp. 421-422.

[82] Michael Greenberg, *British Trade and the Opening of China, 1800-42,* p. 112; H. B. Morse, *The Chronicles*, vol. 2, pp. 325-326.

[83] 據馬士記載，伍秉鑑於 1810 年 2 月起，曾暫時將怡和行行務交予四子伍受昌 (伍元華，1800-1833) 代理，但仍掌握實權，故此處仍稱伍秉鑑。參見 H. B. Morse, *The Chronicles*, vol. 3, p. 110；王宏志，〈1814 年「阿耀事件」〉，頁 228、230。

[84] B. P. Tilden, *Ship Canton First Journal of China, 1815-1816*, pp. 57-61.

私網絡一環，甚至由粵海關負責緝私的官艇充當「走私船」運送鴉片！[85] 1810 年代在華時經常代理鴉片生意的大衛森亦稱，當港腳船隻換運鴉片到小船時，粵海關接受賄賂官員的官艇即在一旁「監視」。[86]

另一個例子則是 1815 年 5 月，兩廣總督接獲情報，稱美船 *Lydia* 號私載鴉片，派官員搜查該船，船主 I. S. Wilcocks (?-?)事先得到消息，將鴉片藏於船艙底部，上用雜物覆蓋，躲過查緝。[87] 又，此時在澳門的葡人法官阿里阿加(Miguel de Arriaga Brum de Silveira, 1776-1824)亦曾有意向鴉片商人徵收每擔 40 元的費用，作為賄賂地方官員之用。[88]

1810 年代後期，鴉片在華貿易除整體銷售量增加外，值得注意的是麻瓦鴉片數量的成長，1820 年之前，孟加拉鴉片是中國鴉片消費主要品種，此後由於公司本身亦購買麻瓦鴉片、葡人從達曼輸進麻瓦鴉片數量增加等因素，使兩種鴉片的數量互有增減。[89]

十九世紀初，麻瓦鴉片已不時從印度西岸各港口運送來華，公司一開始採取防堵政策，1803 年，印度大總督衛斯理推行四項限制措施：一、禁止鴉片輸入孟買；二、禁止領取公司「許可證」的港腳船隻裝載孟加拉以外的其他鴉片；三、禁止在公司領土內種植鴉片；四、禁止在 Baroda（位於 Surat 北方）和鄰近地方種植和輸出鴉片，以防堵麻瓦鴉片持續輸出。但因此時公司在印度西部影響力仍相當有限、種植鴉片已是當地人民生活所需、中國市場

---

[85] Michael Greenberg, *British Trade and the Opening of China, 1800-42,* p. 111.

[86] The House of Commons ed., *First Report from the Select Committee on State of Affairs of East India Company (China Trade)*, p. 168.

[87] H. B. Morse, *The Chronicles*, vol. 3, p. 237.

[88] H. B. Morse, *The Chronicles*, vol. 3, p. 323; 阿里阿加擔任過里斯本(Lisbon)、巴西等地法官，1803-1824 年間，任職澳門法官長達二十餘年。參見劉芳輯、章文欽校，《葡萄牙東波塔檔案館藏清代澳門中文檔案彙編》，頁 10。

[89] H. B. Morse, *The Chronicles*, vol. 4, p. 383; Michael Greenberg, *British Trade and the Opening of China, 1800-42,* pp. 220-221; Celsa Pinto, *Trade and Finance in Portuguese India: A Study of the Portuguese Country Trade, 1770-1840* (New Delhi: Concept Publication Co., 1994), pp. 130-132.

需求持續增加等因素，衛斯理的政策無法有效實行，葡萄牙人，甚至孟買港腳商人仍常從果阿、達曼等地「走私」鴉片來華。[90]

1805-1815 年約十年間，印度大總督雖和葡萄牙果阿總督、馬拉薩土邦簽訂鴉片相關協定（見後文），但一直要到 1818 年公司於第三次馬拉薩戰役勝利後，英人在印度西部政治勢力大增，才能較有效地要求馬拉薩土邦限制麻瓦鴉片的種植面積、輸出數量和銷售管道，1819 年起，公司也調整對該種鴉片的政策，從原先嚴禁改為購買和限制並行。[91]

又，公司對麻瓦鴉片的管控亦涉及英葡在印度西岸與澳門的貿易競爭，將於本章第五節進一步討論。

2. 多元化經營和跨國合作

十八世紀末，和公司相比，港腳商人來華人數和交易量皆少，但等到 1820 年代，短短二十餘年間，透過多元化經營及跨國合作，其商業規模和相關利益甚為龐大。和早期相比，此時港腳商人的經營運作有幾項明顯轉變，首先，在華港腳商人代理行號經營的各種代理生意，實際上許多都是印度代理行、倫敦「東印度代理行」、甚至外國商人在中國的「投資」，彼此享有共同利益關係，環環相扣，如來華港腳商人大衛森*即是*加爾各答帕默爾大商行在華的鴉片代*理商，而*帕默爾家族本身在倫敦也設有「東印度代理行」。[92]

接著，這些常年在華的港腳商人，其業務範圍，由早期單純的代售、代購貨物收取佣金、高利貸放款，逐漸擴及海上保險、國際匯兌等類似銀行功能的業務。[93] 以馬格尼克為例，他於 1801 年來華，1804 年和比爾、山克兩人合作成立 Beale & Magniac Co.，1808 年，該代理行經手貿易額已達 120 萬元，獲利約 10 萬元，其中 75 %是代理貿易的佣金所得，其他則是投資獲利。

---

[90] Franklin Bakhala, "Indian Opium and Sino-Indian Trade Relations, 1801-1858," pp. 174-176.

[91] Franklin Bakhala, "Indian Opium and Sino-Indian Trade Relations, 1801-1858," pp. 178-181.

[92] Anthony Webster, *The Richest East India Merchant*, p. 31; Michael Greenberg, *British Trade and the Opening of China, 1800-42,* pp. 35-36.

[93] Michael Greenberg, *British Trade and the Opening of China, 1800-42,* pp. 152-161, 170-174.

[94] 1812 年，馬格尼克籌組第二次的廣州保險公司，和加爾各答的 Barretto & Co. 建立伙伴關係，承保往來中印的港腳船隻，經營海上保險業務，之後他陸續和加爾各答主要代理行合作中印間的航運保險業務。[95] 1815 年，比爾投資鴉片失敗後，馬格尼克和山克合作成立 Shank & Magniac Co.，1819 年山克過世，馬格尼克獨自成立 Magniac & Co.，該行一直經營至 1832 年。[96]

1819-1832 年期間，Magniac & Co. 的業務和規模可謂蒸蒸日上，1825 年，該行號的委託代理業務已遍及歐洲、美國、印度各地，和加爾各答的帕默爾商行、孟買的 Remington & Crawford、倫敦的霸菱兄弟銀行和 Fairlie Bonham & Co. 等公司，在融資匯兌、代購代銷鴉片等生意往來合作密切，倫敦各大銀行認可 Magniac & Co. 簽發的匯票，其匯票甚至在澳洲雪梨 (Sydney)、美國費城、土耳其等地流通。[97]

(四) 港腳商人控管問題

隨著中印貿易規模擴張，以及英國資金湧入東方，1813 年後的數年間，港腳商人在華勢力日漸龐大且持續擴張，加上鴉片貿易的特殊性，這些情勢的重大轉變，一方面促使「特選委員會」必須調整相關措施，包含匯票的簽發和財務的運作，一方面他們管理港腳商人的方式和心態也較為不同，需比以往更重視港腳商人的訴求。

1. 港腳商人在華情形及其居留問題

如前所述，公司於 1780 年代獲得管理港腳商人和港腳船隻在華期間的法

---

[94] Michael Greenberg, *British Trade and the Opening of China, 1800-42*, p. 76; Alain Le Pichon ed., *China Trade and Empire*, pp. 20-21.

[95] D. K. Basu, "Asian Merchants and Western Trade: A Comparative Study of Calcutta and Canton, 1800-1840" (Ph. D. thesis, Berkeley: University of California, 1975), pp. 225-226.

[96] Alain Le Pichon ed., *China Trade and Empire*, p. 61; Michael Greenberg, *British Trade and the Opening of China, 1800-42*, pp. 222-223.

[97] W. E. Cheong, *Mandarins and Merchants*, pp. 88-90.

源基礎。港腳商人部份，除非公司許可或具他國外交「代表」資格，否則最遲須於貿易季結束後返回印度，期限通常是每年 4 月初，當港腳船隻來華後，「特選委員會」即例行性向船長宣達人員在華相關規定。[98] 例如，1815 年度的調查於 1816 年 4 月進行，之所以選定此時，亦是商館擬掌握港腳商人在華情形，察看是否有人違期未返回印度。對於不遵守規定者，「特選委員會」擁有驅逐離華的權力。

十八世紀末來華的港腳商人如打算長期在華，通常循外交途徑突破公司的規定和限制，如 1793 年 Charles Schneider (?-?)以熱內亞共和國(Genoa Republic)副「代表」的身份來華，David Reid (?-?)則以丹麥王室步兵隊隊長的身份待在中國，但他們來華主要目的皆是經商，和外交可說是毫無關係。[99] 其他在華從事中印貿易，但未取得外國「代表」身份的商人，其折衷辦法是每年貿易季結束後，離開廣州幾個月後再來華，如山克每年非貿易季時均會前往麻六甲等地。[100]

除在華港腳商人外，「特選委員會」亦有權管理來華的港腳船隻人員，港腳船隻抵華後，若當時公司船隊在華，商館通常要求它們聽從公司船隊長的安排和命令，尊重其指揮；若無公司船隊在華，「特選委員會」則自行管理。多數時候，港腳船隻對商館的管理並無意見，但前述 1814 年 11 月，小斯當東一度下令在華公司和港腳船隻撤離黃埔的行動，引起部份港腳船隻船長的反彈。當時公司船 *Elphinstone* 號的船長 Milliken Craig 擔任船隊長，向「特選委員會」抱怨港腳船隻船長和人員不聽指揮，惹出許多事端，往往必須使用最強硬的手段才使他們遵守規定，希望之後研擬有效辦法，加以節制。[101]

---

[98] Michael Greenberg, *British Trade and the Opening of China, 1800-42*, p. 22.

[99] H. B. Morse, *The Chronicles*, vol. 2, p. 206.

[100] Michael Greenberg, *British Trade and the Opening of China, 1800-42*, p. 27.

[101] IOR/G/12/191, 1814/12/4, p. 11; *Elphinstone* 號建於 1802 年，此後 Milliken Craig 一直擔任該船船長直至 1814 年。參見 Anthony Farrington, *Catalogue of East India Company Ships' Journals and Logs, 1600-1834*, p. 225.

接著，1816 年 2 月，「特選委員會」去函印度大總督哈斯丁，請求印度方面研擬更有效控管方式：

> 去年 (1815) 1 月 27 日，我們已請求大總督採取更新與有效的方法控制印度來華的英籍港腳商人和船隻。……在現行條款不夠完備情形下，……將使公司利益嚴重受損，……我們急需大總督的幫助來抵制這類行動，……目前尚未收到董事會詳細指示，……但從董事會相關節錄顯示，他們必定同意我們對印度在華英商和船隻擁有的相關控制權。[102]

對此，哈斯丁於同年 6 月 11 日回文，表示已研議更多有效方式控管港腳商人在華居留問題。[103] 8 月底，印度大總督收到董事會明確指示後，正式修訂和增加港腳商人「許可證」相關條款，往後港腳船隻船主、貨監和船長如發生不遵守和服從商館命令時，一旦掌握明確事證，其「許可證」自動終止和失效，且將違紀人員遣返英倫。[104]

以 1815 年為例，該年在華居留英籍港腳商人約有五位（參見表 6-4），其中比爾和馬格尼克、Hollingworth Magniac (1786-1867)均以普魯士「代表」身份待在中國，但他們實際上從事代理委託貿易生意，又，該年未見有任何巴斯籍港腳商人在華逗留至下年度。[105] 這幾位英籍港腳商人裡，比爾的生意規模或最大，他自 1789 年來華後，在此長住貿易，1803 年時曾和山克、馬格尼克兩人合作投資，但 1811 年起，似乎另以 Beale & Co. 的名義獨立經營生意。據商館醫生麥金農的觀察，比爾和商館高層的關係頗佳，或也因此，1810 年代初他的鴉片生意發生危機時，「特選委員會」同意融通預借大量金額給

---

[102] IOR/G/12/271a, 1816/2/17, pp. 105-106.

[103] IOR/G/12/205, 1816/12/13, pp. 86-87.

[104] IOR/G/12/205, 1817/2/7, pp. 178-183.

[105] IOR/G/12/202, 1816/3/24, p. 36.

他。[106]

表 6-4　1815 年在華居留英籍港腳商人名冊

姓名	來華開始	身份
Thomas Beale	1789	普魯士「代表」
Charles Magniac	1801	普魯士「副代表」
Hollingworth Magniac	1809	普魯士「代表」秘書
W. S. Davidson	1807	葡萄牙籍英人
Edward Watts	1815	奧地利「代表」

資料來源： Michael Greenberg, *British Trade and the Opening of China, 1800-42*, pp. 25, 27; IOR/G/12/202, 1816/3/24, p. 36.

1815 年度一位英籍港腳商人華茲(Edward Watts, ?-?)的居留問題引起「特選委員會」的重視，他來華前曾在馬德拉斯、孟加拉等地經商，1815 年隨著港腳船 *Fame* 號前來中國，宣稱擁有奧地利(Austrian)護照，及 1807 年奧地利皇帝任命駐中國「代表」的證書，故可同比爾等人例子「合法地」在華居留。「特選委員會」質疑其身份的正當性，催促他趕快離華，但直到貿易季結束時，華茲對「特選委員會」的命令置若罔聞。[107] 董事會得知消息後，認為華茲雖持有奧地利皇帝證書，但仍應視為一般英國人民，因此未獲公司同意前，不得在華逗留，但董事會訓令來華前，華茲已於 1819 年離華到巴西去。[108] 即使如此，華茲已在中國待了兩年，「特選委員會」仍無可奈何，此一事例反映出在港腳商人眼中公司威信程度的下降。

接下來幾年，「特選委員會」持續驅離一些違反規定的港腳商人，要求他們簽訂同意書，聲明約定期限後若仍未離華，需支付 2 萬元的高額罰金，但

---

[106] Charles Mackinnon, *Mr. Mackinnon's Memorial to the Honourable Court of Directors of the Hon. East-India Company*, p. 33; Michael Greenberg, *British Trade and the Opening of China, 1800-42*, p. 222.

[107] H. B. Morse, *The Chronicles*, vol. 3, pp. 252-254.

[108] H. B. Morse, *The Chronicles*, vol. 3, p. 349.

港腳商人仍以處理生意為由，申請延長居留。[109]

實際上，對已取得外國「代表」身份來華的英籍港腳商人來說，他們不需受商館指揮管理，凸顯公司控制這類港腳商人的能力是有限的。1821 年，商館貨監小傳拉索稱過去幾年內，港腳商人宣稱擁有外國保護的人數持續增加，已從兩人增加到八人，也認為目前每個月份都有港腳船隻來華，帶來大量鴉片，需要時間處理生意，這種情形下，要強制驅離那些未獲同意來華居留者是不可能的。往後商館雖然年復一年的宣布公司禁令，但形式的意義大於實質，並無太大成效。[110]

2. 鴉片貿易的問題與影響

1840 年前，鴉片在中國是一禁止進口的商品，然而，其需求量卻又逐步上升，其貿易特性和其他合法貨物有諸多不同，鴉片貿易的擴張也替「特選委員會」的管理帶來許多問題。鴉片的利潤雖高，但風險亦大，當官方嚴格查緝鴉片時，即可能產生嚴重滯銷，導致價格暴跌，如 1805 年鴉片市場曾發生嚴重蕭條，一般說來，鴉片價格波動程度也較其他貨物大。[111] 1813 年和 1816 年，當時大鴉片商巴布姆和比爾都曾因生意週轉不靈而破產。鴉片交易大多用現銀付款，不像其他貨物有時還可以物易物，又因鴉片交易均是秘密進行，故其詳細消費和進口來華數量等數據均不易統計。[112]

鴉片貿易其他特點還包括：一、在平時，不同國家商人仍代理進口其他國家商人委託的鴉片，如 1830 年代著名英籍港腳商人代理行怡和洋行代銷過美商或其他國家的鴉片。二、在華港腳商人代理行經手的鴉片，大部份均非其行號的「財產」，他們只接受委託，負責銷售和抽取佣金，也因此，鴉片在華買賣並非單一群體或個人的利益，背後涉及的群體利益相當龐大和複雜。

---

[109] IOR/G/12/207a, 1817/4/21, pp. 31-33; IOR/G/12/211, 1818/2/25, pp. 59-62, 1818/3/2, pp. 65-66; IOR/G/12/212, 1818/4/19, pp. 38-39.

[110] IOR/G/12/224, 1821/10/6, p. 17; H. B. Morse, *The Chronicles*, vol. 4, p. 148.

[111] Michael Greenberg, *British Trade and the Opening of China, 1800-42,* pp. 112-117.

[112] 吳義雄，《條約口岸體制的醞釀》，頁 338-344。

113 由於往來密切，故必要時，這些在華港腳商人代理行，可透過印度和倫敦其他經營中國貿易公司，獲得財政、匯兌上的優惠或支援。

另一方面，相較於棉花和鴉片的高消費需求，印度對中國產品需求卻不高，每當港腳商人來華處理完貨物準備回印度時，皆面臨如何購買返程裝船貨物的問題。1810 年代以來，中國鴉片需求持續增加後，[114] 這方面的問題更困擾著港腳商人。

一種普遍解決方式是港腳商人將貨物銷售所得存入廣州商館財庫，換取「特選委員會」簽發的倫敦或孟加拉匯票，但每年商館簽發匯票的總額仍少於港腳商人的投資所得，例如，1815 年「特選委員會」簽發匯票的總額約 194 萬元，但港腳商人銷售鴉片和棉花所得卻達 400 萬元。這些公司無法「消化」的資金，港腳商人可選擇許多投資方式，包括購買公司來華船隻人員的存款單、以高利貸方式借給急需現金的行商、購買荷蘭或瑞典等國在華簽發的匯票，但這些投資方式無法滿足需求，因其金額不大，亦不固定，一般情形，港腳商人仍選擇將剩餘現銀運回印度。[115] 1820 年代，中印貿易規模持續地擴張，港腳商人可用資金更為充裕，公司更加趕不上港腳商人資金匯兌的需求，這種情形下，倫敦其他有信譽行號的匯票，成為港腳商人匯兌資金的另一種選擇，使其關係更為密切。此一現象也反映鴉片貿易造成的資金運用問題。

如前所述，鴉片買賣的風險頗高，若官方大動作查緝鴉片，可能產生嚴重滯銷，導致價格暴跌，發生資金周轉問題，連帶無法購買新貨或償付債務，惡性循環之下，嚴重者即引發倒閉危機。1815 年，港腳商人比爾即因此產生嚴重的財務危機。他的事例或是一個極佳的案例，從中可知鴉片貿易的高風險，以及公司如何應對類似問題。

比爾於十九世紀初以來即陸續投資鴉片生意，1813 年 9 月曾和「特選委員會」達成協議，他先收取廣州商館簽發的孟加拉匯票，如此可先獲得更多

---

[113] 吳義雄，《條約口岸體制的醞釀》，頁 373-381。

[114] Yang-chien Tsai, "Trading for Tea," p. 209.

[115] Michael Greenberg, *British Trade and the Opening of China, 1800-42,* pp. 157-159.

資金，等貨物售出後，再分期還給公司，並以鴉片作為抵押擔保品，這種港腳商人先拿匯票，後再付款的方式稱為「信用匯票」(bills on credit)，即信任借款者的償還能力。對公司而言，「信用匯票」的風險自然較高，一旦港腳商人資金周轉出現問題，即無法償還所借金額。實際上，1811 年 7 月，「特選委員會」已曾簽發「信用匯票」，但當時的目的是為了籌措倫敦所需資金，情況特殊，是不得已下才採取的權宜之計。不久，董事會 1813 年 3 月信中就規定禁止簽發「信用匯票」，往後商館必須先收取現金，才能簽發匯票。

然而，「特選委員會」對此見解不同，評估「信用匯票」有其作用，一方面可穩定鴉片價格，也可維持銀元和盧比間的匯率，故繼續同意比爾的請求，並認為董事會事後亦會同意和諒解。[116]

1814 年 10 月，比爾再度向商館申請簽發 80 萬元的大額孟加拉匯票，條件是分四期償還，貸款月息為 1 %，他承諾至遲 1815 年 5 月時付清所有欠款，並以 900 箱鴉片作為擔保品。對此提議，「特選委員會」內部意見分歧，大班約翰・益花臣考量該年度商館急需資金，持贊成立場；二班巴特爾則認為董事會訓令十分明確，而且這項貸款的風險過大，反對此案；三班小斯當東認為商館的確需要資金，且風險應該沒有想像中的大，故最後以多數決通過比爾的申請。[117] 但此時鴉片價格暴跌，或因資金週轉不靈，直到 1815 年 9 月，比爾僅能付還商館 42 萬元，雖保證最晚於 1816 年 1 月付清餘款，但 1 月 8 日時，人卻已潛逃不見。「特選委員會」對此感到相當驚訝，之後的一月份，密集地開會討論如何處理比爾遺留的債務問題，並回報情形回英。[118]

董事會得知消息後，先於 1816 年 7 月信裡發達嚴重關切。[119] 經過數個月討論，12 月信中重申 1813 年 3 月 12 日的規定，當時就要求廣州商館不得

---

[116] IOR/R/10/47, 1816/12/18, par. 20-21.

[117] IOR/G/12/190, 1814/10/24, pp. 132-134.

[118] IOR/G/12/201, 1816/1/8, pp. 1-4, 1816/1/12, p. 6, 1816/1/16, p. 10, 1816/1/18, p. 19, 1816/1/21, p. 20, 1816/1/29, pp. 43-44.

[119] IOR/R/10/47, 1816/7/10, par. 28-29.

再簽發「信用匯票」，1814 年也兩度重申命令。董事會認為受限於通信延遲與空間阻隔，「特選委員會」固然可以衡量情形做出不一樣的決策，但既然董事會已對「信用匯票」使用時機表達明確見解，「特選委員會」便無「自由」斟酌決定的權力，[120] 也以 1812 年孟加拉鴉片售價為例，說明雖然「特選委員會」1811 年時已簽發「信用匯票」，但隔年孟加拉鴉片售價依然大幅下滑，顯示「信用匯票」和鴉片價格之間並無明顯關連，認為「特選委員會」高估「信用匯票」的作用。總之，認為商館簽發「信用匯票」是不恰當的，也不是絕對必要的，[121] 嚴禁往後再簽發任何「信用匯票」。[122] 由此事可看出董事會頗為謹慎，講求穩健經營，不願從事風險太高的交易。

除財務問題外，鴉片貿易亦使董事會考慮是否調整港腳船隻來華時若干措施，如以往港腳商人鴉片船均懸掛英國國旗，顧慮中國官方查緝鴉片日趨嚴格，1815 年要求衡量這種作法可能造成的利益損害，若評估覺得不妥，往後即禁止懸掛。[123]

1820 年代，當鴉片貿易地點轉移到伶仃洋後，「特選委員會」管理港腳商人更陸續出現問題，如港腳船在伶仃洋時，因尚未「進入」廣州港，因此，商館是否具有管理港腳船權限也引起討論爭議，[124] 可見鴉片問題持續成為「特選委員會」管理上的隱憂。

(五) 商館和港腳商人關係的變化

廣州商館和港腳商人之間，一方面存在合作與配合，有時亦產生對立與競爭，隨著時代環境的改變，這些競合形式亦不相同。合作方面，公司偶爾

---

[120] IOR/R/10/47, 1816/12/18, par. 31-32.

[121] 董事會也認為用鴉片作為擔保品，以及單次簽發高達 80 萬元的匯票給比爾等作法皆是不妥當的。IOR/R/10/47, 1816/12/18, par. 34-35, 42-43.

[122] IOR/R/10/47, 1816/12/18, par. 44.

[123] IOR/R/10/46, 1815/4/7, par. 7.

[124] Michael Greenberg, *British Trade and the Opening of China, 1800-42,* pp. 33-34.

租借港腳船隻運送貨物，如前所述，1815 年，因公司船孟買號損失約八、九千擔的茶葉，董事會為此和加爾各答的帕默爾商行簽訂租船合約，向它承租港腳船 *Lady Flora* 號，特別准許它從廣州運茶回英國。租船合約規 *Lady Flora* 號可單獨出發，但若回英船隊準備出發的情況下，該船應於三十日內完成茶葉裝運，每遲一日，公司需賠償遲滯費約 19 鎊給帕默爾商行。[125]

以往，港腳商人在華貿易所得是公司在華籌集資金主要來源之一，1787 年，中印貿易佔該年公司對華回程貨所需資金的比例高達 53 %，[126] 1813 年後，陸續受到公司嚴禁廣州職員從事代理貿易，以及港腳商人貿易規模擴大等因素，公司每年對華資金缺口似乎愈來愈仰賴港腳商人。1814-1833 二十年間，其中十三年，廣州商館對華資金缺口佔該年總投資三分之一以上，1819、1822-1823、1826-1827、1829-1832 等年份更至少占 43 %以上，這些商館所需資金，大部份透過向港腳商人簽發匯票來因應。[127] 但對港腳商人來說，公司往往從自身利益出發制訂相關規則，並不方便，如商館提供的匯票金額有限、商館財庫每年僅開啟數個月、匯票兌現期間過久等，在無法滿足需要情況下，1820 年代，一些港腳商人代理行開始自行簽發倫敦匯票，試圖擺脫公司在金融上的控制。

隨著鴉片貿易的「興盛」、印度和東南亞貿易對所有英人開放等因素，港腳商人對公司管理中印貿易相關措施益發不滿，有時為了經濟利益，港腳商人亦做出違背公司政策的舉動，彼此關係更顯緊張與對立。以麻瓦鴉片為例，1804 年，隸屬於孟買英商代理行 Forbes & Co. 的港腳船隻 *Lowjee Family* 號，運出 100 擔麻瓦鴉片往中國銷售，然而，該船或是從果阿轉運出口，顯示為了利潤，Forbes & Co. 不顧公司禁令，或和葡萄牙人合作「偷運」麻瓦鴉片

---

[125] IOR/G/12/194, 1815/10/23, pp. 194-195.

[126] Michael Greenberg, *British Trade and the Opening of China, 1800-42,* p. 26.

[127] Yang-chien Tsai, "Trading for Tea," pp. 153-154; 1814-1833 二十年間，廣州商館簽發匯票的金額，和該年公司對華投資所需資金的數據，參考自《東印度公司對華貿易編年史》各年份記載。

來華。[128] 1810 年代後期，中國鴉片需求日增，孟買當地主要港腳商人 Jamsetjee Jejeebhoy (1783-1859)、Motichund Amichund (?-?)等人，均參與經營從葡屬達曼等地偷運麻瓦鴉片來華銷售，違反公司政策。[129]

又，「特選委員會」和廣東當局發生衝突時，中國官員為逼迫英方就範妥協，往往以暫停貿易作為威嚇手段，這種情形下，不僅公司在華貿易受損，亦連帶波及港腳商人利益。如前所述，1814 年貿易季時，「特選委員會」與中國官方的嚴重爭執，中英貿易暫停約六週之久，港腳商人的貿易同樣無法進行，許多人抱怨蒙受很大損失，孟買商人擔心這種情況重演，使「這個港口的貿易再度遭受嚴重的損害」。

因此，1815 年，二十一家孟買行號，由英籍的 Bruce Fawcett & Co. 和 Forbes & Co. 公司為首，[130] 數度聯名去函英政府監督公司事務的印度管理委員會陳情，要求公司賠償他們先前所受的損失，並質疑廣州商館貨監是否擁有暫停貿易的權限，認為若「特選委員會」繼續享有此權力，他們相信孟買和廣州間的貿易將「完全毀滅」，港腳商人認為他們參與中印貿易的程度遠遠超過公司，故應考慮讓他們擁有在華貿易自主權，不須再受公司監督限制，[131] 此次抗議可視為孟買商人集體力量的表現。

1820 年代之後，港腳商人要求改善廣州貿易相關管理措施的訴求可說是有增無減，面對勢力規模日漸膨脹的港腳商人勢力，「特選委員會」管理時備感壓力，需比以往更重視港腳商人的相關訴求和權益。

---

[128] H. B. Morse, *The Chronicles*, vol. 2, pp. 429-430; Forbes & Co. 是 John Forbes 於 1760 年代所創立，似為目前世界上歷史最悠久且仍持續營運的公司之一。

[129] H. B. Morse, *The Chronicles*, vol. 3, p. 250; Amar Farooqui, *Smuggling as Subversion*, pp. 212-214.

[130] G. T. Staunton, *Miscellaneous Notices Relating to China*, p. 287. Bruce Fawcett & Co. 是由 P. C. Bruce 和 Henry Fawcett 兩人合作創立。

[131] IOR/G/12/194, 1815/9/8, pp. 126-130; The House of Commons ed., *First Report from the Select Committee on State of Affairs of East India Company (China Trade)*, p. 140; H. B. Morse 在書中或誤稱 Lords Commissioners for the Affairs of India 為新成立的組織，因 Board of Control 的成員通常即稱為 Commissioners for the Affairs of India.

1813 年後的數年間，公司鑑於英印貿易壟斷權的失去，更積極試圖維護在華貿易利益，因而採取許多措施，一方面要求「特選委員會」強制驅離那些沒有獲得公司許可在華常住的港腳商人；另外則如前所述，打算重新成立已中斷十餘年的廣州商館代理行業務，冀望在日益擴張的中印貿易裡，獲得更多的利益。但這些措施皆無法達到預期效果，而且，往後廣州貿易的局勢發展反而使港腳商人勢力倍增，對公司更加不利。

四、美國商人的競爭

美國和清廷貿易約始於 1784 年，該年中國皇后(The *Empress of China*)號來華，由於毛皮、茶、絲等貨物的高投資報酬率，之後中美貿易持續展開，規模僅次於英國。鴉片戰爭前美國對華貿易主要城市為波士頓 (Boston)、費城、紐約(New York)、巴爾地摩(Baltimore)、塞倫(Salem)、普羅維登斯(Providence)等地，其中又以波士頓、紐約、費城的交易量較大，許多都是以家族企業形式參與對華貿易，如波士頓的 Perkins 家族、Sturgis 家族等。[132] 相較於公司的巨舶，美商來華船隻的體型較小，船隻噸位很少超過 500 噸，平均噸位約 350 噸，甚至比港腳商人的船隻還小。[133]

美國在華貿易的運作模式，不同於英國由公司主導壟斷，名義上由一名駐華「代表」和數名秘書負責監督管理美國來華船隻相關事務。鴉片戰爭前美國駐華「代表」多由在華美商出任，例如，1815 年的駐華「代表」是 B. C. Wilcocks，為費城人，自 1812 年起接替 Edward Carrington (1775-1843)擔任此職，之前他已從事中美貿易多年，亦是多艘美國來華船隻的股東。

來華貿易美商主要分為隨船來回貨監和在華長住代理行兩類型，十九世

---

[132] 牛道慧，〈鴉片戰爭前在廣州的美國商人（1784-1844）〉（臺北：文化大學歷史系，2009 年博士論文未刊本），頁 24-25、46-47、103。

[133] H. B. Morse, *The Chronicles*, vol. 3, p. 108.

紀後，隨著貿易發展需求，代理行所佔比重日增。發展至 1810 年代，美商在華代理行勢力最大的是 Perkins & Co.，部份年份裡它佔中美貿易總額一半以上，該行主要接受波士頓各大家族委託，經營中國市場，顯示波士頓商人在此時對華貿易的重要地位。Perkins & Co. 早期因經營毛皮貿易大發利市，1803 年開始在華設立常駐代理人，該行在美國國內政商界人脈廣闊，也和倫敦商界首屈一指的霸菱兄弟銀行密切往來與合作，在華美商曾於 1810 年代初帶來倫敦非公司的匯票，或即是雙方合作的體現。[134]

貿易商品方面，十八世紀末至十九世紀初，北美西北沿岸的毛皮和夏威夷的檀香木等貨物，一度獲利驚人，是非常熱門的進口商品，美商自華出口貨則以茶葉、生絲和南京布等為大宗。[135] 又，美國在華貿易主要問題之一是中國對美國的貨物需求量小，使得美商必須攜帶大量銀元來華，與公司類似。上述許多貨物都和公司重疊以及競爭，為提高銷售量，部份美商運用許多策略，如他們販賣毛料和購買茶葉時，曾刻意模仿公司的包裝方式和標誌，以期增加消費者的購買意願。[136]

1812 年戰爭期間，英國憑藉優勢的海軍艦隊封鎖美國船隻來華路線，使中美貿易大幅衰退，1813 年來華船隻僅三艘，1814 年增加為十三艘。對公司來說，1812 年戰爭無疑是一項利多，由於美商購買數量大減，「特選委員會」購買生絲、南京布、茶葉等貨物時，因競爭減少，獲得較佳的議價能力。1814 年 12 月簽訂的根特條約結束英美的敵對狀態，1815 年中美貿易恢復正常，董事會預期拿破崙戰爭和 1812 年戰爭的相繼結束，公司在華貿易將面臨更多

---

[134] 牛道慧，〈鴉片戰爭前在廣州的美國商人（1784-1844）〉，頁 45-50; The House of Commons ed., *First Report from the Select Committee on State of Affairs of East India Company (China Trade)*, pp. 218-219。

[135] Michael Greenberg, British Trade and the Opening of China, 1800-42, p. 88.

[136] J. M. Downs, *The Golden Ghetto: The American Commercial Community at Canton and the Shaping of American China Policy, 1784-1844* (Bethlehem, Pennsylvania: Lehigh University Press, 1997)., pp. 158, 348.

來自歐陸和美國商人的競爭與挑戰，這樣的評估頗為正確。[137]

(一) 商品競爭：以茶葉為例

公司和美商在華買賣商品有不少重疊的品項，其中茶葉是雙方貿易競爭最主要的商品，英、美在華因購買茶葉的品質、買賣策略的不同，雙方最後茶葉成交價格頗有差異。現存廣州商館《日誌》仍保留相當完整的茶葉購買記錄，但美商部份，由於不同城市的商人各自採購，相關帳冊四散各地，統整不易，筆者僅就部份資料做一對比。

例如，1815 年來華貿易的美船 *New Hazard* 號，曾留下一份和行商伍秉鑒議定茶價的表單，藉由對比該年伍氏和商館茶葉成交的價格，可發現在紅茶的部份，美商購買價格確實較低，該年伍氏雖沒有賣武夷茶給公司，但由表 6-5 可知，其他行商和商館的武夷茶成交價約在 14-14.5 兩，但賣給 *New Hazard* 號的價格僅 12 兩。

表 6-5　1815 年伍秉鑒賣給英、美茶葉價格比較表

	紅茶				綠茶		
	武夷	功夫	小種	白毫	屯溪	熙春	熙春皮
東印度公司	N	26-30	40	N	25-32	48-60	24-34
New Hazard 號	12	27	32-34	N	N	54	28

資料來源：Benjamin Shreve papers, Peabody Essex Museum, Salem, Boston; 本書表 6-1。

另外，不少廣州商館職員和美商也同意英美在華購買茶葉品質的差別。例如，1824 年 1 月，《愛丁堡評論》刊登〈中國貿易觀察〉一文，該文作者批評和抱怨，經比較同一種茶葉的價格，英國茶價高出歐陸與美國太多，認為這是公司從中謀取暴利所致。[138] 同年 4 月，商館前大班小斯當東在《亞洲

[137] H. B. Morse, *The Chronicles*, vol. 3, pp. 190, 206; IOR/R/10/48, 1817/4/2, par. 17.

[138] J. R. McCulloch, "Observations on the Trade with China," pp. 458-467; F. W. Fetter, "The Authorship of Economic Articles in *Edinburgh Review*, 1802-47," p. 251.

期刊》(*The Asiatic Journal*)曾就此反駁，認為這種差異的主因之一是公司購買的茶葉品質較高：

> 每個注意過中國茶葉貿易的人都知道，廣州市場上正牌功夫茶的平均價格，要比紐約市場冒牌功夫茶至少高兩倍以上。很明顯地，美國人所謂的功夫茶，其品質和英國的功夫茶是完全不同的，……我們或許可以同樣把布里斯托和愛爾蘭鑽石在巴黎市場上的低價，對比於倫敦龐德(Bond)街精品鑽石的高價，然後把這些價差歸因於倫敦珠寶商的貪婪與勒索。撰文者或許為支持其論點，忽略不同茶葉品種的比較。[139]

上述有關公司在華購買茶葉品質較佳的說法，並非只有小斯當東主張，1825年，在華美商「自稱」運出13,000箱的熙春茶，但「特選委員會」認為真正符合英人對熙春茶品質要求者，不會超過三分之一。[140] 又，美國商人亦有相同感受，實際上，廣州商館藉由專業茶師的評鑑，「合約茶」的品質受到保障，加上較嚴格的檢驗，它購買的茶葉質量的確較高。[141]

然而，值得注意的是，約從1770年代初開始，廣州商館將茶葉與毛料買賣結合在一起的交易機制，卻也提高公司在華的茶葉成交價格，當時英國銷華毛料總是滯銷，在華貨監於是要求行商如果打算賣茶葉給商館，同時也需購買固定比例的毛料。1770 年底，商館跟行商顏時瑛(Yngshaw)議價時，提出若顏氏願意購買商館去年毛料庫存的25 %，商館願以每擔十五兩五錢的價格，跟他購買五千擔的武夷茶，如此顏氏的武夷茶買賣，將增加五千兩的利潤。若顏氏願意購買毛料庫存的75 %，商館則出價十五兩跟他購買一萬六千擔的武夷茶，利潤增加八千兩。如顏時瑛不願意，則商館僅願以每擔十四兩

---

139 G. T. Staunton, *Miscellaneous Notices Relating to China, Part the Second*, pp. 143-145.

140 H. B. Morse, *The Chronicles*, vol. 4, p. 106.

141 Yang-chien Tsai, "Trading for Tea," pp. 268-290, 379.

五錢購茶。之後，這種交易方式持續存在於商館與行商的議價過程，1810 年，行商表示若商館調高毛料價格，他們也會同樣調漲茶葉價格。[142]

透過這種方式，公司一方面解決毛料滯銷的難題；另一方面，公司購買茶葉增加的成本花費則算入倫敦拍賣市場的茶葉「底價」裡，由英國消費者負擔。亦即，公司巧妙地將購茶增加的成本轉嫁給英國消費者身上，故實際上公司在華購茶成交價似存在偏高的不合理之處。[143]

其次，運費是影響茶葉價格另一項重要因素，在中國產地，較經濟的運輸方式有助於調降茶葉成交價格。1813 年起，由於此時騷擾沿海多年的海盜活動減緩，福建武夷茶和安徽松蘿茶茶商為節省運費，改變以往陸運方式，轉由海路運茶來廣州，起初運量僅約 101 萬磅，至 1816 年，已成長至 627 萬餘斤（約 895 萬磅），短短三年間，規模暴增九倍之多，如以此時公司每年購買茶葉的平均數 2,400 萬磅計算，已佔約三分之一的採購量，若以維持海運運茶來廣的方式，商館和行商的茶葉成交價格可望有下降的空間。董事會也注意到海運的好處，希望繼續維持下去，但不久，兩廣總督蔣攸銛以海運可能增加走私、查緝不便等理由，上奏請禁海運，並獲得允准，[144] 如此一來，不僅不利於行商，也增加「特選委員會」的購茶成本。又，1816 年阿美士德使節團時，特使亦曾嘗試向清廷爭取英人到廣州以北的港口貿易，即希望降低運輸費用，可惜未能如願。[145]

公司和美商的茶葉競爭除了在華購買茶葉的成交價格、運輸成本外，1820 年代，英國非公司商人團體更關注的現象是英國茶葉售價高於美國許多，這也是他們強烈抨擊公司壟斷對華貿易的主要理由之一，認為公司從中操作不

---

[142] IOR/G/12/170, 1810/2/25, p. 75; 陳國棟，《東亞海域一千年》，頁 370。

[143] Yang-chien Tsai, "Trading for Tea," pp. 131-133.《管理壟斷權》一書似乎忽略公司將茶葉與毛料「綁在一起」買賣可得的利益。

[144] 陳國棟，《東亞海域一千年》，頁 290-291；梁廷枏編，《粵海關志》，卷 18，頁 3-4；Samuel Ball, *An Account of the Cultivation and Manufacture of Tea in China* (London: Longman, 1848), p. 169.

[145] FO/1048/16/44.

當和牟利，要求開放自由貿易，如此英人將節省大量運費和買茶費用。[146]

《管理壟斷權》一書已提及公司並不負責茶葉在英國國內的銷售，每季公司拍賣茶葉給國內茶葉經銷商時，皆設定一拍賣「底價」，該書並討論影響「底價」的費用，比率由高到低依序為買茶成本、運費、「貨物處理費」(charges of merchandise)、廣州商館貨監佣金等，認為公司管控這些項目和花費並無過當。[147] 然而，如前所述，筆者認為公司在華買茶的成本略有不合理之處，現進一步補充運費方面。

1793-1815 年間，受長期戰爭影響，公司船隻的運費高漲，1794 年時每噸運費一度高達 35 鎊 5 先令，1815 年後，隨著各種戰事的結束，貨物運費和保險費皆有調降空間，但因公司船隻運費的費率早在船隻下水前，已由董事會和得標的船主議定，且決定後的費率，船隻需完成六次亞洲航行後，才能重新議定新費率，平均而言，約需九年，故戰爭結束預期的運費調降，需幾年時間才能真正顯見。[148] 據廣州商館職員馬治平在國會的證詞，1830 年時每噸茶葉的運費僅有 18 鎊 14 先令，僅為 1794 年運費的 51 %，[149] 表 6-6 是 1814-1823 年數年間每磅茶葉運費的比較表：

表 6-6　1814-1823 年間公司茶葉運費比較表

年份	每磅茶葉運費（便士）	百分比	茶葉運量（磅）	運費差額（鎊）
1814	7.88	N	26,563,525	0
1815	7.04	-10.6 %	25,405,931	-88,920
1816	7.17	-9.0 %	33,314,035	-98,554

[146] J. R. McCulloch, "Observations on the Trade with China," pp. 458-467; John Crawfurd, *Chinese Monopoly Examined* (London: J. Ridgway, 1830).

[147] Hoh-cheung Mui and L. H. Mui, *The Management of Monopoly*, pp. 45-90.

[148] Hoh-cheung Mui and L. H. Mui, *The Management of Monopoly*, p. 62.

[149] C. H. Philips, *The East India Company 1784-1834*, pp. 84-85; John Phipps, *A Practical Treatise on the China and Eastern Trade*, p. 105; Hoh-cheung Mui and L. H. Mui, *The Management of Monopoly*, p. 154.

年份	每磅茶葉運費(便士)	百分比	茶葉運量（磅）	運費差額（鎊）
1817	6.20	-21.3 %	30,537,652	-213,763
1818	5.20	-34.0 %	21,440,196	-239,415
1819	4.38	-44.4 %	22,325,450	-325,579
1820	4.62	-41.3 %	30,113,421	-409,040
1821	4.73	-39.9 %	28,580,592	-375,120
1822	5.05	-35.9 %	27,325,068	-322,208
1823	4.81	-38.9 %	29,025,325	-371,282

說明：運費差額以 1814 年為計算基準

資料來源：Hoh-cheung Mui and L. H. Mui, *The Management of Monopoly*, p. 154; John Phipps, *A Practical Treatise on the China and Eastern Trade*, p. 115.

從表 6-6 可知，1816 年時，公司每磅茶葉平均運費是 7.17 便士，較 1814 年的 7.88 便士，已調降約 9 %，往後更持續下降，1820 年的運費調幅更達 41.3 %。如以 1814 年為基準，1815-1823 年間，就茶葉來說，公司可省下約 9-40 萬鎊不等的運費。

又，茶葉關稅和貨物稅方面，英美徵收的稅率差異頗大，1793-1815 年戰爭期間，英政府為尋求財源，不斷調高茶葉貨物稅，1784 年，茶葉關稅和貨物稅合計僅 12.5 %，1802 年合計已調高至 50 %，1806 年更為 96 %，1819 年達到 100 %，但另一方面，1801-1812 年間，美國茶葉稅平均僅約 19 %。[150] 由於美國茶葉課稅較低，或也使美商在廣州議定茶葉價格時，較公司更具優勢。

茶葉是公司在華貿易主要獲利來源，據統計，1788-1796 年間，每年英國進口的茶葉，扣除相關成本後，公司純利約介於 22.5-41.9 %之間，平均純利

---

[150] H. B. Morse, *The Chronicles*, vol. 2, pp. 116-117; R. M. Martin, *The Past and Present State of the Tea Trade of England and of the Continents of Europe and America* (London: Parbury, Allen, & Co., 1832), p. 45.

約 30.3 %，最高時達 83 萬鎊。[151] 又據 1797-1811 年及 1819-1827 年間，商館出口貨物的統計（參見附錄六），1804-1811 年和 1819-1823 年間，更是獲利的「黃金時期」，獲利率均達 40 %以上，1809 年是最高的一年達 66.4 %，其餘年份僅有 1797 年低於 30 %，由於茶葉是英國進口主要貨物，故此份報告應可代表茶葉獲利情形。[152] 那麼，茶葉貿易的合理利潤應為多少？ 1830 年經營中美貿易多年的美商貝茲 (Joshua Bates, 1788-1864) 在英國會作證時，認為買賣茶葉的合理利潤應為 25 % 左右，以公司茶葉的高獲利率可知，英國茶價或仍有向下調降的空間。[153]

由上述可知，一般而言，和美商相比，廣州商館購買的茶葉品質較好，但或也存在將購茶增加成本轉嫁到英國消費者的現象。1816 年，戰爭結束後，運費和保險費的持續調降，降低了公司的經營成本，公司確實也陸續調降茶葉拍賣「底價」，但由於英國茶葉貨物稅率太高，使其茶價相對於歐陸、美國，仍高出許多，因此英國茶價高漲的現象應不能完全歸咎於公司，但此現象後來成為英國其他商人團體藉以攻擊公司壟斷中國貿易的主要理由之一。

(二) 美商和英國商人的合作

1. 金融服務

美國商人的對華貿易，除和港腳商人合作之外，也和英國非東印度公司的商人群體展開各種形式的合作，嚴重衝擊公司中國貿易的經營。金融方面，美商除現金外，也陸續以倫敦有信譽銀行的匯票和行商交易，從而與公司在

---

[151] Yang-chien Tsai, “Trading for Tea,” p. 111.

[152] The House of Commons ed., *House of Common Papers* (London: House of Commons, 1813), vol. 8, pp. 242-243; The House of Commons ed., *Second Report from the Select Committee on the Affairs of the East India Company* (London: House of Commons, 1830), appendix, pp. 94-95.

[153] The House of Commons ed., *First Report from the Select Committee on the Affairs of East India Company (China Trade),* p. 230.

廣州簽發的匯票產生競爭。十九世紀初，美國波士頓、紐約、費城等地對華貿易主要商行或商人，已和英商霸菱兄弟銀行建立聯繫管道和合作機制。[154] 以往商館決定簽發孟加拉或倫敦匯票的匯率時，考慮因素包括年度貿易季簽發匯票數量多寡、當年貨物銷售總額、倫敦和印度等地資金狀況、貨幣價值等，但現在美商帶來的匯票亦需列入考量因素之一。1810 年貿易季結束時，「特選委員會」寫給董事會的報告裡，提及他們注意到美商首度帶來相當數量的倫敦匯票，這些匯票都由倫敦有信譽的銀行所簽發，用以代替現銀，因而與公司簽發的匯票形成競爭。

受 1812 年戰爭的影響，1812-1815 年間中美貿易量大減，但 1816 年初戰爭結束後，美商又繼續帶來倫敦匯票。1810 年，當時「特選委員會」簽發倫敦匯票的匯率是 1 銀元等同 5 先令 1 便士，1816 年，除了美商之外，葡萄牙、瑞典、荷蘭等國也相繼帶來倫敦其他有信譽行號的匯票，迫使商館必須以較優惠的匯率，才能吸引港腳商人將貨物所得存入商館財庫，決議 1 銀元可兌換 6 先令。[155]

另一方面，1810 年代初，因加爾各答市場銀元短缺，加上美商倫敦匯票帶到印度時，其匯率差異亦有利可圖等影響，造成「特選委員會」也需提供匯率較佳的孟加拉匯票才能吸引港腳商人，1810 年之前，孟加拉匯票匯率按每 100 銀元兌換 204.5 通用盧比計算，但至 1812 年貿易季時，商館提高匯率至每 100 銀元兌換 219.5 通用盧比。[156]

往後，美商來華不時帶來倫敦著名商行的匯票，提供港腳商人除廣州商館匯票外另一選擇，例如，1825-1827 年間，港腳商人在華取得公司倫敦匯票

---

[154] The House of Commons ed., *First Report from the Select Committee on State of Affairs of East India Company (China Trade)*, pp. 218-219; P. E. Austin, *Baring Brothers and the Birth of Modern Finance*, p. 18.

[155] H. B. Morse, *The Chronicles*, vol. 3, pp. 141, 179, 230; IOR/G/12/171, 1810/2/26, par. 61-63.

[156] W. E. Cheong, "The Beginnings of Credit Finance on the China Coast," pp. 97-98; H. B. Morse, *The Chronicles*, vol. 3, p. 180.

發生困難，他們轉而接受美商帶來的大量倫敦匯票，[157] 這些美商和英商在金融的合作持續對公司在華貿易帶來競爭壓力，也明顯影響公司的金融措施。

2. 貨運

早在十八世紀末，印度當地非公司的港腳商人，為突破公司英印貿易的壟斷權，不時和停靠印度各港口的外國商人合作，藉由他們的船隻，將印度貨物「非法地」運往英國銷售。[158] 其中，美國商人亦利用各種機會，擴大和英國商人或印度港腳商人的合作，1801 和 1802 年或已可見這樣的合作模式，當時美國船隻曾載運英國羽紗來華販售。[159]

1813 年英國開放印度和東南亞貿易後，英國試圖擴展生意版圖的商人更藉由和美商的合作，延伸貿易觸角到中國，嚴重衝擊公司在華利益。起初受 1812 年戰爭影響，阻礙雙方合作的機會，但 1816 年後很快即恢復往來，1817 年，當時美國大船商之一的 William Gray (1750-1825)派遣來自波士頓的貝茲前往倫敦，擔任其在英國生意的業務代理人，此外，貝茲也替其岳父 Russell Sturgis (1750-1826)所屬的 Perkins 家族代理中國貿易，之後，其他美商亦紛紛到英國設立代理人，這或可視為英美合作經營東方貿易新階段的開始。[160]

1830 年貝茲在英國會作證時，說明 1820 年代一些英國商人和波士頓美商的合作模式，美商在英國的代理人將購得的毛料、金屬、棉花等貨物，裝運上停泊倫敦、利物浦等港口的美國船隻，接著載運來華銷售，透過這種方式，原屬於公司對華貿易壟斷權的毛料、金屬等貨物，遭「走私」來華，因

---

157 Michael Greenberg, *British Trade and the Opening of China, 1800-42*, pp. 161-165.

158 Anthony Webster, *The Twilight of the East India Company*, p. 30.

159 H. B. Morse, *The Chronicles*, vol. 2, pp. 363, 390.

160 The House of Commons ed., *Report from the Select Committee on Manufactures, Commerce, and Shipping* (London: House of Commons, 1833), p. 45; Boston Board of Trade ed, *Tribute of Boston Merchants to the Memory of Joshua Bates* (Boston: John Wilson and Son, 1864), p. 48; East India Company ed., *The Asiatic Journal and Monthly Register for British and Foreign India, China and Australasia* (London: Parbury, Allen & Co., 1831), New Series, vol. 4, p. 111.

而使公司利益受損，據他估計，1826-1829 年間，高達 164 萬兩的毛料「走私」來華。另一位從紐約來英擔任美商代理人的 Charles Everett (?-?) 則稱，他從 1818 年起便是這種英美「合作」下對華貿易的代理人，並統計 1818-1828 年間，負責經手銷華的英國製造品，總值約 228 萬兩，平均每年約 22 萬兩的英國製造品，主要是毛料和棉花，透過非公司的管道來華，Everett 則從代理貿易抽佣 2.5 %。[161] 據另一份英國會資料，1818-1828 年間，美國船隻運送英國毛料來華亦呈現成長趨勢。[162]

除了倫敦商人之外，英國其他地區的商人也極欲發展中國市場。十九世紀初以來，利物浦已是英國僅次倫敦第二大港，利物浦的商行 William & James Brown & Co. 為進入中國市場，即和費城的美商合作運送英國貨物，該商行假造貨物目的地為巴達維亞，但實際上貨物是銷售來華。1821-1829 年間，該行總計銷華約 80 萬鎊（240 萬兩），該行號的 William Brown (?-?)自述代理貨物時，佣金為售價的百分之一。[163]

英美商人合作「偷運」毛料、棉花來華的效果，很快反映在廣州市場，1821 年，「特選委員會」提及「近年來公司銷華的毛料面臨可怕的競爭，美國商人輸入的英國產品已逐漸增加，帶來的傷害前所未見」，迫使該年商館必須將許多毛料大幅降價 20 %求售。[164]

由於長期以來，美商對華出口貨物明顯不足，這種和英國商人合作的模式正符合美商的利益，或不是英政府監督中英貿易的印度管理委員會樂意見到的，但如強力禁止似乎亦不可行，倒不如全面開放中英貿易，如此可防止

---

[161] Anthony Webster, *The Twilight of the East India Company*, pp. 73-76 ; The House of Commons ed., *Report Relative to the Trade with the East Indies and China* (London: House of Commons, 1821), pp. 61-62.

[162] The House of Lords ed., *Report from Select Committee of House of Lords Appointed to Inquire into the Present State of the Affairs of East India Company, and into the Trade between Great Britian, East Indies and China*, p. 724.

[163] Anthony Webster, *The Twilight of the East India Company*, p. 75.

[164] H. B. Morse, *The Chronicles*, vol. 4, pp. 4-6.

美商從中英貿易裡獲利，似乎更有助於英國整體貿易利益。

五、澳門葡人

十六世紀以來，經過長期經營，葡萄牙人在澳門享有頗高影響力，加上1840 年前英人在華並無專屬殖民據點，這使葡澳當局成為公司在華貿易時需考量的因素之一。

十九世紀初，葡萄牙東方貿易的架構和勢力主要以葡屬印度(Portuguese India 或 Estado da Indiá)為主，包含非洲的莫三比克(Mozambique)，印度的果阿、達曼、迪烏和中國的澳門，名義上果阿總督是此區域的最高長官，但受限時間、距離，其命令在澳門的影響力實際上是有限的。葡萄牙在澳門最高機構由總督（中文稱兵頭）和議事會組成，議事會成員包括理事官（中文稱委黎多，Procurador）、法官（中文稱判事官）、議員等，總督負責軍事防禦，理事官則掌管公共財政事項，亦負責和中國官員溝通。其中，議事會權力頗大，他們對果阿總督的命令或政策常不以為然，有時甚至不顧葡王的命令「便宜行事」。[165]

由於公司在中國欠缺據點，因此公司職員在澳門時，不時需藉助葡人的資源，如十九世紀初，每年「特選委員會」去廣州貿易時，將公司澳門財庫寄放在一位葡萄牙商人家中。同樣地，一些澳門葡商亦借助公司的金融措施經商，如約 1802 年起，不少人將貿易所得存入廣州商館財庫，換取商館簽發的孟加拉匯票。[166]

---

[165] Shantha Hariharan, "Macao and the English East India Company in the Early Nineteenth Century: Resistance and Confrontation," *Portuguese Studies*, vol. 23, no. 2 (2007), pp. 137, 143-144. 參見劉芳輯、章文欽校，《葡萄牙東波塔檔案館藏清代澳門中文檔案彙編》，頁 1；黃一農，〈歐洲沈船與明末傳華的西洋大砲〉，《中研院史語所集刊》，第 75 本第 3 分 (2004)，頁 586。

[166] IOR/G/12/176, 1811/7/17, pp. 185-190.

但不少時候雙方關係並不和睦，衝突時有所聞。英國 1802 年一度佔領澳門，導致葡人對英人武力船艦停泊澳門附近海域頗多顧忌，1806 年，隸屬「孟買海軍」的羚羊號向議事會申請停泊氹仔(Taypa)海域，進行整補，一般而言，並無疑義，但議事會以英人圖謀不軌為由，大力阻撓，葡澳總督只好被迫附和議事會的決議。[167] 對葡澳當局來說，十九世紀初葡萄牙在東亞的軍事實力和英人相差懸殊，但利用清廷捍衛澳門主權的情勢，多次有效阻止英人虎視眈眈的軍事企圖。

十九世紀初時，澳門英葡對立也表現在貿易競爭上，此時鴉片逐漸成為葡人在澳門貿易的主要貨物，葡人憑藉印度西岸的殖民勢力和貿易網絡，運送麻瓦鴉片來華銷售，相較於其他外國商人，葡人在澳門享有多項優勢，如 1815 年之前，其運到澳門的貨物，不必經中國官員檢查即可上岸，等出售時再報驗納稅即可，由於這些便利，不少公司勢力範圍內的印度港腳商人，仍保持和葡人生意往來與合作。葡人也制訂許多規則維護貿易利益，如利用僅有西班牙和葡萄牙船隻才能來澳門經商的規定，要求其他外國船隻需懸掛葡國國旗才能卸貨，非葡籍船隻，不得上岸，又規定非葡國商人的鴉片進口前，需以澳門當地葡人作為代理商。[168]

十九世紀初，公司尚無法有效控制麻瓦鴉片來華，便以禁止該種鴉片輸入孟買作為抵制措施，對葡人來說，孟買雖是印度西岸貨物集散的重要商港，但他們仍可從果阿、達曼或迪烏等港口運送鴉片來華。1805 年，公司曾和果阿總督達成協定，要求嚴禁從上述三港口輸出鴉片，加上英軍於 1805-1810 年間短暫佔領這些港口，有效降低麻瓦鴉片來華的數量，但隨著三個港口回歸葡萄牙管轄，鴉片「走私」活動又陸續恢復，英葡麻瓦鴉片的協定僅維持到 1815 年，該年果阿總督認為 1805 年的協定是不公平的，以損害葡人商業

---

[167] Shantha Hariharan, "Macao and the English East India Company in the Early Nineteenth Century," pp. 138-143.

[168] John Phipps, *A Practical Treatise on the China and Eastern Trade*, pp. 160-165; H. B. Morse, *The Chronicles*, vol. 3, pp. 250-251; 故宮博物院輯，《清代外交史料（嘉慶朝）》，頁 414-415。

利益及稅收為由，重新開放從上述港口輸出鴉片。[169]

1820 年代之前，澳門和黃埔是鴉片在華交易主要場所。尤其，由於葡人運到澳門的貨物上岸時不必經過中國官員檢查，如此一來，增加鴉片走私的方便性，故不僅葡人自身經營的麻瓦鴉片，孟加拉鴉片進口澳門的數量亦比黃埔來得多。據費普斯統計（表 6-7），1813-1821 年間，孟加拉鴉片銷華總量達 27,256 箱，年平均約 3,000 箱，其中澳門交易的數量大於黃埔，此數據有其可信度。另外，張榮洋先生根據廣州商館相關帳冊做出統計，同一時期孟加拉鴉片每年平均銷華約 2,800 箱，相去不遠。[170] 又據孟加拉總督區自身統計，1813-1820 年間銷華的孟加拉鴉片，每年平均約 3,016 箱，差異亦不多。[171]

表 6-7　1813-1821 年間孟加拉鴉片銷華數量表

年份	進口至廣州（黃埔）	進口至澳門	總計
1813	1,736（箱）	1,993（箱）	3,729（箱）
1814	1,429	1,990	3,419
1815	1,131	1,888	3,019
1816	1,503	1,612	3,115
1817	770	1,988	2,758
1818	1,801	1,613	3,414
1819	776	1,485	2,261
1820	877	1,531	2,408
1821	1,352	1,781	3,133
總計	11,375	15,881	27,256

資料來源： John Phipps, *A Guide to the Commerce of Bengal*, p. 242.

---

169 Franklin Bakhala, "Indian Opium and Sino-Indian Trade Relations, 1801-1858," pp. 183-184; Claude Markovits, "The Political Economy of Opium Smuggling in Early Nineteenth Century India: Leakage or Resistance?" *Modern Asian Studies*, vol. 43, no. 1 (2009), pp. 91-92.

170 W. E. Cheong, *Mandarins and Merchants*, p. 21.

171 Franklin Bakhala, "Indian Opium and Sino-Indian Trade Relations, 1801-1858," pp. 45-46.

鴉片在華的銷售主要與清廷、公司、葡萄牙人三者間的政策與策略有關。首先，清廷於 1810 年代日趨嚴格地取締鴉片，並取消以往葡人在澳門貿易享有的優惠。1815 年 1 月發生廣州驍騎校興亮進京時私運鴉片，冀圖獲利一案，為此，廣州將軍本智和粵海關監督祥紹均交部議處，不久，在兩廣總督蔣攸銛建議下，嘉慶帝於同年下令「嗣後爾等貨船到澳，均須逐船查驗，如一船帶回鴉片，即將此一船貨物全行駁回」。[172] 此後幾年，清廷防範鴉片在澳門走私的措施更加嚴格，使鴉片商人逐漸將銷售場所轉往較易躲避官方查緝的伶仃洋。

如前所述，1810 年代後期，隨著麻瓦鴉片在華需求的增加，孟買港腳商人和葡人之間有許多合作機會，將鴉片從達曼等地「走私」來華，既違反公司的政策，也增加廣州商館管理港腳商人的難度。公司在第三次馬拉薩戰爭後，雖然已控制生產麻瓦鴉片的大部份土邦，但仍有 Jaipur 等土邦選擇先將鴉片運送到克拉蚩(Karachi)，再轉運到達曼等地出口，部份已簽訂協定的土邦亦未確實遵守規範，葡人也藉由鴉片稅率較低等誘因，吸引商人運送麻瓦鴉片到達曼等港口。[173] 這些因素使 1820 年代初葡人在中國鴉片貿易上，尚能和公司競爭。

由於走私情形仍舊不斷，公司獲利無法增加，1830 年，決定改變政策，藉由收取通行稅的方式，用更低廉的稅率鼓勵印度西岸商人運送鴉片到孟買，孟買逐漸成為印度西岸鴉片貿易中心，此後才更有效地降低麻瓦鴉片「走私」情形。[174]

---

[172] 故宮博物院輯，《清代外交史料（嘉慶朝）》，頁 408-416。

[173] Franklin Bakhala, "Indian Opium and Sino-Indian Trade Relations, 1801-1858," pp. 181-183.

[174] Amar Farooqui, *Smuggling as Subversion*, pp. 182-184, 192-193.

六、小結

公司在華作為一家商業機構，獲利是其主要目標，為了中國貿易的順利，董事會時常指示廣州商館盡量避免和中國官方產生衝突，為維持良好的互動，「特選委員會」亦做了許多努力，每年均固定送禮物給廣東各級官員，尤其是握有實權的兩廣總督和粵海關監督。但從 1814 年「特選委員會」和廣東官方的衝突與交涉可知，中英在國際法、文明認知、海關稅則等觀念上存在諸多差異，皆成為各種衝突爭議的導火線，均使「特選委員會」不時和廣東官方發生緊張與對立。

十八世紀下半葉以來，在清廷與歐洲一口貿易的政策下，廣州已發展成一國際性的大港口，東印度公司、中國行商、港腳商人、美國商人和澳門葡人間，為維持各自的商業利益和優勢，展開各種形式的競爭和合作關係。首先，公司在華貿易，絕大部份都與行商交易買賣，董事會和行商做生意時，頗重視維持行商的數目、行商的信譽、降低買賣風險、資金的靈活運用等原則，也採取將毛料與茶葉結合在一起買賣等策略，這些使廣州商館在議價、決定貨物分配數量等方面，取得極大優勢與主導地位。

1810 年代初，廣州行商陷入嚴重財務危機，急需「特選委員會」資助度過難關，但受歐美戰爭影響，公司本身財務亦吃緊，資金調度頗有困難。商館藉由向殷商借款、簽發轉帳票等措施，滿足本身和乏商的資金需求，安全度過此一財務吃緊時期。

又，從 1814 年的李耀事件可知，1810 年代，部份華人通事和買辦除替中國官方監視外人活動外，他們也與特定在華外商密切接觸，如通事蔡江「向來與花旗辦事，所有花旗船到，具係他辦理」，[175] 可見此時在華外商團體，

---

[175] FO/1048/14/68.

已各自有固定往來的華人通事或買辦群體，為了商業利益，這些通事和買辦甚至相互攻訐反目。

接著，1813 年後的數年間，隨著英國實施印度貿易自由化，大量資金持續投入東方，再加上中國鴉片需求的增長，對華貿易成為商人投資的熱門項目之一，由於公司在華不直接經營鴉片生意，受利益之所驅，港腳商人、英國商人、美國商人、葡國商人彼此間有許多合作發展中國貿易的機會，如不少港腳商人和美、葡、西等國商人合作進口鴉片來華，持續壯大貿易規模。

經過短短數年的發展，1820 年代初期，許多港腳商人代理行已在中國「站穩」腳步，其生意牽扯的商業利益和貿易網絡日益龐大，手中可運用的資金規模與日俱增，這些代理行除幫委託人買賣貨物外，更陸續經營海事保險、國際匯兌等類似銀行功能的業務，逐漸成為廣州貿易不可忽視的重要勢力，港腳商人的「茁壯」一方面使公司在華貿易備感競爭壓力，港腳商人也抱怨公司控管的不合理之處，陸續向英政府提出許多改善訴求。

美國商人作為外商在華第二大團體，他們買賣的許多貨物和公司重疊與競爭。本章以主要商品茶葉為例，經過分析公司採購茶葉的方式、成本和獲利情形後，認為公司藉由將毛料與茶葉結合在一起販售的方式，技巧性將購買茶葉增加的成本轉移到英國消費者身上，此外，公司每年茶葉貿易的獲利率其實頗高，應仍有調降茶葉「底價」的空間。而美商在中國市場採取的自由貿易模式，提供英國社會主張開放中英貿易者，批評公司茶葉貿易的重要參考和依據。

尤其重要的是，1812 年戰爭結束後，美商在金融、貨運上，陸續加強和英國非東印度公司商人的合作，連帶使廣州貿易環境變得更為激烈。美商持續帶來的倫敦匯票，提供港腳商人除公司匯票以外的其他選擇，因而使商館需要以更優惠的匯率才能吸引港腳商人，同樣衝擊公司的獲利。又，約 1818 年起，英美合作運送毛料、棉花等貨物來華，各取其利，嚴重衝擊原屬於公司的貿易壟斷權，迫使公司貨物必須降價求售。

對公司在華貿易發展來說，1816 年起，英國和歐陸、美國戰爭的結束，中國海盜活動的平息，帶來了運輸和保險成本降低的利多。但此後廣州貿易局勢的發展卻頗不利於公司，港腳商人和英、美、葡等國商人團體彼此間，藉由各種間接的、迂迴的合作方式，插足和鑽營中國貿易，破壞公司原先從國會獲得的中英貿易特權，公司在華的貨物買賣、匯兌操作等方面，皆面臨嚴重的競爭和挑戰，無法再輕易地享有以前具有的優勢地位。

第七章　結論

十九世紀初，東印度公司的組織非常龐大，商貿網絡和版圖橫跨歐、亞、非三洲，應為當時世界上規模最大的股份公司。其中，廣州商館是距離倫敦最遠的商業據點，人員編制雖小，但十八世紀中葉以來，卻是公司與廣大中國市場聯繫的唯一窗口，每年中英貿易替公司帶來極為可觀的利潤。

就內部管理而言，廣州商館的權限架構裡，董事會是最高的決策單位，每年它投注許多心思在管控、監督商館各項運作，包括人事紀律、工作效率、貨物供需、品質管制、資金調度、訊息往返、船運規劃等方面，當發生問題或狀況時，公司總是要求商館需盡快回報，進行檢討調整，安排規劃新的措施，降低損害程度。從本書提及許多事例來看，雖然一些狀況的處理反應較慢，但董事會已盡力扮演好管理者的角色。

本書分析廣州商館職員的職務分工、休假制度、薪資待遇等問題，經過相關討論可知，自 1770 年代董事會決定在華常駐人員開始，經過約四十年的發展，1816 年時，商館的人事與組織運作頗有規範，但關於職員休假時的薪資給付、職員經營代理貿易等重要問題，仍存在漏洞或爭議，往後數年，公司隨即陸續做出調整，使其日趨嚴謹和公平合理。

廣州商館的貿易運作裡，除董事會外，「特選委員會」也扮演重要角色，負責在華執行董事會的訓令，每年需監督公司船隻在華期間貿易的有序進行，規劃船隻返英路線，察看船上人員有無非法交易，並處置一些臨時突發狀況等。商館也和公司其他機構、群體接觸頻繁，時常和印度各總督區聯繫往來，印度各地由於來華距離較近、資源豐富等因素，使它在公司內部扮演就近支援商館的重要角色，包括貨物、資金、軍事、船運等方面。

受限於時間、空間或缺乏前例等問題，有時「特選委員會」處理貿易或軍事事務的方式無法符合董事會的期待，但一般而言，發生問題的頻率不高，通常也能很快調整和修正。

另一方面，1810 年代，廣州對外商貿環境變化頗大，印度貿易的自由化、戰爭的結束等情勢，皆讓董事會預期往後中國貿易的競爭更為激烈。因此，1816 年英國派遣阿美士德使節團來華，很大程度上亦與公司有關，因為使團的成功與否對公司在華貿易相當重要，此次使團總花費約八萬餘鎊，全由公司支付，已等同某些年份商館整年的開銷，董事會之所以願意負擔此費用，無非是寄望這次使團如能成功，帶來的商業利益將遠遠大於使團的花費。

為改善中英貿易整體環境及條件，英政府印度管理委員會和公司董事會給予特使阿美士德許多指示和建議，[1] 其中一個重點即希望清廷開放廣州北方的港口，如此將大幅減少茶葉運費，同時也有助於拓展毛料等商品在中國北方的市場。使團在預計交給清廷官員的一封中文書信草稿裡，公司大略說明目前對華貿易的難處：

> 英吉利人在中國買之貨，最多武夷、嵩蘿（按：即松羅茶）兩樣茶，武夷山係近福建福州府，……嵩蘿茶出的地方近浙江寧波，廣東離是兩處，隔得遠，故帶其茶到粵，大有使費。英吉利帶中國之貨，最多為大呢、絨，在粵難銷，因係在北邊用，且在陸路帶上，使費多，致價貴，內民難買。我英吉利到粵東貿易已久，不想盡搬別埠，止是請皇上准一年間數隻船往別二埠，可買茶賣絨便宜些。[2]

上引文的「使費」，應是指陸上的運費、雇用苦力等費用。公司很早便瞭解到增設貿易據點的重要性，並向英政府遊說陳請，從 1780 年代中英貿易量

---

[1] H. B. Morse, *The Chronicles*, vol. 3, pp. 279-295.

[2] FO/1048/16/44.

大增以來，英政府分別於 1787 年和 1793 年派出使華團，兩個使團訴求主要重點之一，[3] 都是希望藉由在絲、茶產地附近增設通商口岸，一方面降低採購中國貨物的成本，也拓展英國產品在中國的市場。

1810 年代，董事會雖已預期公司經營中國貿易可能面臨的困境，並希望透過阿美士德使節團，努力向清廷爭取在中國北方開闢其他通商港口，使公司進出口貨物能靠近消費市場和貨物產地，試圖讓公司在華發展更具優勢，但往後清廷的相關政策，如嚴禁輸入鴉片、廣州一口對外通商、茶葉由陸路運輸到廣州等卻仍舊不變，公司終究無法獲得想要的商業環境，也使英人在華貿易無法取得比美國、葡萄牙等國更明顯的優勢條件。

1810 年代中期，廣州對外貿易的環境和結構逐漸發生改變，1816 年後，拿破崙戰爭和 1812 年戰爭的結束，以及中國海盜活動趨緩等因素，逐步降低公司貨物的運費和保險費，有利於成本控制。但另一方面，公司中國貿易特權卻遭遇來自其他商人團體的挑戰與侵蝕，首先是港腳商人勢力的壯大，1813 年印度貿易的自由化，英國大幅鬆綁非公司商人團體到印度和東南亞經商的限制，這些商人團體著眼於鴉片、絲綢等貨物的高投資報酬，持續投資中國市場，紛紛委託大量生意給港腳商人，有助其代理行的發展。

接著，中國鴉片需求的持續成長也有助於港腳商人的發展，因清廷政策始終禁止鴉片輸入，使得擁有鴉片專賣權的公司必須調整買賣策略，切割鴉片銷售方式，先在印度拍賣鴉片，來華銷售方面交由港腳商人處理，同時並實施限制商館職員經營鴉片貿易、公司商船不准裝載鴉片等措施。這種情勢下，鴉片需求的成長，既讓中印貿易規模擴張，港腳商人的整體勢力也日益膨脹，逐漸超越公司中國貿易的規模，不利公司運作。

又，鴉片高獲利、高風險的特性，也提高廣州商館與港腳商人雙方緊張與對立的程度。有時鴉片銷售需要更多時間，為了經濟利益，部份港腳商人抗拒公司的規定和處罰，每年廣州貿易季結束後仍在華逗留，此外，亦有港

[3] 因 Charles Cathcart 病死於來華途中，該使節團並無副使人選，只好折返回英。

腳商人和葡人合作「走私」麻瓦鴉片來華。加上鴉片是一走私商品，中英衝突的可能性升高，當廣東當局大力查緝鴉片，或是「特選委員會」和官方發生衝突時，港腳商人質疑商館總是優先顧及公司的利益，持續要求增加自主管理的權力，這些因素均增加商館管理的難度。

此外，公司的管理方向也稍嫌保守和缺乏彈性，1810 年代後期，許多港腳商人在華發展勢力時，公司總是採取打壓、禁止的消極態度，無法配合實際貿易情勢提出更合適的管理方式。

1815 年後的數年內，日後中印鴉片貿易的重要人物陸續加入港腳商人之列，似也預告一個新時代的來臨。先是 1817 年時，學醫的渣甸(William Jardine, 1784-1843)任職公司十四年後辭職，他先前已曾多次來華，但接著並未回去英國，而是選擇從船醫變為一個港腳商人，對他來說，中印貿易更有吸引力和前景，遂和熟識多年的 Thomas Wedding(?-?)及孟買鴉片商 Framjee Cowasjee (?-?)合夥，經營廣州和孟買間的貿易，尤其發展麻瓦鴉片生意，他們和廣州的 Magniac & Co. 代理行建立合作關係，1820 年後，渣甸更來華常住，並於 1825 年正式加入 Magniac & Co.。[4]

接著，1818 年，還是學徒身份的麥地森(James Matheson, 1796-1878)遭加爾各答代理行 Mackintosh & Co. 解雇，但不久也來到中國尋求發財致富的機會，先和 Robert Taylor (?-1820)合夥代理鴉片來華，1820 年 Taylor 去世後，麥地森又加入西班牙人 Xavier Yrisarri 開設的代理行 Yrisarri & Co.，繼續經營鴉片生意，很快將該行發展成足以和其他在華代理行相抗衡的商行。[5]

隨著在華港腳商人和印度、倫敦代理行號，甚至外國商人之間的合作網絡更為緊密，他們掌握的資金更為龐大，也不再僅單純從事代購、代銷等委託業務，而是開始多角化的經營，擴及貸款、保險、匯票等業務，使廣州商館不再享有「獨大」的地位，這些發展逐漸讓港腳商人在金融、貨運等方面，

---

[4] Alain Le Pichon ed., *China Trade and Empire*, pp. 21-22; Michael Greenberg, *British Trade and the Opening of China, 1800-42*, p. 145.

[5] Alain Le Pichon ed., *China Trade and Empire*, pp. 24-25.

都足以和公司相抗衡。

另外，美國商人對華貿易的策略與方向，也對公司中國貿易產生嚴重衝擊，1812 年戰爭結束後，中美貿易恢復，此後也使倫敦、紐約、廣州等地不同商人團體之間的合作更為緊密，美商帶來的倫敦匯票持續在廣州流通使用，增加港腳商人匯兌的管道，讓廣州商館簽發的匯票面臨競爭壓力。

1810 年代末，美商和英國各地非公司的商人也發展出新的合作模式，美商在英國的代理人將購得的毛料、金屬、棉花等貨物，裝上停泊英國港口的美國船隻，接著載運來華銷售，英國非公司的商人藉由和美商的合作，為自己「創造」進入中國市場的方式，某種程度上使公司對華貿易壟斷權「形同虛設」。

1820 年代初，新加坡的開港也提供倫敦和印度商人們從中國輸出貨物的可能性，突破原本僅有公司經營中英貿易的限制，1825 年，由於英國降低絲類的進口稅，倫敦商人先從中國輸出生絲到新加坡，僅是更換「託售人」後，便原船將同批生絲運到英國。1831 年，每年約有四艘港腳商人船隻，不經公司許可，就從新加坡轉運茶葉到英倫或歐陸販售。[6]

上述這些間接的、迂迴的營運模式，均一而再地衝擊東印度公司享有的中英貿易特權，但公司對於這些取巧鑽營的「非法」貿易，似乎也無法找到有效的因應或防制之道。

在英國非公司商人團體眼裡，公司獨享茶葉貿易的穩定豐厚利潤，欠缺合理性，他們不斷挑起社會對公司享有中英貿易特權的反感情緒，試圖塑造公司不公不義的形象。例如，廣州商館絕大部份書記和貨監都是董事會的兒子或親戚，薪資極為優渥，以及英國茶葉價格比美國、歐陸高出許多的現象，後來都成為他們批評攻擊公司壟斷中英貿易的有利理由。

總結前文，1780 年代以來，受惠於英國茶葉政策、英國亞洲勢力成功擴張等因素，公司很快地取代荷蘭東印度公司，成為廣州對外貿易最大的商貿

---

[6] Michael Greenberg, *British Trade and the Opening of China, 1800-42*, pp. 96-99.

團體，每年公司從茶葉貿易獲取大量利潤，可謂叱吒廣東商界，經過約三十年的變遷，至 1816 年前後，廣州外商群體裡，公司仍是最大的貿易組織並具影響力。

本書一方面分析公司本身在華內部組織管理各方面，如人事管理、成本控制、船運規劃、貨物品管、信息和商情的傳遞、財務安排、金融匯兌操作等，認為公司管理有其成效，並無太大和太多的問題。

但從公司內部政策來看，似乎已可預見公司的問題和困境，本書曾以商館人員選拔和薪資政策為例，說明公司政策其實顯得保守和短視，實際上已無法符合十九世紀初以來英國海外新的貿易情勢和其他社會階級的訴求。

另外，從商業競爭角度來看，和十九世紀初相比，約 1810 年代後期起，廣州對外貿易的結構和發展趨勢呈現相當大的變化，1813 年英印貿易的開放、中國鴉片貿易的擴展、英國非公司商人和美國商人的合作、新加坡開港等因素，均使公司在華貿易經營遭受相當大挑戰和威脅，利益嚴重受損，從中亦可見廣州商業環境變化之快。此時似乎已可預見廣州商館對外部貿易環境的控管和影響力將有所下降，此後，無論在管理港腳商人、金融匯兌、貨物買賣等方面，公司面對的是一個更為複雜和競爭的商業環境，某種程度上，公司的中國貿易實際上已處於相當不利的情勢中。

徵引書目

一、檔案

1. FO/1048. (East India Company: Select Committee of Supercargoes, Chinese Secretary's Office: Chinese-language Correspondence and Papers)
2. IOR: B. (Minutes of the East India Company's Directors and Proprietors)
3. IOR: G/12. (East India Company Factory Records: China and Japan)
4. IOR: J/1-J/4. (Haileybury Records, 1749-1857)
5. IOR: L/AG. (Accountant General's Records)
6. IOR: R/10. (China: Canton Factory Records)
7. *Sir George Leonard and George Thomas Staunton Papers, 1743-1885*. China through Western Eyes, Manuscript Records of Traders, Travelers, Missionaries & Diplomats, 1792-1942 (Wiltshire: Adam Matthew Publications, 1998). Part 2, Reel 27-30.

二、傳統文獻

1. Anonymous, *Sketch of the History, Government, and Resourses, of British India* (London: J. M. Richardson, 1830).
2. Auber, Peter, *An Analysis of the Constitution of the East India Company* (London: Printed for Kingsbury, Parbury and Allen, J. M. Richardson and Harding and Co., 1826).
3. Auber, Peter, *Supplement to an Analysis of the Constitution of the East India Company* (London: Printed for Kingsbury, Parbury and Allen, J. M. Richardson and Harding and Co., 1828).
4. Ball, Samuel, *An Account of the Cultivation and Manufacture of Tea in China* (London: Longman, 1848).

5. Ball, Samuel, *Observation on the Expediency of Opening a Second Port in China* (Macao: East India Company's Press, 1817).
6. Blunt, Joseph, *The Shipmaster's Assistant, and Commercial Digest* (New York: E. & G. W. Blunt, 1837).
7. Boston Board of Trade ed., *Tribute of Boston Merchants to the Memory of Joshua Bates* (Boston: John Wilson and Son, 1864).
8. Burke, John, *A Genealogical and Heraldic History of the Commoners of Great Britain and Ireland Enjoying Territorial Possessions or High Official Rank* (London: Henry Colburn, 1838), vol. 4.
9. Crawfurd, John, *Chinese Monopoly Examined* (London: J. Ridgway, 1830).
10. Crawfurd, John, "Journal of the Proceedings of the late Embassy to China: Chinese Embassy and Trade," *Edinburgh Review*, vol. 29, no. 58 (1818), pp. 433-453.
11. Daniell, Philips and Daniel, Mabilia ed., *Biographical History of the Family of Daniell or De Anyers of Cheshire, 1066-1876* (London: for private circulation, 1876).
12. East India College, *Statutes and Regulations for the Government of the East-India College* (London: J. L. Cox and Sons, 1838).
13. East India Company ed., *The Asiatic Journal and Monthly Register for British and Foreign India, China and Australasia* (London: Parbury, Allen & Co., 1831), New Series, vol. 4.
14. East India Company, *A Catalogue of the Library Belonging to the English Factory at Canton in China* (Macao: East India Company Macao's Press, 1819).
15. *East India Register and Directory, 1803-1833.*
16. Gützlaff, K. F. A., *China Opened* (London: Smith Elder and Co., 1838).
17. Horsburgh, James, *Memoirs: Comprising the Navigation to and from China by the China Sea* (London: Blacks and Parry, 1805).
18. Hunter, W. C., *The 'Fan Kwae' at Canton Before Treaty Days, 1825-1844* (Shanghai: The Oriental Affairs, 1938).
19. Inglis, Robert, *The Chinese Security Merchants in Canton and Their Debts* (London: J. M. Richardson, 1838).
20. James, W. M., *The Naval History of Great Britain* (London: Richard Bentley, 1837).
21. Ljungstedt, Anders, *An Historical Sketch of the Portuguese Settlements in China* (Boston: James Munroe & Co., 1836).
22. Mackinnon, Charles, *Mr. Mackinnon's Memorial to the Honourable Court of Directors of the Hon. East-India Company* (London: Lewis and Roden, 1806).
23. Martin, R. M., *The Past and Present State of the Tea Trade of England and of the*

Continents of Europe and America (London: Parbury, Allen, & Co., 1832).
24. Mason, A. W., Kingston, J. S. and Owen, Geo. ed., *The East India Register and Directory, for 1816* (London: Cox and Baylis, 1816).
25. Mason, A. W., Kingston, J. S. and Owen, Geo. ed., *The East India Register and Directory, for 1815* (London: Cox and Baylis, 1815).
26. Mason, A. W., Kingston, J. S. and Owen, Geo. ed., *The East India Register and Directory, for 1820* (London: Cox and Baylis, 1820).
27. McCulloch, J. R., "Observations on the Trade with China," *Edinburgh Review*, vol. 39, no. 78 (1824), pp. 458-467.
28. Milburn, William, *Oriental Commerce* (London: Black, Parry & Co., 1813).
29. Mill, James, "Papers Relating to the East-India Company's Charter, & c. viz: East Indian Monopoly," *Edinburgh Review*, vol. 20, no. 40 (1812), pp. 471-493.
30. Morrison, Robert, *Dialogues and Detached Sentences in the Chinese Language, with a Free and Verbal Translation in English* (Macao: The Honorable East India Company's Press, 1816).
31. Phipps, John, *A Guide to the Commerce of Bengal* (Calcutta: s. n., 1823).
32. Phipps, John, *A Practical Treatise on the China and Eastern Trade: Comprising the Commerce of Great Britain and India, particularly Bengal and Singapore, with China and the Eastern Islands* (Calcutta: Printed at the Baptist Mission press, 1835).
33. Raffles, Sophia, *Memoir of the Life and Public Services of Sir Thomas Stamford Raffles* (London: James Duncan, 1835).
34. Society for the Diffusion of Useful Knowledge ed., *Penny Cyclopaedia of the Society for the Diffusion of Useful Knowledge* (London: Charles Knight, 1835), vol. 3.
35. Staunton, G. T., *Memoirs of the Chief Incidents of the Public Life of Sir George Thomas Staunton, Bart* (London: L. Booth, 1856).
36. Staunton, G. T., *Miscellaneous Notices Relating to China, and Our Commercial Intercourse With the Country* (London: John Murray, 1822).
37. Staunton, G. T., *Miscellaneous Notices Relating to China, and Our Commercial Intercourse With the Country, Part the Second* (Havant: private circulation only, 1828).
38. *The Chinese Courier*.
39. *The East India Kalendar, or, Asiatic Register, 1786-1799.*
40. The House of Commons ed., *A Return of the Number of Writers and Cadets Educated at East India Company's College at Haileybury and the Military Seminary at Addiscombe, 1805-21* (London: House of Commons, 1822).
41. The House of Commons ed., *Appendix to the Report on the Affairs of the East India*

Company, II China Papers (London: House of Commons, 1831).
42. The House of Commons ed., *First Report from the Select Committee on the Affairs of East India Company(China Trade)* (London: House of Commons, 1830).
43. The House of Commons ed., *House of Common Papers* (London: House of Commons, 1813), vol. 8.
44. The House of Commons ed., *Report from the Select Committee on Manufactures, Commerce, and Shipping* (London: House of Commons, 1833).
45. The House of Commons ed., *Report from the Select Committee on Tea Duties* (London: House of Commons, 1834).
46. The House of Commons ed., *Report from the Select Committee on the Affairs of East India Company* (London: House of Commons, 1832), vol. 3.
47. The House of Commons ed., *Report Relative to the Trade with the East Indies and China* (London: House of Commons, 1821).
48. The House of Commons ed., *Reports from the Select Committee of the House of Commons Appointed to Enquire into the Present State of the Affairs of the East India Company* (London: J. L. Cox, 1830).
49. The House of Commons ed., *Returns Relating to the Trade of India and China, From 1814-1858* (London: House of Commons, 1859).
50. The House of Commons ed., *Second and Third Reports from the Select Committee Appointed to Consider of the Means of Improving and Maintaining the Foreign Trade of the Country, East Indies and China* (London: House of Commons, 1821).
51. The House of Commons ed., *Second Report from the Select Committee on the Affairs of the East India Company* (London: House of Commons, 1830).
52. The House of Lords ed., *Report from Select Committee of House of Lords Appointed to Inquire into the Present State of the Affairs of East India Company, and into the Trade between Great Britian, East Indies and China (London:* House of Lords*, 1830).*
53. Thornton, Thomas, *Oriental Commerce* (London: Printed for Kingsbury, Parbury, and Allen, 1825).
54. Tilden, B. P., *Ship Canton First Journal of China, 1815-1816.*
55. Urban, Sylvanus ed., *The Gentleman's Magazine* (London: William Pickering, 1834), New Series, vol. 2.
56. Urban, Sylvanus ed., *The Gentleman's Magazine* (London: J. B. Nicholas and Son, 1833), vol. 103.
57. Wathen, James, *Journal of a Voyage in 1811 and 1812, to Madras and China* (London: J. Nichols, Son, and Bentley, 1814).

58. 中國第一歷史檔案館、澳門基金會、暨南大學古籍研究所合編，《明清時期澳門問題檔案文獻匯編》（北京：人民出版社，1999）。
59. 故宮博物院輯，《清代外交史料（道光朝）》（臺北，成文出版社，1968）。
60. 故宮博物院輯，《清代外交史料（嘉慶朝）》（臺北，成文出版社，1968）。
61. 梁廷枏編，《粵海關志》，《續修四庫全書》景印道光年間刊本。
62. 許地山編，《達衷集》（臺北：文海出版社，1974）。
63. 趙爾巽等撰，楊家駱校，《清史稿》（臺北：鼎文出版社，1981）。
64. 劉芳輯、章文欽校，《葡萄牙東波塔檔案館藏清代澳門中文檔案彙編》（澳門：澳門基金會，1999）。
65. 廣東省檔案館編，《廣東澳門檔案史料選編》（北京：中國檔案出版社，1999）。

三、電子資料庫

1. Eighteen Century Collection Online database (ECCO)
2. Periodicals Archive Online database (PAO)
3. The Making of the Modern World database (MOMW)
4. Western Books on China up to 1850 Online.
5. 中國方志庫。
6. 清代宮中檔奏摺及軍機處檔摺件線上資料庫。

四、近人論著

1. 專著

1. Austin, P. E., *Baring Brothers and the Birth of Modern Finance* (London: Pickering & Chatto, 2007).
2. Blake, Robert, *Jardine Matheson: Traders of the Far East* (London: Weidenfeld & Nicolson, 1999).
3. Bolton, Kingsley, *Chinese Englishes: A Sociolinguistic History* (New York: Cambridge University Press, 2003).
4. Bowen, H. V. etc. ed., *The Worlds of the East India Company* (New York: Boydell Press, 2003).
5. Bowen, H. V., *Revenue and Reform: The Indian Problem in British Politics, 1757-1773* (Cambridge: Cambridge University Press, 1991).

6. Bowen, H. V., *The Business of Empire: The East India Company and Imperial Britain, 1756-1833* (Cambridge: Cambridge University Press, 2006).
7. Boxer, C. R., *The Portuguese Seaborne Empire, 1415-1825* (Manchester: Carcanet in association with the Calouste Gulbenkian Foundation, 1991).
8. Brødsgaard, K. E. and Kirkebæk, Mads ed., *China and Denmark: Relations since 1674* (Copenhagen: Nordic Institute of Asian Studies, 2001).
9. Bulley, Anne, *The Bombay Country Ships, 1790-1833* (Richmond, Surrey: Curzon, 2000).
10. Chaudhuri, K. N., *The Trading World of Asia and the English East India Company, 1660-1760* (New York: Cambridge University Press, 1978).
11. Chen, Kuo-tung, *The Insolvency of the Chinese Hong Merchants, 1760-1843*, Monograph Series, no. 45 (Taipei: Institute of Economics, Academia Sinica, 1990).
12. Cheong, W. E., *Mandarins and Merchants: Jardine, Matheson, & Co., A China Agency of the Early Nineteenth Century* (London: Curzon Press, 1979).
13. Cheong, W. E., *The Hong Merchants of Canton* (Richmond, Surrey: Curzon Press, 1997).
14. Downs, J. M., *The Golden Ghetto: The American Commercial Community at Canton and the Shaping of American China Policy, 1784-1844* (Bethlehem, Pennsylvania: Lehigh University Press, c.1997).
15. Eames, J. B., *The English in China: Being an Account of the Intercourse and Relations Between England and China from the Year 1600 to the Year 1843 and a Summary of Later Developments* (1909; rpt. London: Curzon Press, 1974).
16. Erikson, Emily, *Between Monopoly and Free Trade: The English East India Company, 1600-1757* (New Jersey: Princeton University Press, 2014).
17. Farooqui, Amar, *Smuggling as Subversion: Colonialism, Indian Merchants, and the Politics of Opium, 1790-1843* (Lanham: Lexington Books, 2005).
18. Farrington, Anthony, *A Biographical Index of East India Company Maritime Service Officers: 1600-1834* (London: British Library, 1999).
19. Farrington, Anthony, *Catalogue of East India Company Ship's Journals and Logs, 1600-1834* (London: The British Library Board, 1999).
20. Farrington, Anthony, *The Records of the East India College Haileybury and Other Institutions*(London: Her Majesty's Office, 1976).
21. Farrington, Anthony, *Trading Places: The East India Company and Asia 1600-1834* (London: The British Library, 2002).
22. Fichter, J. R., *So Great a Profit: How the East Indies Trade Transformed the*

Anglo-American Capitalism (Cambridge, Massachusetts: Harvard University Press, 2010).
23. Fish, Shirley, *When Britain Ruled the Philippines, 1762-1764* (Bloomington: 1stBooks Library, 2003).
24. Foster, William, *East India House: Its History and Associations* (London: Bodley Head, 1924).
25. Furber, Holden, *Rival Empires of Trade in the Orient, 1600-1800* (Minneapolis: University of Minnesota Press, 1976).
26. Gardella, Robert, *Harvesting Mountains: Fujian and the China Tea Trade, 1757-1937* (Berkeley: University of California Press, 1994).
27. Gibson, J. R., *Otter Skins, Boston Ships and China Goods* (Seattle: University of Washington Press, 1999).
28. Greenberg, Michael, *British Trade and the Opening of China, 1800-42* (Cambridge: Cambridge University Press, 1951).
29. Kathirithamby-Wells, J., *The British West Sumatran Presidency 1760-1785: Problems of Early Colonial Enterprise* (Kuala Lumpur: University of Malaya, 1977).
30. Le Pichon, Alain ed., *China Trade and Empire: Jardine, Matheson & Co. and the Origins of British Rule in Hong Kong, 1827-1843* (Oxford: Oxford University Press, 2007).
31. Marshall, P. J., *East India Fortunes: The British in Bengal in the Eighteenth Century* (Oxford: Clarendon Press, 1976).
32. Marshall, P. J., *Problems of Empire: Britain and India, 1757-1813* (London: George Allen and Unwin, 1968).
33. Mills, L. A., *Ceylon under British Rule, 1795-1932: With an Account of the East India Company's Embassies to Kandy 1762-1795* (London: Routledge, 2012).
34. Misra, B. B., *The Central Administration of the East India Company* (Manchester: Manchester University Press, 1959).
35. Mitchell, B. R., *British Historical Statistics*(Cambridge: Cambridge University Press, 1988).
36. Moir, Martin, *A General Guide to the India Office Records* (London: British Library, 1988).
37. Morse, H. B., *The Chronicles of the East India Company Trading to China, 1635-1834* (Oxford: The Clarendon press, 1926-29).
38. Morse, H. B., *The International Relations of the Chinese Empire* (Shanghai: Kelly and Walsh, 1910-1918).

39. Mui, Hoh-cheung and Mui, L. H., *The Management of Monopoly: A Study of the English East India Company's Conduct of Its Tea Trade, 1784-1833* (Vancouver: University of British Columbia Press, 1984).
40. Murray, D. H., *Pirates of the South China Coast, 1790-1810* (Stanford: Stanford University Press, 1987).
41. Nightingale, Pamela, *Trade and Empire in Western India, 1784-1806* (Cambridge: The Cambridge Press, 1970).
42. Philips, C. H., *The East India Company 1784-1834* (Manchester: Manchester University Press, 1940).
43. Pinto, Celsa, *Trade and Finance in Portuguese India: A Study of the Portuguese Country Trade, 1770-1840* (New Delhi: Concept Publication Co., 1994).
44. Pritchard, E. H., *The Crucial Years of Early Anglo-Chinese Relations, 1750-1800* (New York: Octagon Books, 1970).
45. Ride, Lindsay and Ride, May, *An East India Company Cemetery* (Hong Kong: Hong Kong University Press, 1995).
46. Rif Winfield, *British Warships in the Age of Sail, 1793-1817: Design, Construction, Careers and Fates* (London: Chatham Publishing, 2005).
47. Salter, Geoff, *Leigh Park Gardens, The Sir George Staunton Estate: A Short History and Guided Walk* (Hampshire: Havant Borough Council, 1983).
48. Singh, S. B., *European Agency Houses in Bengal, 1783–1833* (Calcutta: Firma K. L. Mukhopadhyay, 1966).
49. Stewart, John, *African States and Rulers* (Jefferson: McFarland & Co., 2006).
50. Sutton, Jean, *Lords of the East: The East India Company and its Ships* (London: Conway Maritime Press, 1981).
51. Tarling, Nicholas, *Anglo-Dutch Rivalry in the Malay World, 1780-1824* (Cambridge: Cambridge University Press, 1962).
52. Van Dyke, P. A., *Merchants of Canton and Macao: Politics and Strategies in Eighteenth-Century Chinese Trade* (Hong Kong: Hong Kong University Press, 2011).
53. Van Dyke, P. A., *Merchants of Canton and Macao: Success and Failure in Eighteenth-Century Chinese Trade* (Hong Kong: Hong Kong University Press, 2016).
54. Van Dyke, P. A., *The Canton Trade: Life and Enterprise on the China Coast, 1700-1845* (Hong Kong: Hong Kong University Press, 2005).
55. Webster, Anthony, *The Richest East India Merchant: The Life and Business of John Palmer of Calcutta, 1767-1836* (Woodbridge: Boydell Press, 2007).
56. Webster, Anthony, *The Twilight of the East India Company: The Evolution of*

Anglo-Asian Commerce and Politics, 1790-1860 (New York: Boydell Press, 2009).
57. Yong, Liu, *The Dutch East India Company's Tea Trade with China, 1757-1781* (Leiden: Brill, 2008).
58. 朱雍，《不願打開的中國大門》（南昌：江西人民出版社，1989）。
59. 吳建雍，《十八世紀的中國與世界：對外關係卷》（瀋陽：遼海出版社，1999）。
60. 吳義雄，《條約口岸體制的醞釀：19 世紀 30 年代中英關系研究》（北京：中華書局，2009）。
61. 季壓西、陳偉民，《中國近代通事》（北京：學苑出版社，2007）。
62. 徐新吾，《中國近代繅絲工業史》（上海：上海人民出版社，1990）。
63. 馬士 (H. B. Morse) 著，區宗華譯，《東印度公司對華貿易編年史》（廣州：中山大學出版社，1991）。
64. 張曉寧，《天子南庫——清前期廣州制度下的中西貿易》（南昌：江西高校出版社，1999）。
65. 梁嘉彬，《廣東十三行考》（臺中：東海大學出版社(再版)，1960）。
66. 章文欽，《廣東十三行與早期中西關係》（廣州：廣東經濟出版社，2009）。
67. 郭德焱，《清代廣州的巴斯商人》（北京：中華書局，2005）。
68. 陳國棟，《東亞海域一千年》（臺北：遠流出版社，2005）。
69. 黃啟臣，《梁經國天寶行史跡》（廣州：廣東高等教育出版社，2003）。
70. 黃國盛，《鴉片戰爭前的東南四省海關》（福州：福建人民出版社，2000）。
71. 潘剛兒、黃啟臣、陳國棟等著，《廣州十三行之一：潘同文（孚）行》（廣州：華南理工大學出版社，2006）。
72. 蘇精，《中國，開門！——馬禮遜及相關人物研究》（香港：基督教中國宗教文化研究社，2005）。
73. 蘇精，《馬禮遜與中文印刷出版》（臺北：學生書局，2000）。

2. 論文及期刊文章

1. Bakhala, Franklin, "Indian Opium and Sino-Indian Trade Relations, 1801-1858" (Ph. D. thesis, London: University of London, 1985).
2. *Basu,* D. K., "Asian Merchants and Western Trade: A Comparative Study of Calcutta and Canton, 1800-1840" (Ph. D. thesis, Berkeley: University of California, 1975).
3. Boot, H. M., "Real Incomes of the British Middle Class, 1760-1850: The Experience of Clerks at the EastIndia Company," *The Economic History Review*, New Series, vol. 52, no. 4(1999), pp. 638-668.
4. Boot, H. M., "Salaries and Career Earnings in the Bank of Scotland, 1730-1880," *The Economic History Review, New Series*, vol. 44, no. 4(1991), pp. 629-653.

5. Bourne, J. M., "The Civil and Military Patronage of the East India Company, 1784-1858" (Ph. D. thesis, Edinburgh: University of Edinburgh, 1977).
6. Bowen, H. V., *The East India Company: Trade and Domestic Financial Statistics, 1755-1838* (Swindon: ESRC, 2007).
7. Cain, P. J. and Hopkins, A. G., "Gentlemanly Capitalism and British Expansion Overseas I. The Old Colonial System, 1688-1850," *The Economic History Review*, vol. 39, no. 4 (1986), pp. 501-525.
8. Chaudhuri, K. N., "The East India Company and the Export of Treasure in the Early Seventeenth Century," *The Economic History Review*, New Series, vol. 16, no. 1 (1963), pp. 23-38.
9. Chaudhuri, K. N., "Treasure and Trade Balances: The East India Company's Export Trade, 1660-1720," *The Economic History Review*, New Series, vol. 21, no. 3 (1968), pp. 480-502.
10. Cheong, W. E., "The Beginnings of Credit Finance on the China Coast: The Canton Financial Crisis of 1812-1815," *Business History*, vol. 13, issue 2 (1971), pp. 87-103.
11. Davies, Stephen, "American Ships, Macao, and the Bombay Marine, 1806–1817: Delicate Lines for a Junior Officer to Tread—the Role of Daniel Ross in the Charting of the China Seas," in P. A. Van Dyke ed., *Americans and Macao: Trade, Smuggling, and Diplomacy on the South China Coast* (Hong Kong: Hong Kong University, 2012), pp. 33-48
12. Downs, J. M., "American Merchants and the China Opium Trade, 1800-1840," *The Business History Review*, vol. 42, no. 4 (1968), pp. 418-442.
13. Fairbank, J. K., "Reviewed work (s): La Chine et l'Occident: Le commerce a Canton au XVIIIe Siecle, 1719-1833 by Louis Dermigny," *Harvard Journal of Asiatic Studies*, vol. 27 (1967), pp. 286-290.
14. Fetter, F. W., "The Authorship of Economic Articles in the *Edinburgh Review*, 1802-47," *The Journal of Political Economy* vol. 61, no. 3 (1953), pp. 232-259.
15. Fry, H. T., "Alexander Dalrymple and New Guinea," *The Journal of Pacific History*, vol. 4, issue 1 (1969), pp. 83-104.
16. Gillespie, R. St. J., "Sir Nathaniel Dance's Battle off Pulo Auro," *Mariner's Mirror*, vol. 21, no. 2 (1935), pp. 163-186.
17. Grant, Hugh, "Bookkeeping in the Eighteenth Century: The Grand Journal and Grand Ledger of the Hudson's Bay Company," *Archivaria*, no. 43 (1997), pp. 143-157.
18. Hariharan, Shantha, "Macao and the English East India Company in the Early Nineteenth Century: Resistance and Confrontation," *Portuguese Studies*, vol. 23, no. 2

(2007), pp. 135-152.

19. Markovits, Claude, "The Political Economy of Opium Smuggling in Early Nineteenth Century India: Leakage or Resistance?" *Modern Asian Studies*, vol. 43, no. 1 (2009), pp. 89-111.
20. Marshall, P. J., "British Society in India underthe East India Company," *Moden Asian Studies*, vol. 31, no.1 (1997), pp. 89-108.
21. McCartor, R. L., "The John Company's College: Haileybury and the British Government's Attempt to Control the Indian Civil Service" (Ph. D. thesis, Lubbock: University of Texas Techology, 1981).
22. McEvoy, Michael, "East India Register and Directories," *The Genealogists Magazine*, vol. 27, no.12 (2003), pp. 536-539.
23. Mok, Kin-wai, "The British intra-Asian trade with China, 1800-1842" (Ph. D. thesis, Hong Kong: Hong Kong University, 2005).
24. Morse, H. B., "The Provision of Funds for the East India Company's Trade at Canton during the Eighteenth Century," *The Journal of the Royal Asiatic Society of Great Britain and Ireland*, New Series, vol. 54, no. 2 (1922), 227-255.
25. Mui, Hoh-cheung and Mui, L. H., "The Commutation Act and the Tea Trade in Britain 1784-1793," *The Economic History Review*, New Series, vol. 16, no. 2 (1963), pp. 234-253.
26. Mui, Hoh-cheung and Mui, L. H.,"William Pitt and the Enforcement of the Commutation Act, 1784-1788," *The English Historical Review*, vol. 76, no. 300 (1961), pp. 447-465.
27. Pritchard, E. H., "Private Trade Between England and China in the Eighteenth Century (1680-1833)," *Journal of the Economic and Social History of the Orient,* vol. 1, no. 1 (1957), pp. 108-137.
28. Smith, C. T. and Van Dyke, P. A., "Armenian Footprints in Macau," *Review of Culture* (International Edition), no. 8 (2003), pp. 20-39.
29. Smith, C. T. and Van Dyke, P. A., "Four Armenian Families," *Review of Culture* (International Edition), no. 8 (2003), pp. 40-50.
30. Smith, C. T. and Van Dyke, P. A., "Muslims in the Pearl River Delta, 1700 to 1930," *Review of Culture* (International Edition), no. 10 (2004), pp. 6-15.
31. Spivey, L. L., "Sir George Thomas Staunton: Agent for the British East India Company in China, 1798-1817" (M. A. thesis, Durham: Duke University, 1968).
32. Stifler, S. R., "The Language Students of the East India Company's Canton Factory," *Journal of the North China Branch of the Royal Asiatic Society,* vol. 69 (1938), pp.

46-82.

33. Thomas, J. H., "East India Agency Work in the British Isles, 1700-1800," in H. V. Bowen etc. ed., *The Worlds of the East India Company*. (New York: Boydell Press, 2003), pp. 33-47.
34. Tsai, Yang-chien, "Trading for Tea: A Study of the English East India Company's Tea Trade with China and the Related Financial Issues, 1760-1833" (Ph. D. thesis, Leicester: University of Leicester, 2003).
35. Van Dyke, P. A., "New Sea Routes to Canton in the 18th Century and the Decline of China's Control over Trade," 收入李慶新主編,《海洋史研究(第一輯)》(北京:社會科學文獻出版社,2010),頁 57-108。
36. Van Dyke, P. A., "The Anglo-Dutch Fleet of Defense (1620-1622): Prelude to the Dutch Occupation of Taiwan," In *Around and about Formosa*. Edited by Leonard Blussé (Taipei: Ts'ao Yung-ho Foundation for Culture and Education, 2003), pp. 61-81.
37. Ward, Peter, "Admiral Peter Rainier and the Command of the East Indies Station 1794-1805" (Ph. D. thesis, London: University of London, 1985).
38. Webster, Anthony, "The Political Economy of Trade Liberalization: The East India Company Charter Act of 1813," *The Economic History Review, New Series,* vol. 43, no. 3 (1990), pp. 404-419.
39. 牛道慧,〈鴉片戰爭前在廣州的美國商人(1784-1844)〉(臺北:文化大學歷史系,2008 年博士論文未刊本)。
40. 王宏志,〈1814 年「阿耀事件」:近代中英交往中的通事〉,《中國文化研究所學報》,59 期(2014),頁 203-231。
41. 王淵、牛淑會,〈日本數字圖書館的項目與特點〉,《現代情報》,2004 年第 8 期,頁 75-77。
42. 王爾敏,〈圖畫史頁所見之廣州口岸與洋行、夷商、買辦〉,《近代中國》,143 期(2001),頁 34-46。
43. 吳義雄,〈「廣州英語」與 19 世紀中葉以前的中西交往〉,《近代史研究》,2001 年第 3 期,頁 172-202。
44. 吳義雄,〈興泰行商欠案與鴉片戰爭前夕的行商體制〉,《近代史研究》,2007 年第 1 期,頁 56-75。
45. 李金明,〈清代粵海關的設置與關稅征收〉,《中國社會經濟史研究》,1995 年第 4 期,頁 28-36。
46. 李寬柏,〈鴉片戰爭前中英貿易中的英國散商研究〉(南昌:南昌大學碩士論文,2006)。
47. 周振鶴,〈中國洋涇濱英語最早的語詞集〉,《廣東社會科學》,2003 年第 1 期,頁

77-84。
48. 周湘，〈清代廣州行商倪秉發事跡〉，《中山大學學報》，2001 年第 5 期，頁 100-105。
49. 林準祥，〈廣東銀行研究〉，《中國經濟史研究》，2002 年第 3 期，頁 43-55。
50. 胡平生，〈粵海關志初探〉，《史原》，第 8 期 (1978)，頁 195-233。
51. 張坤，〈鴉片戰爭前英國人在澳門的居住與生活〉，《文化雜誌》，期 70（2009），頁 65-84。
52. 張順洪，〈紳士資本主義理論評介〉，收入陳啟能、王學典、姜芃主編，《消解歷史的秩序》（濟南：山東大學出版社，2006），頁 84-94。
53. 張嘉鳳，〈十九世紀牛痘的在地化——以《𠯿英咭唎國新出種痘奇書》、《西洋種痘論》與《引痘略》為討論中心〉，《中央研究院歷史語言研究所集刊》，第 78 本第 4 分 (2007)，頁 755-812。
54. 張寧，〈評 P. J. Cain、A. G. Hopkins 著，*British Imperialism: Innovation and Expansion, 1688-1914*〉，《暨大學報》，卷 3 期 2(1999)，頁 199-202。
55. 張增瑞，〈試論清嘉道年間鴉片走私中的港腳商人〉，《河南大學學報(社會科學版)》，1995 年第 1 期，頁 39-41。
56. 張燕清，〈英國東印度公司對華茶葉貿易方式探析〉，《中國社會經濟史研究》，2006 年第 3 期，頁 54-60。
57. 張燕清，〈壟斷政策下的東印度公司對華茶葉貿易〉，《浙江學刊》，2006 年第 6 期，頁 73-76。
58. 陳國棟，〈1780-1800：中西貿易的關鍵年代〉，收入《中國海洋發展史論文輯》第六輯（臺北：中央研究院人文社會科學研究所，1997），頁 249-280。
59. 陳國棟，〈Uncertainty of the Old China Trade: A Case Study of Manhop's Failure〉，收入郝延平、魏秀梅主編，《近世中國之傳統與蛻變：劉廣京院士七十五歲祝壽論文集》（臺北：中央研究院近代史研究所，1998），頁 889-906。
60. 陳國棟，〈清代前期粵海關的利益分配 (1684-1842)：粵海關監督的角色與功能〉，《食貨月刊》，第 12 卷第 1 期 (1982)，頁 19-33。
61. 陳國棟，〈清代前期粵海關的稅務行政〉，《食貨月刊》，第 11 卷第 10 期 (1982)，頁 1-23。
62. 陳國棟，〈清代前期粵海關監督的派遣〉，《史原》，第 10 期 (1980)，頁 139-168。
63. 陳國棟，〈粵海關 (1684-1842) 的行政體系〉，《食貨月刊》，第 11 卷第 4 期 (1981)，頁 35-52。
64. 陳國棟，〈論清代中葉廣東行商經營不善的原因〉，《新史學》，第 1 卷第 4 期 (1990)，頁 1-40。
65. 彭澤益，〈廣州洋貨十三行行商倡導對外洋牛痘法及荷蘭豆的引進與傳播〉，《九州學刊》，1991 年第 4 期，頁 73-84。

66. 游博清，〈小斯當東 (George Thomas Staunton, 1781-1859)—19 世紀的英國茶商、使者與中國通〉(新竹：清華大學碩士論文，2004)。
67. 游博清，〈安全與效率：1786-1816 年間英國東印度公司對華的船運管理〉，《清華學報》，新 43 卷第 2 期(2013)，頁 255-282。
68. 游博清，〈英國東印度公司對華貿易檔案知見錄〉，《漢學研究通訊》，32 卷第 2 期(2013)，頁 26-33。
69. 游博清、黃一農，〈天朝與遠人——小斯當東與中英關係 (1793-1840)〉，《中央研究院近代史研究所集刊》，第 69 期 (2010)，頁 1-40。
70. 黃一農，〈明末至澳門募葡兵的姜雲龍小考：兼答熊熊先生對「e-考據」的批評〉，《中央研究院近代史研究所集刊》，第 62 期 (2008)，頁 141-166。
71. 黃一農，〈歐洲沈船與明末傳華的西洋大砲〉，《中央研究院歷史語言研究所集刊》，第 75 本第 3 分 (2004)，頁 573-634。
72. 劉澤生，〈英國東印度公司在澳穗醫生與近代醫學交流〉，《廣東史志》，1999 年第 3 期，頁 35-37。
73. 蘇精，〈1822 年廣州大火後英國商館的重建〉，「全球與區域之間——近代早期廣州口岸史研究」國際學術研討會，廣州中山大學，2010，頁 212-224。
74. 蘇精，〈英國東印度公司與西醫來華〉，收入珠海市委宣傳部、澳門基金會、中山大學近代中國研究中心主編，《珠海、澳門與近代中西文化交流——「首屆珠澳文化論壇」論文集》(北京：社會科學文獻出版社，2010)，頁 44-76。
75. 蘇精，〈馬禮遜與斯當東：英國兩位初期漢學家的情誼〉，《臺灣師大歷史學報》，第 30 期 (2002)，頁 79-94。
76. 蘭日旭，〈英國東印度公司取得華茶出口貿易壟斷權的因素分析〉，《農業考古》，1998 年第 4 期，頁 211-214。
77. 蘭日旭，〈英國東印度公司從事華茶出口貿易發展的階段與特點〉，《農業考古》，2006 年第 2 期，頁 223-228。
78. 顧力仁，〈中國大陸編目中心的現況與發展〉，《國家圖書館館刊》，2007 年第 2 期，頁 193-210。
79. 龔高健，〈港腳貿易與英國東印度公司對華茶葉貿易〉，《福建師範大學學報 (哲學社會科學版)》，2005 年第 4 期，頁 37-40。

附錄一　人名對照表

卜樓登	W. H. C. Plowden, 1787-1880
大衛森	W. S. Davidson, 1785-1869
小匹特	William Pitt, 1759-1806
小李富士	J. R. Reeves, 1804-1877
小傅拉索	William Fraser, 1787-1827
小斯當東	G. T. Staunton, 1781-1859
山克	Alexander Shank, ?-?
厄姆斯頓	J. B. Urmston, 1785-1850
巴特爾	T. C. Pattle, ?-?
比爾	Thomas Beale, c. 1775-1841
司巴克	George Sparkes, ?-?
布朗尼	Henry Browne, ?-?
布蘭斯頓	William Bramston, ?-1814
皮古	C. E. Pigou, ?-?
皮爾遜	Alexander Pearson, 1780-1836
地爾登	*B. P. Tilden, 1781-1851*
多林文	James Drummond, 1767-1851
米列特	Charles Millett, 1792-1873
老李富士	John Reeves, 1774-1856
老傅拉索	William Fraser, ?-1818
老斯當東	G. L. Staunton, 1737-1801

亨利・霸菱	Henry Baring, 1777-1848
亨特	*W. C. Hunter,* 1812-1891
克里克頓	James Crichton, ?-?
克勞佛	John Crawford, ?-?
李文斯頓	John Livingstone, c.1770-1829
貝尼斯	William Baynes, 1789-1866
貝茲	Joshua Bates, 1788-1864
亞伯拉罕・羅巴賜	A. W. Robarts, 1779-1858
亞瑟	Charles Arthur, ?-?
拉金	Edmund Larkin, ?-1830
法蘭西斯・霸菱	Francis Baring, 1740-1810
波爾	Samuel Ball, ?-?
哈汀	Henry Harding, ?-?
哈同	F. I. Hudleston, ?-?
哈利森	John Harrison, ?-?
哈斯丁	F. R. Hastings, 1754-1826
威廉・霸菱	William Baring, 1780-1820
柔瑞國	Padre Roderigo, ?-?
柯頓	Joseph Cotton, 1780-1828
洪巴特	Robert Hobart,1760-1816
洪任輝	James Flint, ?-?
約翰・益花臣	J. F. Elphinstone, 1778-1854
約翰・鄧肯	John Duncan, ?-?
班納曼	James Bannerman, ?-?
班蕭	Henry Bagshaw, ?-1803

馬治平	Charles Marjoribanks, 1794-1833
馬格尼克	Charles Magniac, 1776-1824
馬漢	Philip Maughan, ?-?
馬禮遜	Robert Morrison, 1782-1834
培婁	Edward Pellow, 1757-1833
寇克斯	R. H. Cox, ?-?
康華立	Charles Cornwallis, 1738-1805
曼尼	Robert Money, ?-?
莫洛尼	James Molony, 1785-1874
覓加府	T. J. Metcalfe, ?-?
郭雷樞	T. R. Colledge, 1796-1879
麥地森	James Matheson, 1796-1878
麥金農	Charles Mackinnon, ?-?
傑克森	John Jackson, ?-?
喬治・霸菱	George Baring, ?-?
單義理	J. F. N. Daniell, ?-?
敦奈	F. H. Toone, ?-?
斐理	William Parry, ?-?
渣甸	William Jardine, 1784-1843
湯斯	P. P. Thoms, ?-?
登打士	Henry Dundas, 1742-1811
華茲	Edward Watts, ?-?
萊佛士	T. S. Raffles, 1781-1826
萊頓	T. H. Layton, ?-?
費普斯	John Phipps, ?-?

溫伯利	Charles Wimberley, ?-?
詹姆斯・益花臣	J. D. Elphinstone, ?-?
詹姆斯・羅巴賜	J. T. Robarts, 1784-1825
德庇時	J. F. Davis, 1795-1890
衛斯理	R. C. Wellesley, 1760-1842
鮑桑葵	William Bosanquet, ?-?
龍思泰	Anders Ljungstedt, 1759-1835
魏歐爾	G. H. Vachell, 1799-1839
羅伯賜	J. W. Roberts, ?-1813
羅斯	Daniel Ross, 1780-1849
羅賓遜	G. B. Robinson, 1797-1855
蘭斯	David Lance, ?-?

附錄二　廣州商館書記及貨監名錄（1786-1834）

編號	姓名	來華任職商館起迄
01	Alexander, H. R.	1829-1834
02	Astell, J. H.	1825-1834
03	Baillie, J. W.	1829-1830?
04	Bannerman, James	1813-1834
05	Baring, George	1802-1810?
06	Baring, Henry	1790-1801
07	Baring, William	1794-1809
08	Baynes, William	1807-1834
09	Bosanquet, Jacob	1806-1821
10	Bramston, William	1792-1814 d.
11	Browne, Henry	1770-1789; 1792-1795; 1810-1811
12	Bruce, Alexander	1772-1792
13	Campbell, J. W. H.	1829-1834
14	Cheap, David	1790-1792?
15	Clarke, H. M.	1825-1834
16	Cotton, Joseph	1796-1819
17	Cuming, George	1772-1798
18	Daniell, J. F. N.	1815-1834
19	Davis, J. F.	1813-1834
20	Drummond, James	1786-1807
21	Elphinstone, J. D.	1807-1809

編號	姓名	來華任職商館起迄
22	Elphinstone, J. F.	1794-1816
23	Fitzhugh, Thomas	1786-1793
24	Fraser, William	1803-1827
25	Freeman, Thomas	1775-1792
26	Hall, Richard	1779-1802
27	Harrison, John	1771-1792
28	Hudleston, R. B.	1819-1834
29	Inglis, R. H.	1823-1825
30	Jackson, John	1816-1834
31	Lance, David	1774-1786; 1803-1804
32	Lane, Henry	1773-1789
33	Lindsay, H. H.	1821-1834
34	Lockhart, George	1793-1795?
35	Lushington, William	1789-1794?
36	Marjoribanks, Charles	1813-1832
37	Metcalfe, T. J.	1800-1819
38	Millett, Charles	1810-1834
39	Molony, James	1802-1822
40	Money, Robert	1791-1803
41	Morris, F. J.	1828-1834
42	Parkin, Hugh	1779-1793
43	Parry, T. S.	1784-1792
44	Pattle, T. C.	1788-1815 d.
45	Peach, Samuel	1779-1805
46	Pigou, C. E.	1772-1792

編號	姓名	來華任職商館起迄
47	Plowden, W. H. C.	1806-1834
48	Ravenshaw, H. T.	1825-1834
49	Robarts, A. W.	1794-1801
50	Robarts, J. T.	1803-1825
51	Roberts, J. W.	1791-1813 d.
52	Robinson, G. B.	1819-1834
53	Roebuck, Abraham	1770-1787 d.
54	Smith, George	1785-1794
55	Smith, T. C.	1816-1834
56	Sparkes, George	1788-1805
57	Staunton, G. T.	1800-1817
58	Thornhill, J. B.	1826-1834
59	Toone, F. H.	1805-1826
60	Travers, J. W.	1790-1794
61	Turnly, Francis	1784-1799
62	Urmston, J. B.	1800-1826
63	Van Mierop, T. K.	1776-1795
64	Wigram, Edward	1820-1824
65	Williams, Samuel	1795-1801
66	Young, C. F.	1830-1834

附錄三　公司印度以外相關據點沿革情形

地方	行政區劃演變
Penang (Prince of Wales Island or Fort Cornwallis)	1786-1805, a dependence of Bengal Presidency 1806-1826, a Presidency 1826-1867, (納入海峽殖民地, Straits Settlements)
Bencoolen (Fort Marlborough)	1685-1760, Subordinated to Madras (original named Fort York, renamed Fort Marlborough since 1714) 1760-1785, British Presidency of Bencoolen 1786-1825, Subordinated to Bengal
Singapore	1826-1867, (納入海峽殖民地)
Malacca	1795-1818, 英人佔領 1826-1867, (納入海峽殖民地)
St. Helena	1673-1834, (The Exile of Napoleon, 1815-1821)
Cape of Good Hope	1795-1803, (英人第一次佔領); 1806-1814, (英人第二次佔領); 1815-1910, (英國殖民地)
Mauritius	1814 年巴黎條約後，割讓給英國
Ceylon	1796-1801, 東印度公司和英政府共同治理 1802-1932, 英國殖民地

附錄四　英國所藏公司中國貿易相關檔案

本書第一章已列舉幾種英國所藏東印度公司對華貿易檔案，但限於討論時段，一些早期中英貿易檔案並未列出。筆者於赴英移地研究時陸續發現與此主題相關文獻，在此一併介紹、整理，俾利將來學界進一步利用。除了英國原始收藏外，臺灣、香港、澳門、日本、大陸等地的大學圖書館或研究機構，也購買相關資料庫或微捲，可讓東亞學者就近利用（參見附錄五）。[1] 此外，目前英國古籍文獻書目資料庫的建置情形、便利快速的遠距圖書服務等，或亦值得讓學界知悉。

目前英國關於東印度公司原始文獻，大部份均收藏於大英圖書館和英國國家檔案館二地，亦有部份藏於英國國家海事博物館(National Maritime Museum)。以下分別介紹各館檔案收藏的情形：

(一) 大英圖書館

位於倫敦 Euston Road 的大英圖書館應是收藏東印度公司原始檔案最多的機構。本書緒論已列舉印度事務部檔案 B、R/10、G/12、J、L/AG、H 等系列主要性質和內容，故不再重述。現就值得補充部份介紹如下：

J 系列分為四部份，首先，J/1 包含 1749-1805 年間書記的申請書、1823-1837 年間進入東印度學院就讀學生的各種證明、1812-1856 年間學生的名冊、1806-1857 年間學生的考試成績、1815-1857 年間學生的畢業證明等；接著，J/2 是 1804-1834 年間東印度學院委員會的各種議事記錄和報告；其次，J/3 是 1804-1821 年間董事會討論東印度學院相關事務的會議記錄；最後，J/4

[1] 本章節內容先前曾發表於《漢學研究通訊》，現在該文基礎上進一步修訂。參見游博清，〈英國東印度公司對華貿易檔案知見錄〉，《漢學研究通訊》，32 卷第 2 期(2013)，頁 26-33。

是陸續發現有關東印度學院的通信或陳情信等。[2]

接著，大英圖書館收藏不少和廣州商館職員相關的手稿，其中編號 Mss Eur D1106 和 Mss Eur C149 的檔案是 R. C. Plowden 的史料，他早年任職於東印度公司孟加拉總督區，後於 1803-1829 年間長期擔任公司董事，他也讓兒子到廣州商館工作。這批檔案主要內容包括：Plowden 父子往來的書信、1801-1838 年間廣州商館貨監每年所分得的佣金總額、R. C. Plowden 歷年提名到公司各屬地任職書記的資料。[3]

(二) 國家檔案館

國家檔案館位於倫敦郊區 Kew Garden 附近，它也館藏頗具特色的東印度公司文獻，並可免費使用數位相機拍攝，對於需要拍攝大量檔案的讀者，另提供 Bulk Order 的服務，頗為便利。本書緒論已簡介 FO/1048 檔案，以下介紹該館其他相關檔案。[4]

首先，編號 FO/233/189 的檔案是一批中文文獻，涵蓋的時間約從 1760 年起至 1809 年止，又以 1793 年後的檔案居大多數，總數約有二百餘件，國家檔案檔將這些文件合編成一冊，內容主要是廣州商館寫給廣東當局的陳情信，或是清廷、廣東各級官員所發佈關於管理中外貿易的敕、諭等文獻。該批檔案較珍貴者涉及洪任輝事件、馬戛爾尼使節團、1807 年的海神號事件、1810 年的黃亞勝事件、1802 年和 1808 年英軍兩度攻佔澳門，以及對於行用和公行的討論等議題。

接著，編號 FO/931 檔案（又稱葉名琛檔案）的部份內容亦與鴉片戰爭前

---

2 Anthony Farrington, *The Records of the East India College Haileybury and Other Institutions*, pp. 11-13.

3 參見國家檔案館對這兩個檔案的介紹：
http://www.nationalarchives.gov.uk/a2a/records.aspx?cat=059-msseur_4&cid=277&kw=Papers%20of%20Richard%20Chicheley%20Plowden#277;
http://www.nationalarchives.gov.uk/a2a/records.aspx?cat=059-msseur_1&cid=550&kw=Papers%20of%20Richard%20Chicheley%20Plowden#550

4 參見本書第一章第二節。

的中英貿易相關，約有一百餘件。該批檔案是第二次英法聯軍(The Arrow War)時，聯軍攻佔廣州兩廣總督府時所發現，約 1959 年時輾轉回到倫敦，檔案全數計有一千九百餘件。此檔案原編目於 FO/682 之下，倫敦大學亞非學院的 David Pong 先生（中文姓名龐百騰）後來對檔案重新編目和摘要，另立目前 FO/931 的目錄。1975 年，哈佛大學將龐氏的成果出版成《清代廣東省檔案指南》(*A Critical Guide to Kwangtung Provincial Archives*) 一書，近年來也陸續有學者重視及利用這批檔案。[5]

另外，編號 FO/97/95 的文獻為一私人手稿，標題是"China: British Mission to China, Notes, 1816"。該手稿逐日記載阿美士德使節團的行程，以及沿途的中國風俗民情，經初步考察，該書對三跪九叩禮的描述與馬禮遜 1819 年出版的《北京使節團紀要》(*Memoir of an Embassy to the Court of Pekin*)頗為相似，故此手稿的作者或即是馬禮遜。

(三) 英國國家海事博物館

英國國家海事博物館位於倫敦郊區的格林尼治(Greenwich)，是英國重要的海軍基地之一，該館也藏有不少東印度公司來華船隻和英國海軍的航行日誌或私人遊記。

英國的 Adam Matthew 公司是一家專門銷售人文社會重要文獻檔案的學術出版公司，該公司已陸續將國家海事博物館館藏的東印度公司來華船隻檔案製成微捲，附屬於「東方遇見西方」(East Meets West) 此大套微捲的第五部份，名為"East India Company: Ship's Logs, 1701-1851"。該微捲蒐有一些特別史料，如 Colin Campbell 的私人日誌，Campbell 是 1816 年 *General Hewitt* 號的乘員，該船隨著阿美士德使團來華，Campbell 的日誌紀錄船隻返航經過中國北方的各種情形，頗具價值，此外，該套微捲還蒐有其他十餘艘來華船

[5] 華林甫，《英國國家檔案館庋藏近代中文輿圖》（上海：上海社會科學院，2009），頁 13-15。

隻的航海日誌或私人紀錄等。[6]

(四) 重要書目資料庫舉隅

目前英國國家檔案館已建置一大型的英國文獻書目資料庫 A2A (Access to Archives)，[7] 計畫將英國境內大部份古籍文獻的目錄及內容摘要電子化，並告知文獻所在圖書館，目前完成的工作已頗為完善，對比於以往學者需長時間翻找目錄的辛苦，A2A 或使研究者在短時間內便能找出想要的材料。

另一個值得推介的書目資料庫是大英圖書館館藏手稿目錄系統(index search of the British library manuscripts catalogue)，[8] 該資料庫可查詢大英圖書館內大部份西方語言的手稿，研究者可用人名、索引號和文獻年代搜尋，搜查結果將告知手稿的標題名稱和檔案編號，部份結果甚至可指出欲查詢的人名、篇目所在的頁數。

(五) 遠距圖書服務

目前大英圖書館和英國國家檔案館均提供便捷的遠距服務，使國外的研究者不必親自到館，也可付費寓目文獻。大英圖書館的遠距服務稱為“Imaging Services”，研究者先填寫所需文獻的索書號、作者、題名等相關資料，大英圖書館考量著作權、文獻本身情況後，如無問題，可依研究者的需求，將文獻製成光碟或微捲，寄送到指定地址。[9] 國家檔案館的類似服務則稱為“Record Copying”。[10]

---

6 http://www.ampltd.co.uk/digital_guides/east_meets_west_part_5/Contents-of-Reels.aspx.

7 http://www.nationalarchives.gov.uk/a2a/.

8 http://www.bl.uk/catalogues/manuscripts/INDEX.asp.

9 https://www.bl.uk/imaging/userguide.html.

10 http://www.nationalarchives.gov.uk/recordcopying/.

附錄五 東亞各地所藏公司相關檔案文獻

為使東亞學者就近利用東印度公司原始檔案或史料進行研究，以下就筆者管見所知中、日、臺、韓等地購買建置的相關微捲、光碟或電子資料庫。筆者搜索各地區常用的聯合性書目資料庫或重要圖書機構的電子目錄，如臺灣的全國書目聯合資料庫、中央研究院圖書目錄；香港的高校聯合書目資料庫；日本的 NACSIS-CAT 書目資料庫、國會圖書館館藏目錄；中國大陸的 CALIS (China Academic Libraries Information System) 書目數據庫，並複查各重要典藏單位的圖書目錄。[1] 但或仍有遺漏與不足，日後再行補充。

檔案或資料庫名稱	內容摘要	典藏機構
IOR/G/12	廣州商館每年的《會議記錄簿》和《日誌》	臺灣(中央研究院、清華大學)、香港大學、澳門大學
IOR/R/10/33-66	董事會寫給廣州商館訓令	臺灣清華大學
IOR/J	「書記申請書」和東印度學院相關事務	臺灣清華大學[2]
IOR/G/34/1-182,182A, 184-197	東南亞海峽殖民地相關檔案	香港大學
IOR/G/19/1-48	印度馬德拉斯相關檔案，1655-1758	臺灣清華大學
IOR/G/7/1-11	印度孟加拉相關檔案，1690-1708	臺灣清華大學
IOR/G/3/1-30	印度孟買相關檔案，1669-1710	臺灣清華大學

1 顧力仁，〈中國大陸編目中心的現況與發展〉，《國家圖書館館刊》，2007 年第 2 期，頁 193-210；王淵、牛淑會，〈日本數字圖書館的項目與特點〉，《現代情報》，2004 年第 8 期，頁 75-77。

2 清華大學僅有 J 系列部份檔案，標號分別是 J/1/12、J/1/14-15、J/1/18-19、J/1/25-26、J/1/30、J/1/37、J/1/40、J/1/43-44、J/1/46。

檔案或資料庫名稱	內容摘要	典藏機構
East Meets West: original records of western traders, travellers, missionaries and diplomats to 1852 (part 4 & 5)	收藏東印度公司部份船隻日誌	臺灣清華大學、日本（國際日本文化研究中心、同志社大學、武藏大學）
Sumatra Factory Records	明古連商館檔案	香港大學
Bantam Factory Records	萬丹商館檔案	香港大學
George Thomas Staunton Papers	廣州商館職員私人書信	臺灣（清華大學、國家圖書館、中央研究院）、香港（中文大學、香港大學)、日本（關西大學、立教大學）

附錄六　廣州商館出口貿易利潤（1788-1827）

年份	購茶成本 (£)	利潤 (£)	獲利比 (%)
1788	1,749,130	453,393	25.9
1789	1,905,119	427,811	22.5
1790	1,833,409	589,449	32.2
1791	1,839,141	564,197	30.7
1792	1,947,698	586,129	30.1
1793	1,825,426	499,765	27.4
1794	2,108,609	625,059	29.6
1795	1,988,421	833,421	41.9
1796	1,925,348	624,710	32.4

資料來源：Yang-chien Tsai, “Trading for Tea,” p. 111; 轉引自 IOR/H/449, p. 23.

年份	所有自華出口貨成本 (£)	利潤 (£)	獲利比 (%)
1797	2,041,700	536,190	26.3
1798	2,591,351	1,060,932	40.9
1799	2,814,264	980,718	34.8
1800	2,668,881	947,500	35.5
1801	2,579,546	959,858	37.2
1802	2,655,152	1,098,100	41.4
1803	2,691,527	938,150	34.8
1804	2,351,343	956,152	40.7
1805	2,545,447	1,195,252	46.9
1806	2,530,085	1,178,961	46.6
1807	2,603,634	1,243,122	47.7

年份	所有自華出口貨成本 (£)	利潤 (£)	獲利比 (%)
1808	2,675,987	1,312,280	47.7
1809	2,237,883	1,485,233	66.4
1810	2,619,921	1,395,286	53.3
1811	2,556,063	1,144,222	44.8
1819	2,492,147	1,052,417	42.2
1820	2,372,281	1,246,786	52.5
1821	2,478,497	1,116,387	45.0
1822	2,604,698	1,145,383	43.9
1823	2,627,271	1,141,454	43.4
1824	2,741,384	1,067,166	38.9
1825	2,790,280	935,868	33.5
1826	2,584,469	788,094	30.4
1827	2,463,418	762,434	30.9

資料來源：The House of Commons ed., *House of Common Papers* (London: House of Commons, 1813), vol. 8, pp. 242-243; The House of Commons ed., *Second Report from the Select Committee on the Affairs of the East India Company* (London: House of Commons, 1830), appendix, pp. 94-95.

國家圖書館出版品預行編目(CIP) 資料

經營管理與商業競爭力 : 1786-1816年間英國東印度公司對華貿易 / 游博清著. -- 初版. -- 臺北市 : 元華文創, 民106.05
面 ; 公分

ISBN 978-986-393-909-2 (平裝)

1.英國東印度公司 2.國際貿易史 3.中英關係

558.092 106004197

經營管理與商業競爭力
——1786-1816年間英國東印度公司對華貿易

游博清 著

發 行 人：陳文鋒
出 版 者：元華文創股份有限公司
聯絡地址：100 臺北市中正區重慶南路二段 51 號 5 樓
電　　話：(02) 2351-1607
傳　　真：(02) 2351-1549
網　　址：www.eculture.com.tw
E-mail：service@eculture.com.tw
出版年月：2017（民 106）年 5 月 初版
定　　價：新臺幣 480 元
I S B N：978-986-393-909-2（平裝）

總 經 銷：易可數位行銷股份有限公司
地　　址：231 新北市新店區寶橋路 235 巷 6 弄 3 號 5 樓
電　　話：(02) 8911-0825　　傳　　真：(02) 8911-0801